21世纪法学系列教材

民商法系列

债法总论

刘凯湘 著

图书在版编目(CIP)数据

债法总论/刘凯湘著. —北京:北京大学出版社,2011.7
(21世纪法学系列教材)
ISBN 978 - 7 - 301 - 19233 - 7

Ⅰ. ①债… Ⅱ. ①刘… Ⅲ. ①债权法 - 法的理论 - 中国 - 高等学校 - 教材 Ⅳ. ①D923.31

中国版本图书馆 CIP 数据核字(2011)第 138450 号

书　　　　名:	债法总论
著作责任者:	刘凯湘　著
责 任 编 辑:	周　菲
标 准 书 号:	ISBN 978 - 7 - 301 - 19233 - 7/D · 2890
出 版 发 行:	北京大学出版社
地　　　　址:	北京市海淀区成府路 205 号　100871
网　　　　址:	http://www.pup.cn
新 浪 微 博:	@北京大学出版社
电 子 信 箱:	law@ pup.pku.edu.cn
电　　　　话:	邮购部 62752015　发行部 62750672　编辑部 62752027
	出版部 62754962
电 子 邮 箱:	law@ pup.pku.edu.cn
印　　刷　者:	三河市博文印刷有限公司
经　　销　者:	新华书店
	730 毫米×980 毫米　16 开本　14.25 印张　276 千字
	2011 年 7 月第 1 版　2019 年 8 月第 4 次印刷
定　　　　价:	26.00 元

未经许可,不得以任何方式复制或抄袭本书之部分或全部内容。
版权所有,侵权必究
举报电话:010 - 62752024　电子信箱:fd@ pup.pku.edu.cn

弁　言

债法是民法的重要组成部分,而且是民法各组成部分中内容最多、最复杂之部分,因为它不仅包括体系严密、内容丰富的债法基本原理,还包括诸如合同、侵权损害赔偿、不当得利、无因管理、缔约过错、单方允诺等各种具体之债。其中,债法基本原理尤为重要,它不仅体现诸如法律行为、意思表示、法律关系、权利义务、法律责任等民法中最基本的原理与价值,而且有诸如债之相对性、债之给付、债之履行与抗辩、债之移转、债之保全、债之消灭等诸多债法自身的原理与规则。

我从研习民法之时即在法学院主要讲授民法总论与债权法课程,至今已二十余年。这本债法总论教材就是自己从事债权法教学多年的知识积累,并在教学相长中得到某些思考与提升。当然,基于教材的特点,较少涉及学理之争,主要关注知识体系的完善、逻辑的合理、概念与制度的准确与清晰,在此基础上力求阐释原理之形成、规则之旨趣与司法适用之要领。

本书的最终完稿要感谢我的博士研究生黄凤龙同学,他为本书的资料搜集与文字整理做了大量的工作,并且就体系安排、内容增删等提出了很多有益的建议。同时,也要感谢北大出版社的周菲编辑,她在促成作者写就书稿、校正书稿技术性错误等方面倾注了大量心血。

以民法之博大精深,本人学力之粗疏,书中舛误在所难免,衷心期待能够得到同仁的指点。

刘凯湘
2011.1
于北京大学法学院

目 录

第一章 导论 (1)
- 第一节 债的概述 (1)
- 第二节 债法概述 (8)
- 第三节 债的类型 (11)

第二章 债的发生 (19)
- 第一节 债的发生概述 (19)
- 第二节 合同之债 (20)
- 第三节 单方允诺 (28)
- 第四节 无因管理 (36)
- 第五节 不当得利 (42)
- 第六节 侵权行为 (47)
- 第七节 缔约过错 (55)

第三章 债的效力 (64)
- 第一节 债的效力概述 (64)
- 第二节 债的履行 (67)
- 第三节 债的担保 (77)
- 第四节 情事变更 (85)

第四章 债与第三人 (95)
- 第一节 债与第三人概述 (95)
- 第二节 债的保全 (96)
- 第三节 债的移转 (105)
- 第四节 涉他契约 (113)
- 第五节 债权物权化 (118)
- 第六节 第三人侵害债权 (120)

第五章 债的消灭 (123)
- 第一节 债的消灭概述 (123)
- 第二节 清偿 (125)
- 第三节 抵销 (129)
- 第四节 提存 (133)
- 第五节 混同 (138)

第六节　债务免除 …………………………………………（139）
　　第七节　债之消灭的其他原因 ……………………………（142）
第六章　多数人之债 ……………………………………………（144）
　　第一节　多数人之债概述 …………………………………（144）
　　第二节　多数债权人之债 …………………………………（154）
　　第三节　多数债务人之债 …………………………………（160）
　　第四节　多数人之债的类型选择 …………………………（170）
第七章　债务不履行 ……………………………………………（173）
　　第一节　债务不履行概述 …………………………………（173）
　　第二节　给付不能 …………………………………………（174）
　　第三节　给付迟延 …………………………………………（180）
　　第四节　不完全给付 ………………………………………（184）
　　第五节　给付拒绝 …………………………………………（186）
　　第六节　受领迟延 …………………………………………（188）
　　第七节　债务不履行各形态的关系 ………………………（190）
第八章　债的救济 ………………………………………………（193）
　　第一节　债的救济概述 ……………………………………（193）
　　第二节　债的救济之成立 …………………………………（194）
　　第三节　债的救济之方法 …………………………………（199）
　　第四节　债的救济之范围 …………………………………（205）

第一章 导 论

第一节 债的概述

一、债的概念

债是指特定当事人之间的一种民事法律关系。我国《民法通则》第84条第1款前段规定:"债是按照合同的约定或者依照法律的规定,在当事人之间产生的特定的权利和义务关系。"可见,我国民事立法是把债作为特定当事人之间的一种民事法律关系予以规范的。进一步说,民法上的债,泛指某种特定的权利和义务关系。在这种民事法律关系中,一方享有请求他方为一定行为或不为一定行为的权利,而他方则负有满足该项请求的义务。我国台湾地区学者王泽鉴教授在其著作中有如下之表述:"关于契约、无因管理、不当得利及侵权行为的指导原则、社会功能以及构成要件各有不同,不足以作为共同构成因素。其构成债之内在统一性的,乃其法律效果的相同性。易言之,即上述各种法律事实,在形式上均产生相同的法律效果:一方当事人得向他方当事人请求特定行为。此种特定人得请求特定行为的法律关系,是债之关系。"[①]此一表述清楚而准确地给出了债的本质性特征,即特定当事人之间的特定权利与特定义务关系,换言之,特定的一方当事人有权请求特定的对方当事人为特定之行为。例如,在买卖关系中,买方有请求卖方依约交付出卖物归其所有的权利,而卖方则相应地负有将出卖物交付买方的义务。在债的法律关系中,享有权利的一方称债权人,负有义务的一方称债务人。生活中的各种合同关系、致人损害而引起的赔偿关系等,都是特定当事人之间的一种民事法律关系,因而都是债的关系。

民法上的债不同于民间所称的债。后者仅指债务,且一般专指金钱债务。现代民法中的债的概念既指债务,也包括债权,是债权和债务的结合,是一种包含债权和债务的法律关系。

值得注意的是,就立法例来看,存在着两种看似对立的界定债的方式[②]:《法国民法典》在具体之债中对债的定义进行表述,其因循罗马法的表述方式,从债务人"应为"给付的角度入手,比如其第1101条规定:"契约为一种合意,依此合

[①] 参见王泽鉴:《侵权行为法》,中国政法大学出版社2001年版,第2—3页。
[②] 参见龙卫球:"债的本质研究:以债务人关系为起点",载《中国法学》2005年第6期。

意,一人或数人对于其他一人或数人负担给付、作为或不作为的债务。"《德国民法典》第241条第1款前段则规定:"根据债务关系,债权人有向债务人请求给付的权利",其是从债权人的给付请求权的角度来定义债。与此相类似的是,日本《民法》第三编更直接地以"债权"为总标题。有学者通过对《德国民法典》债编内容进行实证考察认为,该法典第241条的表述并不指向一种有关债的关系的本质表达的有意安排,尚不能据此就望文生义地推断《德国民法典》确立了债权人关系本质的立场;事实上,《德国民法典》不仅从总体框架上将债的关系明确抽象为首先是债务关系或给付关系,而且债的发生、变更、消灭也被实际规范为首先是债务的发生、变更和消灭,债的实现及其实现障碍也主要体现为债务履行和给付障碍。①

就我国而言,我国《民法通则》第84条第1款将债界定为一种权利义务关系已如前所述,但该条第2款明确规定,"债权人有权要求债务人按照合同的约定或者依照法律的规定履行义务"。可见,《民法通则》在表述债的概念时,也特别强调了债权人的权利。本书作者认为,债的逻辑结构上应以债务为本质,债的内容最主要的就是债务人的给付义务,但债的制度价值上则应以债权为本质,债的法律关系的终极目的是为了债权人的债权实现,否则债的制度就不具有社会意义。债务的法律设计具有工具性,它是为债权的保障和实现而提供服务的,尽管在逻辑上离开了债务的债权是不可能存在的,但在制度价值上离开了债权的债务是反法律的,是悖于私法的权利本位理念的,所以本质上而言,债的核心和终极价值只能是债权而非债务。

二、债的特征

传统民法中的债包括四项基本制度,即合同、侵权损害、不当得利和无因管理。尽管这四项制度的具体内容和构成要件、社会功能、指导原则等各不相同,但都产生相同的法律效果,即一方当事人有权向另一方当事人请求其为特定行为,形成债的法律关系。

概括起来,债的特征可表述为如下几个方面:

(一)债是一种财产法律关系

民事法律关系可分为人身关系与财产关系两大类,债的关系属于财产关系,债权属于财产权。财产关系是指能以而且应当以货币加以衡量和评价的社会关系。换言之,债是具有直接的经济利益内容的法律关系,债的主体是为了这种经济上的利益才参加到债的关系中来。或者说,法律是为了调节民事主体之间的经济利益关系才规范出债的制度。所以,民法的等价有偿原则在债的关系中表

---

① 参见龙卫球:"债的本质研究:以债务人关系为起点",载《中国法学》2005年第6期。

现得最为充分,而债的制度也就成为调整经济关系的基本法律制度。同时,债反映的财产关系是动态的财产关系,即财产流转关系,也就是财产由一个主体转移给另一个主体的关系,这也是债与物权的主要区别,物权反映的是静态的财产关系,即财产的归属关系。

(二) 债是特定的当事人之间的法律关系

债的当事人即债的主体包括债权人和债务人,前者享有权利,后者承担义务,主体双方都是特定的。债权人的权利原则上只对债务人发生效力,而债务人也仅对债权人负担义务,例如,甲与乙签订一项家具买卖合同,甲为卖方,乙为买方,则就交付家具而言甲为债务人,乙为债权人,就支付家具价款而言甲为债权人,乙为债务人,乙只能请求甲交付家具,甲只能请求乙支付价款。换言之,在债的关系中,债权人和债务人都是特定的,所以民法理论上将债称为相对的法律关系,将债权称为对人权和相对权,这也是债权与物权的不同之处。

(三) 债是以特定行为(给付)为客体的法律关系

债的客体是指债权和债务共同指向的对象,也称为债的标的。因为债的本质是债权人得请求债务人为特定行为,所以债的客体就是债权人得请求债务人实施的行为,行为就是债权债务的载体。作为债的客体的行为在民法理论上称为"给付",它是债法上特有的抽象概念,包括诸如支付金钱、交付货物、提供劳务、完成工作、转移权利等各种由债务人所实施的特定行为。

三、债的要素

债作为民事法律关系的一种,与其他民事法律关系一样,也必须具有主体、客体和内容这三项构成要素。

(一) 债的主体

债的主体,是指参与债的法律关系的当事人,包括权利主体和义务主体。债的权利主体称为债权人,义务主体称为债务人。债权人和债务人是相互对应、相互依存的债的双方当事人,缺少任何一方,债的法律关系就不能成立。自然人、法人、非法人组织(如合伙、个人独资企业、法人的分支机构、设立中的法人等)等任何民事主体均可成为债的主体。同时,除基于法律行为而形成的合同之债外,在所有的法定之债中,对债的主体的行为能力都没有要求,即无行为能力人、限制行为能力人均得成为债的主体,无论是债权人还是债务人资格的取得均不受行为能力的影响。当然,在基于法律行为而形成的合同之债中,行为能力将对债的效力产生重大影响。

(二) 债的内容

债的内容是债权人享有的权利和债务人负担的义务的总和,即债权和债务。债权和债务相互对应,相互依存,相互联系,统一地构成债的内容。没有无债权的债务,也没有无债务的债权。债权和债务,缺少任何一个,债就不能成立。所以,债亦称债权关系、债务关系或债权债务关系。

1. 债权

债权是债的主体请求特定的相对人为特定行为的权利,其是债的核心内容。债权是重要的民事权利,同物权相比,它具有如下特征:

(1) 债权是请求权

请求权是指根据权利的内容,权利人得请求相对人为一定行为或不为一定行为的权利。请求权的特征在于权利人如要实现其利益,必须借助于相对人履行义务的行为,在相对人即债务人为给付之前,债权人不能直接支配债权所负载的利益,也不能直接支配债务人的行为,而只能请求债务人履行债务以实现其利益。这是债权与物权的本质区别,物权为支配权,即权利人可直接支配物而实现其利益。

(2) 债权是相对权

相对权是指权利人只能向特定的相对人主张权利,而不能及于他人。在债的关系中,债权人只能向债务人主张权利,而不能向债务人以外的任何人主张权利,债的效力仅及于特定的相对人即债务人,其他人均不对债权人负有义务,所以,债权是只对特定相对人发生效力的权利,具有相对性,这也是债权与物权的不同之处。物权关系是特定的权利主体和不特定的义务主体之间的一种法律关系,即物权关系中的义务主体是不特定的,物权人的权利对一切人都发生效力,所以民法理论上将物权关系称为绝对法律关系,将物权称为对世权和绝对权,而将债权称为对人权和相对权。

这里要注意的是,物权具有绝对性,并不意味着物权人(主要是所有权人)同所有其他主体同时统一成立一个尊重物权、不侵犯物权的法律关系,而是意味着所有权人同所有其他主体分别成立一个尊重物权、不侵犯物权的法律关系,当然所有权人同其他主体之间的该层法律关系,一般情况下是隐而不显的,因而没有多少实际价值。当侵犯所有权的行为发生时,所有权人同该侵权行为人关于尊重物权、不侵犯物权的法律关系便从众多同类的法律关系中凸显出来。

(3) 债权的设定具有任意性

债权的任意性是指当事人在不违反法律的强制性规定和公序良俗的前提下,可以依自己的自由意志,任意设定债权,包括自由选择债的相对人、自由设定债的内容等。民法的意思自治原则在债法中体现得最充分。此与物权完全不同,物权采取物权法定原则,当事人不能自行创设物权,且物权的得丧变更均须采取公示之程序。当然,债权的任意设定仅就合同之债而言,法定之债(侵权损害之债、不当得利之债、无因管理之债)的债权设立不具有任意性。

(4) 债权具有期限性

债权的期限性是指债权只在一定的期限内有效存在,而不能永久存续,清偿、免除、提存、混同、抵销、破产清算等行为或法律规定的原因均可导致债的关系的消灭,进而消灭债权。物权则不然,特别是物权当中的所有权,只要标的物存在,所有权就存在,没有期限上的限制。

(5) 债权具有平等性

债权的平等性主要是指多数债权人对于同一个债务人先后发生多个债权,所有债权人都有权向债务人主张请求权,各个债权人所享有的债权不因成立时间前后而有所差别。债权的平等性的典型体现是一物二卖:比如甲和乙签订合同,将其房屋卖给乙;十天后甲知道丙急需用房,便和丙签订合同,以更高的价钱将房屋卖给丙。此时,尽管丙和甲签订的合同在后,但其和乙一样,都可以向甲请求履行合同。与此相对应的是,物权具有优先性。而物权的优先性,学者表述为在同一个债务人的财产上同时存在物权和债权时,物权优先于债权而得到满足。① 鉴于在探讨债权的平等性时,比较的是两个债权之间的关系,故而在探讨物权的优先性时,也该以比较两个物权之间的关系(而非物权和债权的关系)为宜。此外,认为物权的优先性同成立时间有关系也值得推敲,比如根据《物权法》第199条的规定,已登记的抵押权优先于未登记的抵押权得到受偿。而若拿两个抵押权来进行比较,则抵押权之间也存在"平等性",比如,同样根据《物权法》第199条的规定,登记时间相同的抵押权,按照债权比例清偿;都没有办理登记的抵押权,也按照债权比例清偿。可见,登记时间相同的抵押权和都没有登记的抵押权之间是平等的。

(6) 债权具有流通性

债权的流通性体现了债权偏重流通的特性,由此可以理解债法的功能是维护财产的动的安全。与此相对应的是,物权偏重物的归属和利用,由此可以理解物权法的功能是维护财产的静的安全。在市场经济的条件下,债权的证券化进一步反映了债权的流通性,也有助于促进债权的流通性。

2. 债务

债务是指债的当事人依照法律规定或当事人约定所承担的为特定行为的义务。学者关于债的本质的讨论是以债务人关系为起点,债务在债法中处于核心的位置,很多债法制度的设置都是围绕债务而展开的。这里主要论述债务和责任的关系。

在罗马法,债务与责任融合在一起,责任常伴随债务而生,二者有不可分离

---

① 参见张民安、李婉丽主编:《债法总论》(第2版),中山大学出版社2008年版,第8页。

的关系。① 有学者对这种现象进行了解释,认为罗马法将债和责任融合在一起的原因有三:(1) 罗马法时期当事人违约或侵权时,习惯上主要是由债权人而非国家对债务人采取强制措施,把债务与责任作为债权人与债务人双方自行处理的问题,导致责任概念淡薄;(2) 在罗马法上,债务的标的被归结为给付,而给付最终又归结为财产利益,履行债务与赔偿损失都可以使债权人获得财产利益,因而区别债与责任没有多大意义;(3) 债的请求权同一性理论是近现代民法债与责任合一的理论根据。②

基于民事义务和民事责任不同的性质的考虑,以及随着民事责任形式的多样化和复杂化,有学者建议应该区分债务和责任,建立独立的民事责任制度。③ 债务和责任的关系的探讨,意义重大,直接关系着民法典的体例安排,即是否将侵权行为从债法中独立出来而单独成编。④ 当然,这属于立法论层面。下面拟从解释论层面着手、以我国的现有立法为素材,简单探讨债务和责任的关系。

(三) 债务和责任

1. 债务和责任的区分

《民法通则》第五章规定民事权利,而第六章规定民事责任;第五章的第二节以"债权"为标题,而债权对应的是债务,可见《民法通则》在体例安排上是区分债务和责任的。《民法通则》第 106 条第 1 款规定,公民、法人违反合同或者不履行其他义务的,应当承担民事责任;该款规定更体现了债务和责任的区分。

除此之外,存在着彰显债务和责任区分的其他例子:

(1) 有债务而无责任

我国《民法通则》第 138 条规定,超过诉讼时效期间,当事人自愿履行的,不受诉讼时效限制。此外,最高人民法院《关于审理民事案件适用诉讼时效制度若干问题的规定》第 22 条规定,诉讼时效期间届满,当事人一方向对方当事人作出同意履行义务的意思表示或者自愿履行义务后,又以诉讼时效期间届满为由进行抗辩的,人民法院不予支持。超过诉讼时效的债务,学理上称之为"自然债务"。对于自然债务,债权人不得诉求强制履行,债务人以为履行的,履行有效,债务人不得请求返还。可见,自然债务中,债务人不履行债务并不导致债务不履行的责任,此时债务人是有债务而无责任。

(2) 无债务而有责任

比如《担保法》第 6 条对保证的含义的规定,即保证是指保证人和债权人约

---

① 参见史尚宽:《债法总论》,中国政法大学出版社 2000 年版,第 3 页。
② 参见魏振瀛:"论债与责任的融合与分离——兼论民法典体系之革新",载《中国法学》1998 年第 1 期。
③ 同上。
④ 参见左传卫:"论债与责任的关系",载《法商研究》2003 年第 5 期。

定,当债务人不履行债务时,保证人按照约定履行债务或者承担责任的行为。这里的定义再一次彰显了债务和责任的区别的同时,也表明了对于保证人来说,其和债权人之间并没有债务关系存在,但其对债务人的债务不履行承担责任。简言之,此时的保证人无债务而有责任,这里的责任是在债务担保的意义上使用的。

（3）责任先于债务而存在

这里显示的是责任和债务在成立时间上的区分。典型的例子是在附停止条件的债务上所设定的担保。[①]

2. 债务和责任同义

比如,有学者将《合同法》第42条和第43条的规定概括为"缔约上过失责任"。[②] 实际上,从体系来看,该两个条文属于第二章合同的订立的内容,其本质上是属于债的发生原因之一种,本书也将其单列为债的发生原因(详见本书第六节)。当然,从其违反的是先契约义务来看,不妨将缔约过错看成一种违反先契约义务的责任。但是,若从法律效果来看,缔约过错和侵权行为、契约缔结、无因管理和不当得利一样,都产生一定的债权债务关系,故而将缔约过错理解为债的发生之一也未尝不可。可见,在使用"缔约过错责任"这一概念时,也可以将这里的责任当做债务来看待,此时意义上的"责任"就是义务。当然,本书为因循习惯,仍采用"缔约过错责任"的概念。

3. 指示债务担保的财产范围的责任

比如《公司法》第3条第2款规定的"有限责任公司的股东以其认缴的出资额为限对公司承担责任;股份有限公司的股东以其认购的股份为限对公司承担责任"。这里的"责任",学说称为"股东的有限责任",其所表明的是股东以其出资或股份的特定的财产范围为公司债务承担责任。换言之,在不出现滥用股东权利的情况下(《公司法》第20条),有限责任公司的股东只要完成其出资义务,便意味着其已履行完其义务而与公司的债务再无联系。股东的有限责任是量的有限责任,股东以一定数额为限度负清偿责任。[③]

《合伙企业法》第2条第3款规定,普通合伙人对合伙企业债务承担无限连带责任。这里的无限责任是指普通合伙人以自己的全部财产对合伙企业债务负清偿责任。

（四）债的客体

债的客体又称债的标的,是指债权人的权利和债务人的义务共同指向的对

---

① 参见史尚宽:《债法总论》,中国政法大学出版社2000年版,第3页。
② 参见韩世远:《合同法总论》(第2版),法律出版社2008年版,第107—128页。
③ 参见林诚二:《民法债编总论:体系化解说》,中国人民大学出版社2003年版,第15页。

象。如前所述,债是以特定行为为客体的法律关系,债的客体就是特定的行为,即给付。构成债的客体的给付具有以下特征:首先,给付须合法,即不为法律所禁止,凡违反法律或公序良俗之行为均不得成为债的标的,如以伤害他人或赌博为客体的债。其次,给付须确定,即给付的内容、方式等能够确定,不能确定的给付不能作为债的标的。再次,给付须适格,即给付能满足民事主体利益之需要,为民事主体所控制,适合于债的履行。

给付的具体方式包括:

(1) 支付金钱。如支付价款、支付劳务费、支付稿酬、支付运费等。

(2) 交付财物。即债务人将一定形态的财物交付给债权人占有,交付的方式又有现实交付、简易交付、占有改定和指示交付四种。在买卖、租赁、运输、保管、融资租赁、加工、承揽等大部分合同中,都有交付财物的内容;在因侵权损害、不当得利等原因产生的法定之债中,也往往有交付财物的内容,如返还不当得利、返还侵占的财产等。

(3) 提供劳务。即债务人通过实施一定的劳动行为以实现债权人的利益,如运输合同中承运人的运送行为、委托合同中受托人的代理行为、保管合同中保管人的保管行为、技术服务合同中的服务行为等。

(4) 完成工作或提交成果。即债务人通过完成一定工作的活动而将其成果提交给债权人。如承揽合同中承揽人交付定作物的行为、建设工程合同中施工方交付建筑物的行为、技术开发合同中开发方提交科研开发成果的行为等。

(5) 转移权利。即债务人将一定形态的权利而非财物交付给债权人,各种民事权利如物权、债权、知识产权、股权、法人名称权等均可成为转移的对象。如在商标权转让合同中,转让人将商标权转移给受让人。

(6) 不作为。即当事人约定债务人不为某一特定行为,便视为债务人履行了义务,以不作为作为债的标的,如约定债务人不得披露债权人的商业秘密、债务人不得与第三人进行某一产品的生产、债务人不得销售某种商品等。

债的客体或标的不同于债的标的物,标的物是指给付行为所涉及的具体金钱或财物,即给付的具体对象,如房屋买卖合同中的房屋、出版合同中的稿费、煤炭运输合同中的煤炭、雇佣合同中的劳务费等。标的物是具体的、静态的财物或金钱,而标的(客体)是抽象的、动态的行为。标的可归纳为上述六类,而标的物各种各样,丰富复杂。

第二节 债法概述

一、债法的概念

债法是指调整债权债务关系的法律规范的总称。债法在各国的称谓不尽一致,有的称债务法(如瑞士),有的称债权法(如日本),有的称债权债务关系法(如德国)。

债法有形式意义的债法与实质意义的债法之分。形式意义的债法是指专门的债法典或民法典中的债法编,是债的基本法,前者如瑞士债务关系法,后者如德、日、意等国民法典中的债法编。实质意义的债法是指所有有关债的法律规范,包括债的基本法、有关债的单行法、有关债的判例等。民法学理上的债法以实质意义的债法为研究对象。

债法的立法体例在大陆法系约有三种:一是制定专门的债务法典,如瑞士,但采该体例的国家极少。二是在民法典中设置单独的债法编,如德、日、荷等国。大陆法系以采该体例者居多,旧中国的《中华民国民法典》也是采该体例。三是民法典中不分物权法与债权法,而将二者统一规定于财产法之中,或作为财产的取得方法加以规定,如法国。英美法系国家的债法主要表现为单行法和判例法,分布在合同法、侵权行为法等法律门类中。

我国目前尚未颁布民法典,也无专门的债法,有关债法的立法内容主要见于《民法通则》第五章之第二节"债权"、第六章之"民事责任"以及《合同法》、《担保法》等法律之中。

在我国民法典的起草过程中,主流学说主张摒弃大陆法系传统的物权与债权二分法,在民法典中不再设置债权编,而将债权法的内容进行分拆,亦即将合同法和侵权责任法分拆,分别规定合同法和侵权责任法。1999年我国已经颁布了《合同法》,2009年又颁布了《侵权责任法》。这样,我国将来的《民法典》很可能不再设单独的债权编,既无债的总则的规定,亦无债的分则的规定。不当得利之债与无因管理之债将糅杂到总则编或者相关的编章中去。这种体例安排有其优点,亦有其缺陷。当然,不论立法体例上如何安排,学理上债法的体系与逻辑仍将存在并将继续发挥其作用。

二、债法的特征

债法具有以下特征:

(一)债法是财产法

债法是关于财产关系的法,是民事主体处理财产关系的行为准则。如前所述,债法的调整对象为债权债务关系,而债权债务关系属于财产领域的关系,债权属于财产权。

(二)债法是关于财产交换关系的法

财产关系是指能以而且应当以货币加以衡量和评价的社会关系,包括表现为静的状态的财产归属与支配关系和表现为动的状态的财产交换关系与流转关系,债法则是调整动态的财产交换与流转关系的法,即财产由一个主体转移给另一个主体的规则。

（三）债法具有任意性

民事主体之间财产的交换与流转，主要涉及私法主体本身的利益，即特定主体之间的权利义务，与他人利益和社会利益并不具有直接的关联，所以私权的处置应充分体现私法的意思自治精神，即在不违反法律的强制性规定和公序良俗的前提下，民事主体得任意处分其权利与利益，自主决定财产关系的交易对象、交易方式、交易条件等，故债法上的规定多为任意性规定，少有强制性规定，当事人对任意性规定可依约定而排除其适用。唯其如此，社会财富和资源的流转与配置才能最大限度地符合市场经济之规律，发挥其最大效益。所以，债法具有任意法的特征。

（四）债法具有统一性

由于财产的交易与流转规律主要取决于社会财富本身的特性，并不必然与一国之政治形态、经济发展水平、民族文化等有直接的关联，其共性远多于特性，所以财产交易规则在国际上较早地开始了统一化的进程，各国的债法无不借鉴在国际经济贸易中形成的惯例，而许多重大民商事国际条约与公约的制定，如《联合国国际货物买卖合同公约》、《国际商事合同通则》等，又强化了债法的国际统一性，使得债法成为民商法中最具国际性和统一性的法律。

（五）债法具有动态性

债法的动态性是指债法的宗旨是使债的标的（金钱、商品、劳务和其他标的物）在债权人和债务人之间发生运动。[①] 债法通过保障债的标的的运动从而达到对市场交易的保证和对市场经济的促进。当然，债法的动态性也具有例外，比如租赁契约等继续性债务关系中，债法为了保障承租人的利益而规定了"买卖不破租赁规则"，使得租赁关系的存续不因买卖关系的成立而受影响。

三、债法的地位

债法的地位是指债法在民法中具有何种意义、发挥何种作用。

民法是调整人身关系和财产关系的法律，调整人身关系的规则形成民法中的人身权法，调整财产关系的规则形成民法中的财产权法。财产关系是人们相互之间因财产的归属、利用和交换而发生的关系，财产的归属、利用关系表现为民法的物权制度，财产的交换关系表现为民法的债权制度。所以，债法是民法的一个重要组成部分。现代大陆法系国家的民法典，特别是以《德国民法典》为代表的潘德克顿式民法典，一般都将债法作为独立的一编规定于民法典中，民法典

[①] 参见〔德〕迪特尔·梅迪库斯：《德国债法总论》，杜景林、卢谌译，法律出版社 2004 年版，第 34 页。

由总则、债、物权、亲属和继承等几个主要部分组成。在英美法系国家，合同法、侵权行为法等单行制定法和判例法在其法律体系中同样居于重要的地位。

债法的性质属于财产法，因为债法调整的社会关系具有直接的财产或经济内容。财产法的发展和演变与经济形态和社会生产力的发展与演变具有紧密的相关性。换言之，一定的市场发育水平是产生与其相适应的债法的前提。

在财产法律制度上，物权法主要调整物的归属与支配关系，建立物的得丧变更规则，旨在维护财产的"静的安全"。债法则主要调整物的流通与交易关系，建立物的交换规则，旨在维护物的"动的安全"。在承认物权行为的国家，债的履行属于物权行为，尽管存在着物权行为的无因性，但缺乏债权合同等基础法律关系的物权变动则将成立不当得利之债。当然，在很多情况下，债权的实现需要有担保物权作为保障，以降低债权实现的风险。总之，没有交易规则，没有债法，财产便无法流通，社会财富便无法发挥其应有之价值，社会经济秩序就会处于无序状态，经济关系与生产力便停滞不前。现代社会，法律的效益价值备受关注，而财产只有在交易中才能实现其更大的效益价值，所以债法也得到更多的发展。

第三节 债的类型

依据不同的标准，可将债分为不同的类型。

一、法定之债与意定之债

根据债的发生原因及债的内容是否由当事人的意志决定，债可分为法定之债和意定之债。

法定之债是指债的发生与内容均由法律加以直接和明确规定的债。民法以意思自治为原则，民事权利义务关系的产生、变更和消灭一般由当事人根据自由意志决定，法律不作强行规定。但涉及诚实信用之实现和公序良俗之保障时，为维护法的公平与正义价值，民法也会规定某些情形将直接发生债的关系，使一方当事人依据法律的直接规定而负担向对方为给付义务。这种由法律直接规定债的发生依据和债的内容的债，就是法定之债。法定之债包括侵权损害赔偿之债、不当得利之债、无因管理之债及缔约过错之债。

意定之债是指债的发生及其内容完全由当事人依其自由意志决定的债。意定之债充分体现了民法的意思自治原则。意定之债主要就是指合同之债，以及单方允诺之债，所以意定之债也称为合同之债或约定之债。意定之债以合同自由为原则，以维护和促进交易为宗旨，包括缔约自由、选择相对人自由、合同内容自由、合同形式自由等意义。合同是最主要的债的发生依据，合同之债是最主要的债的类型。

根据私法自治原则的要求,意定之债是最主要的债的类型。就法律规范的适用来看,民法总则中关于法律行为的成立和生效的规则,在不被排除适用的情况下都适用于意定之债的成立和生效;而法定之债却是法律明确规定债的发生,有关法律行为成立和生效的规则的适用空间比较小。比如《民法通则》第 62 条规定:"民事法律行为可以附条件,附条件的民事法律行为在符合所附条件时生效。"该规定适用于意定之债(比如契约和单方允诺)的发生,但却不适用于不当得利、无因管理等法定之债。

二、特定物之债与种类物之债

(一) 含义

根据债的标的物属性的不同,债可分为特定物之债和种类物之债。该种分类主要存在于意定之债。而在法定之债中,多数是金钱给付义务。比如,甲和乙双方订立两个合同:第一个合同是甲向乙购买乙用了两年的那辆红色奥迪轿车,第二个合同是甲向乙购买五十辆新的自行车。第一个合同所成立的债,是特定物之债;第二个合同所成立的债,是种类物之债。

特定物之债是指以特定物为标的物的债,而种类物之债是指以种类物为标的物的债。所谓特定物,是指具有独立特征或被权利人指定,不能由其他物代替的物,它包括独一无二的物品(如仅存的一套清代红木家具或齐白石的一幅奔马图)和某一类物中被特定化的物(如从商场选择定购的一台电视机)。所谓种类物,是指具有共同特征,能以品种、质量、数量等标准加以确定,且能由同种类物代替的物,如等级相同的大米、油料,商标、型号相同的电视机,质量、款式相同的衣服,同次印刷出版的图书。

以特定物为标的物的债在债发生时,其标的物即已存在并特定化,而种类物为标的物的债在债发生时,其标的物未特定化,甚至尚不存在,但当事人双方必须就债的标物的种类、数量、质量、规格或型号等达成协议。双方若达不成协议,《民法通则》第 88 条第 2 款第 1 项规定,质量要求不明确的,按照国家质量标准履行,没有国家质量标准的,按照通常标准履行;《合同法》第 62 条第 1 项也作出了类似的规定,质量要求不明确的,按照国家标准、行业标准履行,没有国家标准、行业标准的,按照通常标准或者符合合同目的的特定标准履行。我国立法在关于种类物的品质上,提供的是一种衡量标准(国家标准、行业标准和特定标准)。这不同于其他立法例所规定的:在种类物之债中,在依法律行为的性质或当事人的意思不能确定的,债务人应给付中等品质之物。[①]

---

① 参见郑玉波著,陈荣隆修订:《民法债编总论》(修订二版),中国政法大学出版社 2004 年版,第 199 页。

（二）种类物之债的特定化

这里要讨论的是种类物的特定化的问题。首先，关于特定化的意义。种类物一经权利人选定并约定不得变更时，即转化为特定物。由此可见，种类物之债的存在具有一定的阶段性，随着债的关系的发展，其最终会转化成特定物之债。

其次，关于特定化的方法。对此，我国立法未设专门的规范。我国台湾地区的立法例规定，种类物之债有如下特定的方法[①]：

第一，债务人完成交付标的物的必要行为。对此，又因种类物之债的履行地点之不同而有所差别。对于赴偿之债（在债权人住所地履行的债务，即债务人要将债的标的物送至债权人的住所地），债务人在将给付物送至债权人的住所地并使债权人处于可受领的状态时，种类物之债的给付被特定化；对于索取之债（在债务人住所地履行的债务，即债权人要到债务人的住所地受领标的物），债务人要指定或区分出给付物，且通知债权人，之后种类物之债的给付才被特定化；对于送付之债（在债务人住所地或债权人住所地之外的地点履行债务），此时若债务人负有送付标的物的义务，则适用赴偿债务的规则；若无该义务，则适用索取之债的规则。

第二，债务人经债权人的同意而指定其交付之物。比如甲和乙订立甲向乙购买100台联想电脑的合同，乙将甲带到自己的仓库，指着在包装上标注了甲的公司名的100台电脑，对甲说那是即将交付给甲的电脑。甲点头表示知道此事。此时，便完成了种类物之债的特定化过程。

最后，关于特定化的效果。[②] 种类物之债经特定而变为特定物之债后，债务人原则上不得再以其他种类物而为给付，除非给付其他同种类之物对于债权人并无任何损害。同时，经种类物之债的特定而出现的特定物之债与原先的种类物之债在内容上具有同一性，前者是后者的延续，故而债的担保不因种类物之债的特定化而有所影响。

（三）区分意义

区分特定物之债与种类物之债的法律意义在于：其一，特定物之债的履行，债务人负有交付特定标的物的义务，债权人也只能请求债务人交付该标的物，双方均不得变更。质言之，债务人不得以其他的标的物代替履行。若标的物灭失，则发生债的履行不能，债务人的给付义务消灭，转化为损害赔偿的义务。种类物之债通常不存在履行不能的情况，因为债务人可以其他同种类的物代替履行，除非债务人所有的种类物全部灭失，此种情况下由债务人承担履行不能的责任。

[①] 参见郑玉波著，陈荣隆修订：《民法债编总论》（修订二版），中国政法大学出版社2004年版，第200—201页。

[②] 同上书，第201页。

其二,在法律规定或当事人有特别约定的情况下,特定物之债的标的物所有权可自债成立之时转移,标的物意外灭失的风险亦随之转移;种类物之债的标的物所有权只能自交付之时起转移,其意外灭失的风险也将自交付之日起转移。

三、简单之债和选择之债

(一) 含义

根据债的标的有无选择性,债可分为简单之债与选择之债。

简单之债,是指债的标的是单一的,当事人只能以该种标的履行并没有选择余地的债,所以又称不可选择之债。选择之债是相对于不可选择之债而言的,是指债的标的为两项以上,当事人可以选择其中一项来履行的债。例如,对商品实行"三包"制度,在出售的商品不合质量要求时,买受人与出卖人之间就会发生选择之债,或修理、或更换、或退货,当事人须从中选择一种履行。选择之债可以包括约定选择之债和法定选择之债。前者是双方当事人约定的选择之债,比如甲和乙约定,甲向乙购买甲的玉石一块或古董花瓶一个。后者比如《合同法》第111条规定,债务人的给付的质量不符合约定的,受损害方根据标的物的性质以及损失的大小,可以合理选择要求对方承担修理、更换、重作、退货、减少价款或者报酬等违约责任。再比如,《合同法》第112条所规定的因请求权竞合而发生的选择之债。

选择之债的成立需要两个条件:其一,须有两种以上内容相异的给付供当事人选择;其二,须在两种以上的给付中选择其一来履行。

(二) 选择之债的特定化

同种类物之债类似,选择之债也存在特定化的问题。

首先,关于特定化的意义。选择之债特定之后成为简单之债,使得债的履行成为可能或变成现实。

其次,关于特定化的方法。第一,双方缔结契约特定之。允许双方当事人可通过缔结契约特定化选择之债,此乃私法自治理念之当然要求。第二,选择权的行使。选择之债中的选择权属于形成权,其行使不得附条件和期限。债权人享有选择权的称为选择债权,债务人享有选择权的称为选择债务,民事实践中以选择债务居多,即除了有约定或法律有特别规定外,选择权原则上属于债务人。当事人一经行使选择权,选择之债便成为确定内容的简单之债,债务人须依此履行,而选择权人也不得反悔。但是,如果享有选择权的一方当事人未在选择权的行使期间内行使,则出于债的关系特定化的考虑,此时规定选择权移属于他方当事人。[1]

---

[1] 参见郑玉波著,陈荣隆修订:《民法债编总论》(修订二版),中国政法大学出版社2004年版,第214—215页。

第三,给付不能。① 在数宗给付中,发生给付不能时,则分具体情况来分析选择之债的特定化:若给付不能归责于双方当事人,则选择之债仅存在于余存之给付。若给付不能可归责于有选择权人,在余存之给付仍然为数宗时,仍不失为选择之债,如果余存之给付仅剩一宗,则选择之债被特定。若给付不能可归责于无选择权之人,则在债权人是选择权人的场合,债权人可以选择给付不能的那宗债务而请求损害赔偿,也可选择特定化他宗给付;而在债务人是选择权人的场合,债务人可以选择给付不能之债务而免除自己的给付义务。

比如,甲有齐白石的国画一幅,张大千的国画一幅,甲和乙约定:甲卖给乙张大千或齐白石的国画一幅,价格若干元。此乃典型的选择之债,双方对选择权的归属没有约定,选择权应该归甲所有。这里假设几种情形:若因为地震而导致齐白石的画被毁损,则此时该选择之债变为简单之债(甲要给付张大千的画)。若因为甲不小心将齐白石的画弄坏了,则选择之债被特定为张大千的画,甲要给付张大千的画。若因为乙不小心而导致齐白石的画毁损,则此时甲可以选择给付张大千的画,或选择给付齐白石的画(即使发生给付不能)。

最后,关于特定化的效果。选择之债被特定化之后,变为简单之债,给付只剩一宗。当然,此时若该给付是特定物,则变为特定物之债,若是种类物,则变为种类物之债。

此外,选择之债特定化的效力是否具有溯及力取决于其特定化的方法。第一,若是通过选择权的行使而特定的,则为了防止"自始给付不能的契约无效"的适用导致对选择权人不利的结果,一般认为此时的选择具有溯及力,溯及至债务发生之时。比如,前述买卖国画的例子中,甲享有选择权,若因为可归责于乙的事由导致齐白石的画被毁损。此时,若认为选择具有溯及效力,而选择权人甲选择给付齐白石的画,则甲和乙之间的契约发生嗣后给付不能,甲可以免其给付义务。而若认为选择没有溯及效力,且选择权人甲选择给付齐白石的话,则甲和乙之间的契约因自始给付不能而无效,此时对于选择权人甲较为不利。第二,若选择之债是因给付不能而特定的,则这里的给付不能是嗣后给付不能,不会产生前述"自始给付不能的契约无效"而对选择权人不利的问题,故而一般认为此时没有溯及效力。

(三) 区分意义

区分简单之债与选择之债的意义在于:如为简单之债,债务人仅依法律的直接规定或当事人的约定所确定的内容为给付,即具有给付内容的确定性和不可选择性;如为选择之债,则当事人可享有选择权,债的给付内容须待选择后才能确定。

---

① 关于给付不能,详见本书第七章。

（四）《合同法》上的选择权配置

如前所述,在没有法律特别规定或当事人特别约定选择权的归属的情形下,为方便债务人履行债务,原则上应由债务人享有选择权。与此要区分的是,《合同法》第111条却规定,债权人可以合理选择要求对方承担修理、更换、重作、退货、减少价款或者报酬等违约责任;《合同法》第116条规定,当事人既约定违约金,又约定定金的,一方违约时,对方可以选择适用违约金或者定金条款;《合同法》第122条规定,在发生侵权责任和违约责任竞合时,债权人可以行使选择权。由此可见,《合同法》似乎将选择权配置给债权人。《合同法》的前述规定,是针对违约责任而作出的,属于法定的选择之债。债务人既已违约,盖无再将选择权配置给债务人的道理,否则对债权人不利。

（五）选择之债和种类物之债的关系

第一,标的方面。选择之债存在数宗不同的同种类或不同种类的给付,数宗给付各有其特性。而种类物之债仅存在同种类的给付,各个给付物之间的个性不被关注。简言之,选择之债是"存异",而种类物之债是"求同"。

第二,标的物方面。选择之债的标的物可以是种类物,也可以是特定物。而种类物之债的标的物只能是种类物。故此,在选择之债特定为简单之债后,该简单之债可能是特定物之债,也可能是种类物之债。

第三,债的特定化方面。选择之债可因给付不能而特定,而种类物之债原则上不发生给付不能,故而不存在因给付不能而特定的情形。此外,选择之债若没有经过特定,便无法履行,选择之债的数宗给付之间存在差异性,故而法律对于选择权的归属进行了专门的配置;而关于种类物之债中各标的物的共性较明显,故选择权在种类物之债中只体现在数量的确定上,意义不那么大。[①]

第四,溯及力方面。借由选择权的行使而特定化选择之债的,该特定化的效果具有溯及力。而在种类物之债中,则没有赋予特定化溯及力效力的理由。

四、财物之债与劳务之债

根据债务人的义务是提供财物还是提供劳务,债可分为财物债务和劳务债务。

财物债务,是指债务人须给付金钱或实物的债,亦即债之给付义务为交付财物或支付金钱,例如,买卖合同之债,给付义务为交付有形财物,如房屋、汽车、书籍等。劳务之债,是指债务人须提供劳务的债,亦即债之给付义务为劳务,例如,委托合同之债,受托人须以进行委托行为为债的给付标的,此时的标的就是提供

[①] 参见郑玉波著,陈荣隆修订:《民法债编总论》(修订二版),中国政法大学出版社2004年版,第219页。

劳务。

区分财物债务和劳务债务的意义在于：当债务人不履行债务时，财物债务可适用强制履行方式，劳务债务则不宜适用强制履行方式。

五、货币之债与利息之债

根据债务人的义务是给付一定数额的货币还是给付利息，债可分为货币之债和利息之债。

货币之债是指债务人须给付一定数额之货币的债务。货币之债广泛存在于各种债的关系中，比如买卖、租赁、承揽、雇佣等有偿行为中，再如赠与、遗赠等无偿行为中。货币之债包括本国货币之债和外国货币之债。该两种都可再划分为特定货币之债（以货币为特定物之债）、金额货币之债（以给付一定金额之通用货币为标的之债）和特种货币之债（包括绝对特种货币之债和相对特种货币之债，前者是以特定货币之一定数量为标的之债，或者是以特种通用货币之一定金额为标的之债）。①

特定货币之债即是特定物之债，故可能发生给付不能。金额货币之债不发生给付不能的问题，但可能产生给付迟延、拒绝给付等其他债务不履行的问题。绝对特种货币之债发生给付不能的问题。相对特种货币之债，当事人所注重的主要是金额，而附带要求给付特种货币，在该特种货币失去通用效力时，应以他种通用货币给付，故而相对特种货币之债不发生给付不能之问题。

货币之债亦属于种类物之债，其同种类物之债的区别在于：货币之债的给付不存在给付标的物的品质的问题，而一般种类物之债要求原则上以中等品质之物给付。在当事人对履行地点约定不明确且无法达成协议时，对于货币之债，在接受给付一方的所在地履行，对于一般种类物之债，在履行义务一方的所在地履行。

利息之债是指债务人给付利息的债务。根据不同的标准，可以将利息之债分为不同的种类。② 利息债权未达清偿期的，称为基本权的利息之债；此时的利息债权是原本债权的从权利，具有很强的附随性，随原本债权的消灭而消灭、移转而移转。利息债权已达清偿期的，称为支分权的利息之债；此时的利息债权具有一定的独立性，可与原本债权分离而独立转让。此外，根据发生原因，可将利息之债分为约定利息之债和法定利息之债。约定利息之债是指基于当事人的合意而产生的利息之债。法定利息之债是基于法律的规定而产生的利息之债，比

---

① 参见林诚二：《民法债编总论：体系化解说》，中国人民大学出版社2003年版，第239—241页。
② 以下分类参见郑玉波著，陈荣隆修订：《民法债编总论》（修订二版），中国政法大学出版社2004年版，第206—211页。

如《合同法》第398条规定,委托人应当预付处理委托事务的费用。受托人为处理委托事务垫付的必要费用,委托人应当偿还该费用及其利息。值得注意的是,《合同法》第200条规定,借款的利息不得预先在本金中扣除;利息预先在本金中扣除的,应当按照实际借款数额返还借款并计算利息。

区分货币之债和利息之债的意义是:第一,在发生债的移转时,注意利息之债的独立性问题。第二,发生债的清偿抵充时,利息之债优先于货币之债而获得满足。[①]

六、单一之债与多数人之债

根据债的主体双方的人数,债可分为单一之债和多数人之债。

单一之债是指债的双方主体即债权人和债务人都仅为一人的债。多数人之债,是指债的双方主体均为二人以上或者其中一方主体为二人以上的债。

区分单一之债与多数人之债的法律意义在于:因单一之债的主体双方都只有一人,当事人之间的权利、义务关系比较简单,不发生多方主体之间的权利、义务关系;而多数人之债,当事人之间的关系比较复杂,不仅有债权人和债务人之间的权利、义务关系,而且还发生多数债权人或多数债务人之间的权利、义务关系。因此,正确地区分单一之债和多数人之债,有利于准确地确定当事人之间的权利和义务。对于多数人之债将在本书第六章进行详细论述。

七、主债与从债

根据两个债之间的关系,债可分为主债和从债。

主债是指能够独立存在,不以他债为前提的债。换言之,主债是指在两个并存的债中,居于主要地位且能独立存在的债。主债是相对于从债而言的,所以必须有两个并存的债才有主债存在的意义。两个并存的债之间应当存在牵连关系,一般而言,从债往往是为了担保主债的实现而存在的。

凡是不能独立存在,而必须以主债的存在为成立前提的债,为从债。主债与从债是相对应的,没有主债不发生从债,而没有从债也就无所谓主债。

区分主债与从债的法律意义在于:其一,主债是从债的发生依据,没有主债就不会发生从债;其二,从债的效力决定于主债的效力,主债不成立,从债也不成立,主债被撤销或被宣告无效时,从债也随之失去效力;其三,主债消灭,从债也随之消灭。例如,某一借款合同设有保证条款,便存在两个债:一是借款合同之债,即主债;一是保证合同之债,即从债。如借款人履行了还款义务,主债消灭,保证合同这一从债也就随之归于消灭。

[①] 可参见本书第五章第二节清偿部分。

第二章 债的发生

第一节 债的发生概述

一、债的发生之概念

债的发生,是指债权债务关系的产生,即一项特定的、新的债权债务关系在当事人之间得以创设。

广义上的债的发生,既包括在原本无任何债的关系的当事人之间设定一项新的债,也包括一项已设定的债在新的当事人之间进行移转,即由新的当事人替代原来的当事人承受已经存在的债。狭义上的债的发生,仅指前一种情形,即在原本不存在特定债权债务关系的当事人之间设定一项新的债,是客观上产生的一项新的债。而后一种情形只是债的主体发生了变更而已,客观上并无新的债权债务关系发生。通常所称债的发生,系采狭义的概念,债的移转由债法中特定的制度加以规定。

二、债的发生原因

债的发生原因也称债的发生依据,是指产生债的各项法律事实。如同其他民事法律关系一样,债也须有一定的法律事实才能产生。

《民法通则》第84条第1款前段规定,债是按照合同的约定或者依照法律的规定,在当事人之间产生的特定的权利和义务关系。我国立法的规定,说明债的发生原因包括合同和法律规定。合同之债属于意定之债的范畴,对此应无疑义。但就文义解释来看,我国立法似乎没有直接承认单方允诺的意定之债。对比《德国民法典》第311条第1款的规定:"对于以法律行为成立债务关系以及变更债务关系的内容,当事人之间的合同是必要的;但法律另有规定的除外"。《德国民法典》的规定进一步表明在意定之债中,除非法律另有规定,否则契约是意定之债唯一的发生原因,即所谓的"契约原则"。概言之,我国立法对因单方允诺而发生的意定之债保持沉默,而德国立法明确将契约作为意定之债发生的原则、同时在"法律另有规定"时承认单方允诺作为意定之债发生的例外。

意定之债主要包括合同之债和单方允诺;法定之债主要包括无因管理、不当得利、侵权行为和缔约过错。其中,合同之债和单方允诺属于法律行为,无因管理属于法律行为以外之适法行为,侵权行为属于违法行为,不当得利属于行为以外之事实,缔约过错兼有意定之债与法定之债之义,但可于广义上归入意定之债。下面分述之。

第二节 合同之债

一、合同之债概述

合同,是平等主体的自然人、法人、其他组织之间设立、变更、终止民事权利义务关系的协议(《合同法》第 2 条)。依法成立的合同受法律保护(《合同法》第 2 条),当事人通过订立合同设立的以债权、债务为内容的民事法律关系,称为合同之债。在现实经济生活中,各民事主体主要是通过订立合同来明确相互间的权利、义务关系,即设立债权债务。因合同设立债,是民事主体积极主动地参与民事活动的表现。因此,合同是产生债的最常见和最主要的法律事实。我国债法的内容主要但不限于合同制度。

二、合同原则与合同自由原则

债的发生涉及民事主体双方法律关系的变动和利益关系的调整,对私人生活影响甚巨。无法想象,一方民事主体同他方之间的法律关系在没有自己参与的情况下便已设立或消灭;果如此,则私法便不是"自治"而是"他治"。因此,这里的合同原则意指在债的发生上,应以债权债务所涉及的主体的合意为原则,除非法律另有规定,否则单方行为并不足以促使债发生或消灭。尽管合同原则和合同自由原则均体现了私法自治原则的要求,但两者区别较大:前者是指合同作为债的发生原因的原则;后者则指民事主体自由决定其是否缔结合同、与谁缔结合同、缔结何种类型的合同、缔结何具体内容的合同以及以何种方式缔结合同的自由。需要指出的是,合同原则和合同自由原则都存在例外:前者如单方允诺,后者如强制缔约(例如《合同法》第 289 条之规定)和对违约金的司法调整(《合同法》第 114 条和《关于适用〈中华人民共和国合同法〉若干问题的解释》(二)(以下简称《合同法司法解释》(二))第 28 条、29 条之规定)。

合同原则在各立法例中均有所体现:比如我国《合同法》第十一章将赠与视为合同,《德国民法典》第 397 条规定债务免除应以合同方式为之,我国台湾地区"民法典"第 164 条规定悬赏广告之成立行为系属契约。

三、合同的成立

(一)合同成立的概念和要件

合同的成立是指订约当事人就合同的主要条款达成合意。如前所述,合同的本质是一种合意,合同的成立就是指各方当事人的意思表示一致,达成合意。

合同的成立必须具备如下条件:

第一,存在双方或多方订约当事人。所谓订约当事人是指实际订立合同的人,在合同成立以后,这些主体将成为合同的主体。订约当事人既可以是自然人,也可以是法人和其他组织如合伙等。无论订约当事人的形态如何,合同必须存在着两个利益不同的订约主体。也就是说,合同必须具有双方当事人,只有一方当事人是不能成立合同的。

第二,订约当事人对主要条款达成合意。合同的主要条款一般包括标的、数量、质量、价款或报酬、履行期限等。当事人即使仅就其中若干主要条款达成一致,其他条款尚未订明,一般也不影响合同的成立,允许当事人在履行合同中进行补正。例如一般的买卖合同,只要当事人就标的和价金达成合意,即使合同未对质量标准、履行期限、地点等条款作出规定,也可以使合同成立。

第三,合同的成立应具备要约和承诺阶段。《合同法》第 13 条规定:"当事人订立合同,采取要约、承诺方式"。要约和承诺是合同成立的基本规则,也是合同成立必须经过的两个阶段。如果合同没有经过承诺,而只是停留在要约阶段,则合同不成立。例如,甲向某编辑部乙去函,询问该编辑部是否出版了有关律师考试的教材和参考资料,乙立即向甲邮寄了律师考试资料五本,共 120 元,甲认为该书不符合其需要,拒绝接受,双方为此发生争议。从本案来看,甲向乙去函询问情况并表示愿意购买律师考试资料和书籍,属于一种要约邀请行为,而乙向甲邮寄书本行为属于现货要约行为。假如该书不符合甲的需要,甲拒绝收货实际上是未作出承诺,因此本案中合同并未成立,因为双方并未完成要约和承诺阶段。

(二)合同订立的一般程序——要约

1. 要约的概念和要件

要约,在商业贸易中也称为发盘、发价。《合同法》第 14 条规定,要约是希望和他人订立合同的意思表示。可见要约是指一方当事人以缔结合同为目的,向对方当事人所作的意思表示。发出要约的人称为要约人,接受要约的人则称为受要约人或相对人(如受要约人作出承诺,则称其为承诺人)。

一项有效的要约应具备以下构成要件:

(1)要约人具有订约能力。要约的提出旨在与他人订立合同,所以要约人必须是订立合同的一方当事人,具有《民法通则》规定的民事行为能力。《合同法》第 9 条第 1 款也规定:"当事人订立合同,应当具有相应的民事权利能力和民事行为能力"。因此,要约人应当具有缔约能力,无行为能力人或依法不能独立实施某种行为的限制行为能力人发出欲订立合同的要约,不能产生行为人预期的效果。

(2)要约具有明确的订立合同的意图。这一要件称为要约的目的性。根据《合同法》第 14 条的规定,要约是希望和他人订立合同的意思表示,要约中必须表明要约经受要约人承诺,要约人即受该意思表示拘束。例如甲对乙声称"我正在考虑卖掉家中祖传的一套家具,价值 10 万元",显然甲并没有决定订立合同,但是如甲向乙提出"我愿意卖掉家中祖传的一套家具,价值 10 万元",则表明甲已经决定订立合同,且在该意思表示中已表明如果乙同意购买,则甲要受到此承诺的拘束。

(3)要约应当向特定的相对人发出。这一要件称为要约的特定性。要约只有向要约人希望与其缔结合同的受要约人发出才能够唤起受要约人的承诺,所以要约原则上应向一个或数个特定人发出,即受要约人原则上应当特定。如果受要约人不特定,则不便于相对人判断要约人的全面真实意思,不便于受要约人作出承诺,也容易导致要约人一物数卖而产生的合同难以履行的纠纷,不利于维护交易安全。

(4)要约的内容必须具体确定。这一要件称为要约的确定性。《合同法》第 14 条规定,要约的内容必须具体确定。所谓"具体",是指要约的内容必须具有足以使合同成立的主要条款,如标的、数量、履行期限(如果要约中具备了这三项内容,即可认为要约的内容是具体的);所谓"确定",是指要约的内容必须明确肯定,而不能是商量性、试探性的语言。

2. 要约的法律效力

要约的法律效力又称要约的拘束力。一个要约如果符合一定的构成要件,就会对要约人和受要约人产生一定的效力。

要约在发出以后即对要约人和受要约人产生一定的拘束力。要约拘束力的内容具体表现如下:

首先,要约对要约人的拘束力。此种拘束力又称为要约的形式拘束力,是指要约一经生效,要约人即受到要约的拘束,不得随意撤销或对受要约人随意加以限制、变更和扩张。禁止要约人违反法律和要约的规定随意撤回要约及禁止其违反法律和要约的规定变更要约的内容,对于保护受要约人的利益,维护正常的交易安全是十分必要的。当然,法律允许要约人在要约到达之前、受要约人承诺之前可以撤回、撤销要约,同时要约人也可以在要约中预先声明不受要约效力的拘束,只要符合这些规定,则撤回或变更要约的内容是有效的。

其次,要约对受要约人的拘束力。此种拘束力又称为要约的实质拘束力,在民法中也称为承诺适格,即受要约人在要约生效时即取得依其承诺而成立合同的法律地位。

3. 要约的撤回和撤销

要约的撤回是指要约人在发出要约以后,未达到受要约人之前,宣告取消要约。由于撤回是在要约到达受要约人之前作出的,因此在撤回时要约并没有生效,撤回要约也不会影响到受要约人的利益。基于这一点,我国《合同法》第17条规定:"要约可以撤回。撤回要约的通知应当在要约到达受要约人之前或者与要约同时到达受要约人"。

要约的撤销是指要约人在要约到达受要约人并生效以后,将该项要约取消,从而使要约的效力归于消灭。撤销与撤回都旨在使要约作废,或取消要约,并且都只能在承诺作出之前实施。但两者存在一定的区别,其表现在于:撤回发生在要约并未到达受要约人并生效之前,而撤销则发生在要约已经到达并生效但受要约人尚未作出承诺的期限内。由于撤销要约时要约已经生效,因此对要约的撤销必须有严格的限定,如因撤销要约而给受要约人造成损害的,要约人应负赔偿责任。而对要约的撤回并没有这些限制。

4. 要约的失效

所谓要约失效,是指要约丧失了法律拘束力,即不再对要约人和受要约人产生拘束。要约失效以后,受要约人也丧失了其承诺的能力,即使其向要约人表示了承诺,也不能导致合同的成立。根据《合同法》第20条的规定,要约失效的原因主要有以下几种:(1)拒绝要约的通知到达要约人。(2)要约人依法撤销要约。要约在受要约人发出承诺通知之前,可以由要约人撤销要约,一旦撤销,要约将失效。(3)承诺期限届满,受要约人未作出承诺。凡是在要约中明确规定了承诺期限的,则承诺必须在该期限内作出,超过了该期限,则要约自动失效。(4)受要约人对要约的内容作出实质性变更。

(三) 合同订立的一般程序——承诺

1. 承诺的概念和条件

承诺是指受要约人同意要约的意思表示。换言之,承诺是指受要约人同意接受要约的条件以缔结合同的意思表示。承诺的法律效力在于一经承诺并送达于要约人,合同便告成立。在法律上,承诺必须具备以下条件,才能产生法律效力:

(1)承诺必须由受要约人向要约人作出。由于要约原则上是向特定人发出的,因此只有接受要约的特定人即受要约人才有权作出承诺,第三人因不是受要约人,当然无资格向要约人作出承诺,否则视为发出要约。同时,承诺必须向要约人作出。如果向要约人以外的其他人作出承诺,则只能视为对他人发出要约,不能产生承诺效力。

(2)承诺必须在规定的期限内达到要约人。承诺只有到达于要约人时才能生效,而到达也必须具有一定的期限限制。我国《合同法》第23条第1款规定:"承诺应当在要约确定的期限内到达要约人。"只有在规定的期限内到达的承诺才是有效的。承诺的期限通常都是在要约人发出的要约中规定的,如果要约规定了承诺期限,则应当在规定的承诺期限内到达;在没有规定期限时,根据《合同法》第23条的规定,如果要约是以对话方式作出的,承诺人应当即时作出承诺,如果要约是以非对话方式作出的,承诺应当在合理的期限内作出并到达要约人。

(3)承诺的内容必须与要约的内容一致。根据《合同法》第30条,"承诺的内容应当与要约的内容一致"。这就是说,在承诺中,受要约人必须表明其愿意按照要约的全部内容与要约人订立合同。也就是说,承诺是对要约的同意,其同意内容须与要约的内容一致,才构成意思表示的一致即合意,从而使合同成立。

(4)承诺的方式必须符合要约的要求。根据《合同法》第22条的规定,承诺应当以通知的方式作出。这就是说,受要约人必须将承诺的内容通知要约人,但受要约人应采取何种通知方式,应根据要约的要求确定。

2. 承诺迟延和承诺撤回

承诺迟延是指受要约人未在承诺期限内发出承诺。承诺的期限通常是由要约规定的,如果要约中未规定承诺时间,则受要的人应在合理期限作出承诺。超过承诺期限作出承诺,该承诺不产生效力。根据《合同法》第28条,"受要约人超过承诺期限发出承诺的,除要约人及时通知受要约人该承诺有效的以外,为新要约"。这就是说,对于迟到的承诺,要约人可承认其有效,但要约人应及时通知受要约人。

承诺撤回是指受要约人在发出承诺通知以后,在承诺正式生效之前撤回其承诺。根据《合同法》第27条,"承诺可以撤回。撤回承诺的通知应当在承诺通知到达要约人之前或者与承诺通知同时到达要约人"。因此撤回的通知必须在承诺生效之前到达要约人,或与承诺通知同时到达要约人,撤回才能生效。如果承诺通知已经生效,合同已经成立,则受要约人当然不能再撤回承诺。

四、合同的内容

合同的内容亦称为合同的条款,当事人依程序订立合同,意思表示一致,便形成合同条款,构成作为法律行为的合同内容。根据《合同法》第12条的规定,合同通常包括以下条款:

(一)当事人的名称或者姓名和住所

当事人是合同权利和合同义务的承受者,没有当事人,合同权利义务就失去存在的意义,给付和受领给付也无从谈起。因此,订立合同必须有当事人这一条款。当事人由其名称或姓名及住所加以特定化、固定化,所以,具体合同条款的草拟必须写清当事人的名称或姓名和住所。

(二)标的

标的是合同权利义务指向的对象,合同不规定标的,就会失去目的,失去意义,可见,标的是一切合同的主要条款。标的条款必须清楚地写明标的名称,以使标的特定化,能够界定权利义务的量。

(三) 质量和数量

标的的质量和数量是确定合同标的的具体条件,是这一标的区别于同类另一标的的具体特征。标的质量需订得详细具体,如标的技术指标、质量要求、规格、型号等都要明确。标的数量要确切,首先应选择双方共同接受的计量单位,其次要确定双方认可的计量方法,再次应允许规定合理的磅差或尾差。

(四) 价款或报酬

价款或酬金是有偿合同的条款。价款是指取得标的物所支付的代价,报酬是获得服务所应支付的代价。价款通常指标的物本身的价款,但因商业上的大宗买卖一般是异地交货,便产生了运费、保险费、装卸费、保管费、报关费等一系列额外费用,它们由哪一方支付,需在价款条款中写明。

(五) 履行的期限

履行期限直接关系到合同义务完成的时间,涉及当事人的期限利益,也是确定违约与否的因素之一,因而是重要的条款。履行期限可以规定为即时履行,也可以规定为定时履行,还可以规定为在一定期限内履行。如果是分期履行,还应写明每期的准确时间。履行期限若能通过有关规则及方式推定出来,则合同欠缺它也不影响成立。

(六) 履行地点和方式

履行地点是确定验收地点的依据,是确定运输费用由谁负担、风险由谁承受的依据,有时是确定标的物所有权是否移转、何时转移的依据,还是确定诉讼管辖的依据之一,对于涉外合同纠纷,它是确定法律适用的一项依据,因此十分重要。

履行方式,例如是一次交付还是分期分批交付,是交付实物还是交付标的物的所有权凭证,是铁路运输还是空运、水运等,同样事关当事人的物质利益,合同应写明,但对于大多数合同来说,它不是主要条款。

履行的地点、方式若能通过有关方式推定,合同即使欠缺它们也不影响成立。

(七) 违约责任

违约责任是促使当事人履行债务,使守约方免受或少受损失的法律措施,对当事人的利益关系重大,合同对此应予明确。例如,明确规定违约致损的计算方法、赔偿范围等,对将来及时地解决违约问题,很有意义。当然,违约责任是法律责任,即使合同中没有违约责任条款,只要未依法免除违约责任,违约方仍应负责。

(八) 解决争议的方法

解决争议的方法,是指有关解决争议运用什么程序、适用何种法律、选择哪家检验或鉴定机构等内容。当事人双方在合同中约定的仲裁条款、选择诉讼法院的条款、选择检验或鉴定机构的条款、涉外合同中的法律适用条款、协商解决争议的条款等,均属解决争议的方法的条款。

五、合同权利与合同义务

(一) 合同权利

合同权利,又称合同债权,是指债权人根据法律或合同的规定向债务人请求给付并予以保有的权利。合同权利具有以下特征:

1. 合同债权是请求权。合同关系是具有特定性的法律关系,债权人在债务人给付之前,不能直接支配给付客体,也不能直接支配债务人的给付行为,更不许直接支配债务人的人身,只能通过请求债务人为给付达到自己的目的。就此看来,合同债权为请求权。但合同债权与请求权并非同一概念,因为从请求权方面看,除合同债权的请求权以外,尚有不当得利返还请求权、无因管理的请求权、侵权损害赔偿请求权、物上请求权、人格权的请求权等;从合同债权本身观察,除请求权以外,尚有选择、处分、解除等权能。

2. 合同债权是给付受领权。权利的基本思想在于将某种利益在法律上归属某人,合同债权的本质内容,就是有效地受领债务人的给付,将该给付归属于债权人。

3. 合同债权是相对权。合同关系具有相对性,合同债权人仅得向合同债务人请求给付,无权向一般不特定人请求给付,因此,合同债权为相对权。但相对性原则在合同法上有所突破,如在由第三人履行的合同中,合同债权人有权请求第三人为给付;租赁权已物权化,具有绝对性;期房债权因登记备案而有绝对效力等。

4. 合同债权具有平等性。合同债权具有相对性,没有排他性,因此对同一客体可成立多个合同债权,并且不论发生先后均以同等地位并存。在债务人财产被法院依诉讼程序强制执行又不足以清偿全部债务时,依债务人的总财产数额,在数个债权人之间按各个债权数额的比例分配。但租赁权因其物权化而有优先性,期房债权因其登记备案而具有优先性。

5. 合同债权具有请求力、执行力、依法自力实现、处分权能和保持力。所谓请求力,是指在债务人违约时,债权人得向法院诉请履行的效力。所谓执行力,是指债权人依其给付之诉取得确定判决后,得请求法院对债务人为强制执行的效力。所谓依法自力实现,是指在合同债权受到侵害或妨碍,情事急迫而又不能及时请示国家机关予以救济的情况下,债权人自行救助,拘束债务人,扣押其财产的效力。所谓处分权能,是指抵销、免除、债权让与和设定债权质权等决定债权命运的效力。所谓保持力,是指在债务人自动或受法律的强制而提出给付时,债权人得保有该给付的效力。

（二）合同义务

合同义务包括给付义务和附随义务。给付义务分为主给付义务与从给付义务。所谓主给付义务，简称为主义务，是指合同关系所固有、必备，并用以决定合同类型的基本义务。例如，在买卖合同中，出卖人负交付买卖物及移转其所有权的义务，买受人负支付价款的义务，均属主给付义务。就双务合同而言，此类主给付义务，构成对待给付义务，在对方未为对待给付前，得拒绝履行自己的给付，因不可归责于双方当事人的原因致一部或全部不能履行时，当事人一方减为或免为对待给付义务。因可归责于债务人的原因致使不能履行、逾期履行、不完全履行时，债权人得请求损害赔偿并解除合同。

所谓从给付义务，简称为从义务，是不具有独立的意义，仅具有补助主给付义务的功能，其存在的目的，不在于决定合同的类型，而在于确保债权人的利益能够获得最大满足。从给付义务发生的原因如下：(1) 基于法律的明文规定。如《合同法》第266条规定："承揽人应当按照定作人的要求保守秘密，未经定作人许可，不得留存复制品或者技术资料。"(2) 基于当事人的约定。如甲企业兼并乙企业，约定乙企业应提供全部客户关系名单。(3) 基于诚实信用原则及补充合同解释，如汽车之出卖人应交付必要的文件，名马之出卖人应交付血统证明书。

附随义务与主给付义务的区别有三：(1) 主给付义务自始确定，并决定合同类型。附随义务则是随着合同关系的发展而不断形成的，它在任何合同关系中均可发生，不受特定合同类型的限制。(2) 主给付义务构成双务合同的对待给付，一方在对方未为对待给付前，得拒绝自己的给付。附随义务原则上不属于对待给付，不能发生同时履行抗辩权。(3) 不履行主给付义务，债权人得解除合同。反之，不履行附随义务，债权人原则上不得解除合同，但可就其所受损害，依不完全履行的规定请求损害赔偿。

六、合同的形式

合同的形式，又称合同的方式，是当事人合意的表现形式，是合同内容的外部表现。根据《合同法》的规定，当事人订立合同可以采用书面形式、口头形式和其他形式。法律、行政法规规定采用书面形式的，应当采用书面形式。

（一）口头形式

口头形式，是指当事人只用语言为意思表示订立合同，而不用文字表达协议内容的形式。口头形式简便易行，在日常生活中经常被采用。集市的现货交易、商店里的零售等一般都采用口头形式。合同采取口头形式，无须当事人特别指明。凡当事人无约定、法律未规定须采用特定形式的合同，均可采用口头形式。

但发生争议时当事人必须举证证明合同的存在及合同关系的内容。口头形式的缺点是发生合同纠纷时难以取证,不易分清责任。所以,对于不能即时清结的合同和标的数额较大的合同,不宜采用这种形式。

（二）书面形式

书面形式,是指以文字表现当事人所订合同的形式。合同书以及任何已载当事人要约、承诺和权利义务内容的文件,都是合同的书面形式的具体表现。《合同法》第 11 条规定,书面形式是指合同书、信件和数据电文（包括电报、电传、传真、电子数据交换和电子邮件）等可以有形地表现所载内容的形式。书面合同必须由文字凭据组成,但并非一切文字凭据都是书面合同的组成部分。成为书面合同的文字凭据,必须符合以下要求:有某种文字凭据,当事人或其代理人在文字凭据上签字或盖章,文字凭据上载有合同权利义务。

（三）推定形式

当事人未用语言、文字表达其意思表示,仅用行为向对方发出要约,对方接受该要约,做出一定或指定的行为作承诺,合同成立。例如商店安装自动售货机,顾客将规定的货币投入机器内,买卖合同即成立。

第三节　单方允诺

一、单方允诺概述

单方允诺是指"表意人向相对人作出的为自己设定某种义务,使相对人取得某种权利的意思表示"。[①]

由于债的法律关系必然涉及债权人和债务人两方面,因此从私法自治的原则出发,则债的发生原则上以债权人和债务人双方当事人共同的参与为原则。而现实中,却可能存在债的主体没有及时出现或者无法确切知道的情形,比如悬赏广告中,尽管悬赏人想和特定的人订立合同,但此时其并不知道谁会成为该特定的人；设立幸运奖也同样如此,商家并不知道谁会成为幸运者。此外,出于其他方面的考虑（保证证券的流通性）,可能存在没有必要确切知道债的另一方主体的情形,比如票据行为。同时,对于捐助和遗赠,由于其是对受赠者有利益的行为,故而可以在不赋予其义务的情况下承认单方允诺的效力,当然应当赋予其拒绝权。

由此可见,单方允诺表面上看是通过单方的意思表示而成立双方的债权债务关系,是有违私法自治的。但实际上,单方允诺之作为债的发生原因的正当性

[①] 参见张广兴:《债法总论》,法律出版社 1997 年版,第 56 页。

恰恰在于私法自治:首先,在前述情形中,若要求债务人要找到或等到债权人出现或确定后才可成立债权债务关系,则可能无法实现债务人的内心意愿,比如通过设立幸运奖而吸引顾客、增加销售量,这样一来否认单方允诺作为债的发生原因反而有违表意人的私法自治。其次,悬赏广告、设立幸运奖中,其实存在相对人的参与。比如悬赏广告中,相对人为悬赏广告所设立的特定行为,说明了其接受悬赏广告的内容,此时在表意人和相对人之间其实已经就一定实现达成合意,当然该合意是附条件的。再次,单方允诺可以作为债的发生原因,但在单方允诺中,并非单方意思表示完成之时债权债务关系就发生,而需待相对人为一定的行为或符合一定的条件时,表意人和相对人之间才成立债权债务关系。而表意行为的效力在于约束表意人单方,而既然表意人愿意自己受自己意思表示的约束,则承认该表意行为的拘束力,一方面同表意人的内心意思相吻合,另一方面也有利于相对人信赖利益的保护。最后,在捐助或遗赠的单方允诺中,还涉及表意人对自己财产的自由处分权的行使。而从相对人这面看来,单方允诺行为通常是对其有利益的,故而承认其效力并无不可;而若相对人不愿接受该利益,则其只要不作为(比如不积极去做悬赏广告所设定的行为)或行使拒绝权便可以。

关于单方允诺的具体类型,学者有不同的学说。单独行为引起债的发生原因的,是发票行为、捐助行为、悬赏广告、证券之发行、代理权之授予。[1] 我国台湾学者黄立认为单方允诺的具体类型包括:悬赏广告、财团之捐助、遗赠。[2] 台湾地区学者邱聪智则认为,单方允诺而成立之债之类型,在民法上,包括指示证券、无记名证券(台湾"民法典"第710—728条),捐助(台湾"民法典"第60条),遗赠(台湾"民法典"第1200、1201条)等。[3] 梅仲协先生认为,在法律有明文规定时,单独行为,亦可以发生债之关系,比如设立财团之捐助行为、悬赏广告、票据之承兑、指示证券之承担、无记名证券之发行皆是。[4] 我国大陆也有学者认为,单方允诺包括悬赏广告、遗赠、捐赠。[5] 也有学者认为,单方允诺在社会生活中较为常见的是表意人发出悬赏广告、设立幸运奖和遗赠。[6] 鉴于前述认识,本书主要介绍悬赏广告、设立幸运奖、捐赠、遗赠、票据行为五种单方允诺。

二、悬赏广告

(一) 立法例

悬赏广告是指广告人以公开方式声明对完成一定行为的人给予报酬。关于

---

[1] 参见林诚二:《民法债编总论:体系化解说》,中国人民大学出版社2003年版,第17页。
[2] 参见黄立:《民法债编总论》,中国政法大学出版社2002年版,第19页。
[3] 参见邱聪智:《新订民法债编通则》(上),中国人民大学出版社2003年版,第19页注释1。
[4] 参见梅仲协:《民法要义》(修订版),中国政法大学出版社2004年版,第170页。
[5] 刘保玉等编著:《债法总论》,科学出版社2007年版,第31—32页。
[6] 参见张广兴:《债法总论》,法律出版社1997年版,第59页。

悬赏广告的性质，有不同的立法例。英美法系国家、日本和我国台湾地区采契约说，而德国则采单独行为说。两说之差别，主要表现在契约说更符合合同原则，有利于债法体系的一贯性；而单独行为说在解决行为人不知有广告而完成广告所设定之行为以及完成广告行为之人系无行为能力人或限制行为能力人这两个问题上有其优势。契约说在解决前述两问题时，要么认为是合同原则的例外，要么引入事实上契约理论来解释前述两类人的报酬请求权。此外，采取契约说的一个难题是要解决契约何时成立的问题，是行为人知道有悬赏内容的存在，还是行为人完成行为之时，或者其他时点。

关于悬赏广告的性质认识上的分歧，与法律解释方法的选用有很大关系。日本和我国台湾的学者依体系解释的方法，认为鉴于悬赏广告被置于"契约"项下，故主张悬赏广告系属契约。在台湾地区有学者更是根据对法律条文的文义解释而主张悬赏广告系属单独行为。台湾地区"民法典"第164条修正前的原文为"对于不知有广告而完成该行为之人，亦同"，而修正后的条文为"对于不知有广告而完成该行为之人，准用之"；为贯彻契约说，债编修正同时将第165条原规定的"预定报酬之广告，如于行为完成前撤销时，除广告人证明行为人不能完成其行为，对于行为人因该广告善意所受之损害，应负赔偿之责。但以不超过预定报酬额为限"中的"撤销"二字改为"撤回"。

(二) 我国的立法评析

1. 立法态度

我国《民法通则》和《合同法》均未见对悬赏广告的规定。《合同法司法解释》(二)第3条规定："悬赏人以公开方式声明对完成一定行为的人支付报酬，完成特定行为的人请求悬赏人支付报酬的，人民法院依法予以支持。但悬赏有合同法第52条规定情形的除外"。该条规定并未明示完成特定行为的人享有报酬请求权是否以知悉广告内容为前提以及该行为人是否必须具备完全的民事行为能力。因此尽管单独行为说较关注行为人是否完成广告所设之行为的客观情形，而不关注行为人完成广告所设行为时对广告知与不知的主观状态，但由于存在两种解释可能，故根据该条文的前半段尚无法判定我国立法究采契约说还是单独行为说。唯需指出的是，该条规定后半段的但书规定，将悬赏广告的法律适用引致《合同法》第52条关于合同无效的规定，兼及我国《民法通则》第84条中未明确将单方允诺作为债的发生原因的考虑，则似应认为我国对悬赏广告的态度是采契约说。

2. 报酬请求权的行使

据《合同法司法解释》(二)第3条关于"完成特定行为的人请求悬赏人支付报酬"的表述可知，行为人行使报酬请求权需同时具备以下条件：首先，完成特定行为；其次，请求悬赏人支付报酬。据此，若最先完成特定行为但未为请求，而次先完成之人却为请求,则享有报酬请求权的是次先完成之人。同时要认识到,请求悬赏人支付报酬乃发生"通知"之效果。盖可将"通知"和请求支付报酬的表示视为行为人对于悬赏广告之要约的承诺。由此进一步印证前述我国立法对悬赏广告的态度系采契约说的观点。

3. 关于请求权竞合

在遗失物之悬赏广告上,可能发生悬赏广告之报酬请求权和归还遗失物之报酬请求权的竞合。比如我国台湾地区"民法典"第805条第2款规定"拾得人对于所有人,得请求其物价值十分之三之报酬",《德国民法》第971条第1款也规定拾得人可以向受领权人请求赏钱。考查我国关于遗失物的立法规定(《民法通则》第79条第2款和《物权法》第109条、第110条、第112条和113条),我国并没有赋予遗失物拾得人以归还遗失物之报酬请求权,而仅赋予其必要费用偿还请求权,故而就我国目前立法而言,并不会发生悬赏广告之报酬请求权和归还遗失物之报酬请求权竞合的问题。

此外,根据《民通意见》第94条后半段的规定,拾得人将拾得物据为己有,拒不返还而引起诉讼的,按照侵权之诉处理。为此,若拾得人不知有悬赏广告而将拾得物据为己有,所有权人提起侵权之诉,此时拾得人得否主张报酬请求权?若可以,拾得人的报酬请求权同所有权人通过提起侵权之诉而主张的返还原物或侵权损害赔偿请求权有何关系?对此,或许有观点认为,拾得人此时仍可主张报酬请求权,因为该报酬请求权系是基于悬赏广告而发生的意定之债,而所有权人也同样可以主张侵权行为的法定之债;两者系属不同的债的发生原因,是两种不同的法律关系,彼此的行使和实现互不影响。但《物权法》第112条第3款明确规定,拾得人侵占遗失物的,无权请求保管遗失物等支出的费用,也无权请权利人按照承诺履行支付报酬的义务。

4. 关于立法完善

尽管《合同法司法解释》(二)第3条对悬赏广告进行了规定,但其还是比较粗糙的。并没有涉及以下问题:数人先后分别完成广告行为、数人共同或同时分别完成广告行为时报酬请求权如何分配?悬赏广告撤回时的赔偿责任如何安排?优等悬赏广告之规则如何配置?完成广告行为所获致之成果如何归属?对于这些问题,目前仅能依赖于司法实践中法官根据个案的具体情况,借助公平诚信原则自由裁量。

(三) 我国的司法实践

在我国,悬赏广告的适用范围十分广泛。有的基于招商需要而发布悬赏广告,比如有公司印发《诚征合作伙伴,共同开发致富》的宣传材料,载明"……欢迎各界人士中介推荐介绍,如项目达成合同订立,本公司将根据总投资额按规定的分段比例计算酬金,给予酬谢。……不论项目是否成功,中介人士一切费用开支自理……本公司员工同等对待"。由于该材料在内容上具有悬赏性质,即声明对完成一定行为的人给予报酬;对象上针对不特定的多数人;形式上是公开的。根据上述三点,前述文件被认为是悬赏广告。① 此外,也有交通肇事后为寻找肇事者而发布悬赏广告②,刑事侦查机关为搜集刑事犯罪案件破案线索而发布通告③,民事主体为了寻找丢失的东西而发布悬赏广告④,等等。

关于悬赏广告的性质,司法实践中,有观点认为广告发布人的发布行为是要约,而相对人完成的特定行为是承诺。⑤ 也有的法院将发布广告的行为定性为"悬赏要约"、甚至直接以"悬赏合同关系"来指称悬赏广告。⑥ 据此可知,在我国司法实践中,不少法院认为悬赏广告是双方法律行为。

从有关悬赏广告的司法实践来看,学者在理论上关于悬赏广告是单方法律行为还是双方法律行为的激烈讨论在实践中并没有引起很大的争论。法院大多将悬赏广告认定为合同行为。实践中也鲜有出现因采单方法律行为或双方法律行为而对具体案件认定产生实质影响的具体案例。事实上,就悬赏广告的司法实践来看,出现的主要问题是举证的问题。在司法实践中,出现过完成特定行为的人由于无法举证证明悬赏广告存在而未获得法院支持的案例⑦,也出现过完成特定行为的人由于无法举证证明其完成了悬赏广告所声明之行为而没有获得法院支持的案例⑧,还出现过完成特定行为的人未提供证据证明悬赏合同关系成立并生效而没有获得法院支持的案例⑨。由此可见,悬赏广告中完成特定行为的人的举证责任分配问题对于案件结果的认定比悬赏广告的法律性质问题对于案件结果的认定影响更大。

---

① 姚东海与上海大都市总公司悬赏广告纠纷上诉案,(2003)沪二中民四(商)终字第252号,案例来源:北大法律信息网。
② 刘全军诉庄佳好德恶意履行悬赏广告合同要求返还奖金案,山东省青州市人民法院裁定书(2002年5月14日),案例来源:北大法律信息网。
③ 鲁瑞庚与东港市公安局悬赏广告纠纷上诉案,(2002)辽民一终字第38号,案例来源:北大法律信息网。
④ 李珉诉朱晋华、李绍华悬赏广告酬金纠纷上诉案,天津市中级人民法院(原)终审判决书(1994年12月26日),案例来源:北大法律信息网。
⑤ 同上,案例来源:北大法律信息网。另可参见,姚东海与上海大都市总公司悬赏广告纠纷上诉案,(2003)沪二中民四(商)终字第252号,案例来源:北大法律信息网。
⑥ 吴慈东诉上海中医药大学附属岳阳医院给付悬赏广告报酬纠纷案,(1998)沪二中民再终字第8号,案例来源:北大法律信息网。
⑦ 张峥与成都申丰玻璃精工有限公司等其他悬赏广告合同纠纷上诉案,(2008)成民终字第2131号,案例来源:北大法律信息网。
⑧ 姚东海与上海大都市总公司悬赏广告纠纷上诉案,(2003)沪二中民四(商)终字第252号,案例来源:北大法律信息网。
⑨ 沈信满与广东省农业机械研究所珠江联合收割机厂等悬赏合同纠纷上诉案,(2007)穗中法民二终字第949号,案例来源:北大法律信息网。

三、设立幸运奖

设立幸运奖是指民事主体为了吸引顾客、广告宣传等目的,设定一定的幸运奖项,向符合该奖项所设条件的人给付一定的奖品或奖金。设立幸运奖时,并不立即在表意人和其他人之间成立债权债务关系,而仅仅意味着表意人受其表意行为的拘束。在符合幸运奖条件的人(比如商场的第 100 个顾客或该商场在 5 月 1 日那天的第 1000 个顾客)出现时,表意人和相对人间才成立债权债务关系。需要注意的是,设立幸运奖可能为附条件的法律行为,也可能为附期限的法律行为。

比如,前例中,对于一个大型商场来说,是存在第 100 个顾客,故而此时是附期限的法律行为;而若对一个商场来说,是否在 5 月 1 日当天有第 1000 个顾客,则无法确定,此时可以认定为附条件的法律行为。

承认设立幸运奖可以作为债的发生事由,对于拘束表意人的行为,保护相对人(比如广大的消费者)的信赖有很现实的意义。而由于设立幸运奖是单方允诺,故而在相对人不知道有该幸运奖项而后来却碰巧符合幸运奖项的内容时,其依然和表意人成立以给付奖品或奖金为内容的债权债务关系。

四、捐赠

捐赠是指民事主体作出无偿给付一定财产的表意行为。其包括捐赠财产设立财团法人,或者捐助一定的财产为一定的公益事业。关于捐赠的性质,学界有不同的学说。有认为捐赠是单方法律行为的。[①] 也有认为捐赠是种特殊的赠与,捐赠均存在捐助人和受赠人两个主体,故而是双方法律行为的。[②] 亦有观点认为捐赠的性质取决于捐赠时受赠主体是否存在,若已经存在,这种捐赠是双方法律行为,若尚未存在则该种捐赠是单方法律行为。[③]

本书认为,捐赠属于单方法律行为,其是单方允诺的一种而成为债的发生原因之一。在捐赠人为设立财团法人而捐赠财产的场合,由于受赠人尚未存在,此时由于一方主体的不存在而无法成立双方法律行为,故而是单方法律行为。而在受赠人为了公益事业而为捐赠时,尽管存在受赠人,然而为了更好地约束捐赠人,解决现实中存在的捐赠人认捐不到位等问题,宜将之认定为单方法律行为。否则捐赠人可能以捐赠合同未成立为由而拒绝支付捐赠财产。况且,因其目的不同而异其法律性质,似乎并不那么合理。同悬赏广告相比,捐赠的意思表示一

---

① 参见彭万林:《民法学》,中国政法大学出版社 1994 年版,第 567 页。
② 参见郭明瑞、王轶:《合同法新论》,中国政法大学出版社 1997 年版,第 90—91 页。
③ 参见吴勇敏、竺效:"论公益捐赠行为的法律性质",载《浙江大学学报》(人文社会科学版)2001 年第 4 期。

旦做出,便直接产生债权债务关系,而无须等待相对人为特定行为。

需要强调是,将捐赠认定为单方法律行为,最主要的好处是可以增强对捐赠人的约束力。当然,这并不排除当事人可以通过契约成立而捐赠。比如《公益事业捐赠法》第 12 条第 1 款规定,捐赠人可以与受赠人就捐赠财产的种类、质量、数量和用途等内容订立捐赠协议。此外,《基金会管理条例》中也存在捐赠协议(第 27 条第 2 款、第 39 条第 2 款)。对于当事人之间成立捐赠协议的捐赠,可以把该种捐赠视为一种赠与①,此时除了适用《公益事业捐赠法》、《基金会管理条例》外,还可以适用《合同法》中关于赠与合同的相关规定。

五、遗赠

遗赠是指民事主体通过立遗嘱将个人财产赠给国家、集体或者法定继承人以外的人的单方法律行为(《继承法》第 16 条第 3 款)。另根据《继承法》第 25 条第 2 款的规定,受遗赠人应当在知道受遗赠后 2 个月内,作出接受或者放弃受遗赠的表示;到期没有表示的,视为放弃受遗赠。据此可见,民事主体单方面可以将其个人财产②遗赠给其他民事主体,遗赠的生效不以受遗赠人的接受为前提,遗赠只要合法,就能发生法律效力。该种法律效力是受遗赠人享有的无偿取得遗产的权利。《继承法》第 25 条第 2 款的规定,并没有否认遗赠的单方法律行为的性质,它只是赋予受遗赠人以拒绝接受遗赠的权利,该种拒绝权利的赋予,一方面有利于尊重受遗赠人的私法自治,另一方又便于遗产的及时分割和继承人的权利维护。

六、票据行为

票据行为是以行为人在票据上进行必备事项的记载、完成签名并予以交付为要件,或以移转票据上权利、负担票据上债务为目的的要式法律行为。票据行为具有无因性③、形式性(要式性和文义性)和独立性。④ 根据我国《票据法》第 20 条、第 27 条第 4 款、第 38 条和第 45 条的规定,汇票中的票据行为包括出票、背书、承兑和保证。关于票据行为是单方法律行为还是双方法律行为,学界有不同的学说。⑤ 本书认为,从保护票据的流通性考虑,应该认为票据行为是单方法律行为,以此强化表意人的责任进而促进票据的流通。此外,从《票据法》第 61

---

① 参见张琪:"捐赠纠纷的法律思考",载《中央财经大学学报》2003 年第 8 期。
② 《继承法司法解释》第 38 条规定:"遗嘱人以遗嘱处分了属于国家、集体或他人所有的财产,遗嘱认定的这部分,应认定无效。"可见,民事主体若通过遗赠处分了其他民事主体的财产,则遗赠无效。
③ 参见张澄:"试论票据行为的无因性及其相对性——兼评我国《票据法》第十条",载《政治与法律》2006 年第 1 期。
④ 参见柯昌辉:"论票据行为的独立性",载《中外法学》1999 年第 4 期。
⑤ 参见王艳梅:"票据行为性质的阐释",载《当代法学》2006 年第 5 期。

条关于追索权行使的规定来看,持票人在一定条件下可以对背书人、出票人以及其他债务人行使追索权。可见,票据的出票人、背书人、承兑人和保证人,都因为相应的单方票据行为而对持票人负担票据上的义务。

七、域外立法例

(一) 赠与允诺

根据《德国民法典》第 516 条第 1 款的规定,赠与需要当事人达成关于无偿地进行给予的合意。但是,根据该条第 2 款,不经相对人同意而进行给予的,给予人可以指定适当期间,催告相对人做出受领的意思表示。相对人不在期间届满前拒绝赠与的,期间届满后,视为接受赠与。在拒绝的情况下,可以依照关于返还不当得利的规定请求返还所给予的一切。① 此便是学说所称的赠与允诺。

根据私法自治的要求,在契约成立过程中,要约人没有权利为承诺人规定一定承诺期间,也无权利规定承诺人若在该期间内不做拒绝受领的意思表示则视为承诺人接受要约,进而合同成立。私法主体形成民事法律关系,以积极的作为和明示的方式为原则,除非法律特别规定或当事人之间特别约定,否则消极的不作为和默示的方式无法改变私法主体之间的民事法律关系。立法之所以允许赠与人可以给另一方规定一个是否接受的期限,全在于赠与在一般情况下意味着利益,接受赠与则意味着受赠人得利,故而一般情况下,作为理性人的私法主体自然没有拒绝的理由。但是,为了兼顾受赠人一方的利益,应当允许其有拒绝的权利。

(二) 代理权授予

我国台湾地区"民法典"第 167—171 条将代理权之授予作为债的发生原因,此项做法是比较有特色的。关于代理权的授予得否为债的发生原因,对此台湾学者意见不一。

持肯定观点的学者以郑玉波为代表,其认为"本人既将代理权授予代理人,则代理人自有为代理行为之权利(无为代理行为之义务,因以单独行为所创设之债之关系,多采行为人自己负债务,而不能使其相对人负债务),斯为权利人;而本人对于代理人自有容认为其代理之义务,斯为义务人。至本人对于代理行为之容认(不作为),即其标的是也"。②

持否定观点的学者比较多。反对将代理权之授予作为债的发生事由的原因

---

① 译文参见陈卫佐译著:《德国民法典》,法律出版社 2006 年版,第 181 页。
② 参见郑玉波著,陈荣隆修订:《民法债编总论》(修订二版),中国政法大学出版社 2004 年版,第 64—65 页。

是:代理权仅系一权能,是法律上的资格、地位而并非权利,故而代理权之授予,仅单纯发生代理权,并不因此而生权利义务关系。[①]

第四节 无因管理

一、无因管理概述

(一) 无因管理的概念

无因管理作为债的一种发生根据,是指没有法定的或者约定的义务,为避免他人利益受损失而为他人进行管理或者服务的法律事实。进行管理或者服务的当事人称为管理人,受事务管理或者服务的一方称为本人。因本人一般从管理人的管理或者服务中受益,所以又称为受益人。无因管理发生后,管理人与受益人之间就产生一种债的法律关系,即无因管理之债。

将无因管理作为一项独立制度加以规定始自《德国民法典》。德国民法将"无因管理"编排在"委任"之后,视其为未受委托而管理事务。而日本民法则将无因管理与合同、不当得利、侵权行为并列在一起,同为债的发生根据。我国对无因管理之债的规定仅设一条文(《民法通则》第93条),这意味着关于无因管理的法律适用,学说和司法实践的贡献空间比较大。

根据私法自治的要求,各个私法主体都仅仅是为自己的利益而为一定的行为,每个独立的私法主体都没有权利、也没有义务管理他人事务,未经他人允许而管理他人事物一定意义上意味着对私法自治的违背。但法律之所以规定无因管理以阻却违法,同时认可了管理人的报酬请求权,主要是考虑到管理人之管理本人事务的目的是为避免本人利益受损,而这在通常情况下是符合本人的意思的。换言之,如果本人在场,则其也会为相同的管理行为,故而此时管理人的管理行为恰恰是符合本人的意志的,管理人的行为是本人私法自治的补充或延伸,而并不违背本人的私法自治。

(二) 无因管理的性质

作为债的发生根据的法律事实,无因管理属于合法的事实行为。

首先,无因管理与人的意志有关,不属于事件,而属于行为;其次,因无因管理的管理人并不是以发生一定民事法律后果为目的而实施管理行为的,并不以行为人的意思表示为要素,因此,无因管理不属于意思行为或表意行为,而属于事实行为;再次,无因管理是一种合法行为。事实行为有合法的,也有不合法的,无因管理属于合法的事实行为。

[①] 参见林诚二:《民法债编总论:体系化解说》,中国人民大学出版社2003年版,第100—101页。

法律确立无因管理制度的直接目的,是赋予无因管理行为合法性,而对于不合无因管理要件的对他人事务的干涉行为则为非法。所以,无因管理实质上是法律赋予没有根据而管理他人事务的某些行为以阻却违法。

(三) 无因管理与相关制度的区别

1. 无因管理与合同、不当得利、侵权行为的区别

无因管理与合同、不当得利、侵权行为同为债权的主要发生根据,但有着重要区别。

(1) 无因管理与合同的主要区别在于合同为表意行为,即以意思表示为要素,须有各方的意思表示的一致才能成立,并且当事人应有相应的民事行为能力,而无因管理是单方实施的事实行为,不以意思表示为要素。由于合同当事人依据合同享有权利和义务,而无因管理以管理人无约定或者法定的管理义务为前提,若当事人依合同约定有管理他人事务的义务,其管理也就不会构成无因管理。

(2) 无因管理与不当得利的区别主要在于:无因管理属于法律事实中的行为,管理人的意志内容有意义,其是否有为他人利益管理的意思是能否成立无因管理的重要条件,而不当得利属于法律事实中的事件,不论当事人的意志内容如何,均不会影响不当得利的成立。由于不当得利是无法律根据而得到利益,而无因管理是本人得到利益的法律根据,所以在法律适用上,无因管理排斥不当得利。就同一现象来说,应首先分析其是否为无因管理,若不成立无因管理再分析其是否构成不当得利。

(3) 无因管理与侵权行为的区别主要在于,无因管理是合法的事实行为,而侵权行为属于不法的事实行为;无因管理阻却违法性,而侵权行为具有违法性。因此,在适用上,无因管理排斥侵权行为。对他人事务的某一"干涉"行为,若为无因管理,则不属于侵权行为。

2. 无因管理与代理、无权代理的区别

由于无因管理的管理人是为本人的利益管理本人事务的,因而无因管理与代理有相同之处,但二者的性质根本不同。在代理中,代理人有管理被代理人事务的义务,并且代理人与第三人所为的行为为民事法律行为,而无因管理的管理人本无管理他人事务的义务,管理人的管理行为也不限于民事法律行为。因此,代理当然排斥无因管理的适用,即如某一行为构成代理,则不存在无因管理。

无因管理也不同于无权代理:首先,无权代理中的行为人是以本人的名义进行活动的,而在无因管理中的管理人并不必以本人的名义实施管理行为;其次,无权代理行为属于民事行为,行为人须有相应的民事行为能力,而无因管理行为属于事实行为,不要求管理人具有完全民事行为能力;再次,无权代理发生本人的追认,经本人追认的无权代理为有效代理,对本人发生法律效力,未经本人追

认的无权代理为无效代理,对本人不发生法律效力,而无因管理不发生本人的追认,本人是否接受无因管理的后果不影响无因管理的效力;最后,无权代理人实施行为的后果可能是有利于本人的,也可能是不利于本人的,行为人是否有为本人利益实施行为的意思并不是其成立要件,而无因管理中管理行为的后果从根本上说应是有利于本人的,管理人有为本人利益管理的意思是其成立条件。

二、无因管理的成立要件

无因管理的成立须具备以下三个条件：

(一) 管理他人事务

管理他人事务,是无因管理成立的前提条件。没有对他人事务的管理,当然不会成立无因管理。管理他人事务既包括对他人的事务的管理行为,如对他人财物的保存、利用、改良、管领、处分等;也包括对他人提供服务,如为他人提供劳务帮助。

管理人所管理的事务,包括有关人们生活利益的一切事项,可以是有关财产性的,也可以是非财产性的。管理的事务可以是事实行为,如将危急病人送往医院;也可以是法律行为,如雇人修缮房屋。在实施法律行为时,管理人可以以自己的名义,也可以以本人的名义。但因无因管理在管理人与本人间产生债权债务关系,对不能在当事人间发生债权债务的事项的管理则不能构成无因管理。所以,管理下列事务的,一般不发生无因管理:(1) 违法的或者违背社会公德的行为,如为他人看管赃物;(2) 不足以发生民事法律后果的纯粹道义上的、宗教上的或者其他一般性的生活事务,如接待他人的朋友;(3) 单纯的不作为行为;(4) 依照法律规定须由本人实施或者须经本人授权才能实施的行为,如放弃继承权的事务。

(二) 有为他人利益而管理的意思

构成无因管理,管理人主观上须有为他人利益而管理的意思,亦即具有为他人谋利益的主观动机。这是无因管理成立的主观要件,也是无因管理阻却违法性的根本原因,是区分无因管理与侵权行为的主要依据。

管理人是否具有为他人谋利益而为管理的意思,应由管理人负举证责任。管理人应从自己的主观愿望、事务的性质、管理的必要性以及管理的后果诸方面来证明自己的管理是为他人谋利益的。虽然无因管理的管理人须为他人的利益而为管理,但并不要求管理人须有为他人利益的明确表示,只要管理人的管理在客观上确实避免了他人利益的损失或为他人带来了利益,即使其未有明确的为他人利益管理的目的,但又不单纯是为自己利益管理事务的"利己"行为,就可以构成无因管理。管理人主观上同时既有为他人的目的又有为自己的动机,客观上自己也同时受益的,仍可成立无因管理。例如,为避免邻居的房屋倒塌而为之修缮,管理人同时有为避免自己房屋和人身遭受危险的意思,而且也使自己享有免受危险的利益,仍不影响无因管理的成立。但是,如果管理人纯粹为自己的利益而管理他人的事务,即使本人从其管理中受有利益,也不能构成无因管理。管理人将他人的事务作为自己的事务进行管理的,如符合不当得利的要件,可成立不当得利;如构成对他人事务的不法干涉和侵犯,则会构成侵权行为。

(三) 没有法定或约定的义务

无因管理的"无因"是指无法律上的原因,也就是无法律上的义务而为他人管理事务。法律上的义务包括法定义务和约定义务。所谓法定的义务,是指法律直接规定的义务。这里的法律不限于民法,也包括其他法律。例如,父母管理未成年子女的事务,失踪人的财产代管人管理失踪人的财产,是民法上直接规定的义务;消防队员抢救遭受火灾的他人财物,警察收留走失的儿童,是行政法上直接规定的义务。所谓约定的义务,是指管理人与本人双方约定的义务,也就是基于当事人双方的合同而产生的义务。如受托人管理委托人的事务即是基于双方的委托合同而产生的义务。

管理人有无管理他人事务的义务,应依管理人着手管理时的客观事实而定,而不能以管理人主观的判断为标准。管理人原无管理的义务,但于管理时有义务的,不能成立无因管理;反之,管理人原有管理的义务,但于管理时已没有义务的,则自没有义务之时起可成立无因管理。管理人事实上没有管理的义务,而管理人主观上认为有义务的,可以成立无因管理;管理人事实上有管理的义务,而其主观误认为无义务的,则不能成立无因管理。

三、无因管理的效力

无因管理成立后,在管理人与本人之间产生债权债务关系,即无因管理之债。无因管理是无因管理之债的发生根据;无因管理之债是无因管理的法律后果。无因管理之债发生于管理人开始管理之时,即管理人着手管理他人事务时起,即发生妥为管理等义务,而本人于事务管理结束或管理进行中,负有向管理人支付费用、补偿损失等给付义务,此即无因管理之债的内容,也就是无因管理产生的法律效力。

下面主要从管理人和本人的义务角度说明无因管理的效力。

(一) 管理人的义务

管理人的义务,是指管理人着手管理事务后依法承担的义务。无因管理的管理人原本无管理的义务,但因无因管理的成立,管理人也就承担了一定的义务。管理人的义务也就是本人的权利。

1. 适当管理义务

不违反本人的意思,以有利于本人的方法为适当管理,是管理人的基本义务。所谓不违反本人的意思,是指管理人的管理与本人的意思或本人的真实利益不相悖。本人的意思包括明示的或可推知的意思。例如,本人明确表示过要修理自己的危房,则为有明示的意思;本人于路途中发病,虽未明确表示要去医院治疗,但从本人所处的情形可推知其有去医院治疗的意思。本人的意思与其根本利益不一致的,管理人则应依其根本利益而为管理。例如,路遇自杀者而予以抢救,虽管理人的管理与本人的意思相反,但与其根本利益相一致,管理人的管理也为适当管理。

所谓有利于本人的方法,是指管理人对事务管理的方式、手段、管理的结果有利于本人,而不损害本人的利益。管理方法是否有利于本人,应以管理人管理事务当时的具体情况确定,而不能以管理人的主观意识为标准。管理人虽主观上认为其管理方法有利于本人,而客观上并不利于本人,甚至反而使本人的利益受损失的,则其管理是不适当的。反之,本人主观上认为管理人的管理方式不利于自己,但从当时的情况看,管理人的管理是有利于本人的利益的,则管理人的管理是适当的。管理人所管理的事务如是本人应尽的法定义务或者公益义务,则管理的结果虽不利于本人的利益,管理人的管理也是适当的。

管理人未尽适当管理义务的,发生债务不履行的法律后果,应当依法承担相应的民事责任。若管理人能证明自己是没有过错的,则可不承担民事责任。为鼓励无因管理行为,对管理人的注意义务不能要求过高,应当要求管理人对所管理的事务给予如同管理自己事务一样的注意。因此,如果管理人对所管理的事务尽到了如同管理自己事务一样的注意,则其管理虽为不适当的,也不为有过错,管理人不应当承担债务不履行的责任;如果管理人在管理事务中未尽到如同管理自己事务一样的注意,则其不适当管理为有过错的,应当承担债务不履行的责任。管理人所管理的事务如处于紧迫状态,不迅速处理就会使本人遭受损失时,除有恶意或重大过失外,对于不适当管理的损害,管理人不应承担责任。一般说来,管理人对因不适当管理所承担的赔偿责任,应当眼于管理人不管理就不会发生的损害,而不能包括其他损失。当然,如果管理人在管理中过错地侵害了本人的权利的,也可构成侵权行为。于此情形下,会发生债务不履行责任与侵权行为责任的竞合,管理人依其中的一种承担民事责任。

2. 通知义务

管理人在开始管理后,应将开始管理的事实通知本人,但管理人的此项义务以能够通知和有必要通知为限。如果管理人无法通知,例如,不知本人的住址,则不负通知义务;本人已知管理事实的,管理人则没有必要通知。管理人将开始管理的事实通知本人后,只要停止管理会使本人不利而继续管理又可避免本人利益受损失,就应当继续管理;否则,应当听候本人的处理。管理人未履行通知义务的,对因其不通知所造成的损失应负赔偿责任。

3. 报告与结算义务

管理人于开始管理后应及时地将管理的有关情况报告给本人,尤其是管理过程中发生的财务支出情况,应列明清单,并应本人的要求予以说明。管理人的报告义务也应以管理人能够报告为限。管理关系终止时,管理人应向本人报告事务管理的始末,并将管理事务所取得的各种利益如取得的权利、物品、金钱及孳息等转移于本人。

(二) 本人的义务

本人应当承担的义务也就是管理人的权利。本人的义务主要是偿还管理人支出的费用,所以管理人的权利主要是得请求本人偿付由管理事务所支出的必要费用。

1. 偿还必要费用

《民法通则》第 93 条规定:"没有法定的或者约定的义务,为避免他人利益受损失进行管理或者服务的,有权要求受益人偿付由此而支付的必要费用。"依最高人民法院《关于贯彻执行〈中华人民共和国民法通则〉若干问题的意见(试行)》第 132 条的解释,这里的必要费用"包括在管理或者服务活动中直接支出的费用,以及在该活动中受到的实际损失"。因此,管理人有权请求本人偿还的必要费用包括两部分:一是管理人在管理事务中直接支出的费用;一是管理人在事务管理中受到的实际损失。

管理人在管理中所直接支出的费用,只有为管理所必要者,管理人才有权要求偿还。管理人所支出的费用是否为必要,应以管理活动当时的客观情况而定。如果依当时的情况,该项费用的支出是必要的,即使其后看来是不必要的,也应为必要费用。反之,如依管理事务的当时情况,该项费用的支出是不必要的,即使其后为必要的,一般也不应视为必要的费用。

2. 补偿损失

管理人为管理事务而受有损害时,本人应当给予补偿。此项损害的发生应当与管理事务的行为有因果关系,且应以实际损失为限。管理人在管理中受到的实际损失,并非全部应由本人偿付。除管理人处于急迫危险的状况下以外,管理人对该损失的造成有过错时,应适当减轻本人的责任。如果管理人对损失的发生也没有过错,而该损失又大于本人因管理所受的利益,则应从公平原则出发,由双方分担责任。

3. 清偿必要债务

管理人除必要费用偿还请求权外,还享有负债清偿请求权。即管理人在事务管理中以自己的名义为管理事务负担债务时,有权要求本人直接向债权人清偿。例如,甲以自己的名义雇请丙修缮乙的危险房屋,甲有权请求乙直接向丙支付修缮费用。本人应当负责清偿的债务,也仅以为事务管理所必要者为限。

对于管理人所设立的不必要债务,本人不应当承担,而应由管理人自行负责清偿。

第五节 不当得利

一、不当得利概述

(一) 不当得利的概念

《民法通则》第92条规定:"没有合法根据,取得不当利益,造成他人损失的,应当将取得的不当利益返还受损失的人。"所谓不当得利,就是指没有法律或合同上的根据取得利益而使他人受损失的事实。在这一事实中,取得不当利益的一方称为受益人或不当得利人,受到损失的一方称为受害人或受损人。发生不当事得利的事实时,因为一方取得利益没有合法的根据,是不正当的,另一方因此而受到损害。所以,依照法律规定,受损失的一方有权请求不当得利人返还所得的利益,不当得利人有义务返还其所得利益,当事人之间即发生债权、债务关系。因不当得利所发生的债,称为不当得利之债。

(二) 不当得利的性质

不当得利作为引起债发生的法律事实,其性质属于法律事实中的事件,而非行为,因为不当得利本质是一种客观发生的事件,与当事人的意志无关。尽管发生不当得利的原因有事件,也有行为,但不当得利本身都是与人的意志无关的,不是由受益人的意志决定取得的,亦即受益人取得不当利益的主观状态如何,并不影响不当得利事实的成立。在不当得利中受益人的义务是直接由法律规定的。法律规定不当得利之债的目的,并不在于要制裁受益人的不当得利"行为",而在于要纠正受益人"得利"这一不正常、不合理的现象,调整无法律原因的财产利益的变动。

(三) 不当得利与相关制度的区别

不当得利作为一种法律事实,与法律行为、无因管理及侵权行为等同为债的发生根据。但不当得利属于事件,与人的意志无关,因而其不同于与人的意志有关的法律行为、无因管理及侵权行为等。

法律行为以意思表示为要素,是合法的民事行为。依法律行为而取得利益是合法的、正当的,当然不成立不当得利;但是若当事人所为的民事行为无效或被撤销时,当事人一方依据该行为所得的利益(例如依无效合同所取得的利益),已无合法的原因,则可构成不当得利。

无因管理虽不是民事法律行为,却是一种合法的事实行为。无因管理的管理人应将管理所得的利益移归于本人,管理人并不能取得利益。因此,本人从管理人取得利益的,因该利益本为自己所有,不属于不当得利;管理人将管理所取得的利益移归本人时,因其未将利益占为己有,管理人不为不当得利人。但是若管理人从管理中取得利益并不归还本人而自己占有的,则管理人的占有是无合法根据的,本人得基于不当得利的规定请求管理人返还。

侵权行为也是社会中发生的一种不正常的现象,并且侵权行为也会给受害人造成损失。但侵权行为是单方实施的一种不合法的与人的意志有关的事实行为。法律规范侵权行为的目的,是要预防侵权行为的发生,制裁不法行为人。而法律规范不当得利并不是为了制裁不当得利人,而是纠正不正常的财产利益移转,使之恢复到正常状态。当然,侵权行为人侵害他人的合法权益也可能从中得到利益,其所得利益当然也是没有合法根据的,就其得利的这一事实上说,也可构成不当得利。

二、不当得利的成立条件

不当得利的构成条件包括以下四个方面:

(一) 须一方受有利益

所谓一方受有利益,是指一方当事人因一定的事实结果而使其得到一定的财产利益。受有财产利益也就是财产总量的增加,包括财产的积极增加和消极增加。财产的积极增加即积极受有利益,是指财产权的增强或财产义务的消灭。这既包括所有权、他物权、债权以及知识产权等财产权利的取得,也包括占有的取得,还包括财产权利的扩张及其效力的增强、财产权利限制的消除等。财产的消极增加即消极受有利益,是指财产本应减少而没有减少,其既包括本应支出的费用没有支出,也包括本应承担的债务而未承担以及所有权上应设定负担的而未设定等情形。

(二) 须他方受有损失

这里的所谓损失,是指因一定的事实结果使财产利益的总额减少,既包括积极损失,也包括消极损失。积极损失,又称为直接损失,是指现有财产利益的减少;消极损失,又称为间接损失,是指财产应增加而未增加,亦即应得财产利益的损失。这里的应得利益是指在正常情形下可以得到的利益,并非指必然得到的利益。例如,没有合法根据地居住他人的空房,所有人也就失去对该房的使用收益的利益,尽管该利益不是所有人必然得到的,也不失为其损失。

(三) 须一方受利益与他方受损失间有因果关系

所谓受利益与受损失间有因果关系,是指他方的损失是因一方受益造成的,一方受益是他方受损的原因,受益与受损二者之间有变动的关联性。即使受损失与受利益不是同时发生的,具有不同的表现形式,有不同的范围,也不影响二者间因果关系的存在。

关于受益与受损失间的因果关系,并非要求受益与受损必须基于同一原因事实,即由于同一原因使一方受有利益,他方受有损失。如果受利益与受损失是由两个不同的原因事实造成的,但二者间有牵连关系,也应视为具有因果关系。依《民法通则》第92条的规定,没有合法根据,取得不当利益并造成他人损失的,即构成不当得利,因此,只要他人的损失是由取得不当利益造成的,或者如果没有其不当利益的取得,他人就不会造成损失,就应当认定受益与受损间有因果关系。

（四）须无合法根据

没有合法根据,是不当得利构成的实质性条件。在社会交易中,任何利益的取得都须有合法的根据,或是直接依据法律,或是依据民事法律行为。不是直接根据法律或者根据民事法律行为取得利益的,其取得利益就是没有合法根据的,亦即没有法律上的原因,该得利即为不正当的。当事人于取得利益时没有合法根据,其利益的取得当然为没有合法根据的;其取得利益时虽有合法根据,但其后该根据丧失的,该利益的取得也为没有合法根据。

三、不当得利的基本类型

依利益的取得是否基于给付行为,可将不当得利分为基于给付产生的不当得利和基于给付以外的原因产生的不当得利两类：

（一）因给付而发生的不当得利

给付是一方将其财产利益移转给另一方。给付本为债务人履行债务的行为,亦即当事人给付财产利益给他人,是以履行自己的义务为目的的。若当事人一方为履行义务而为给付,则从该给付取得利益的一方的得利即是有法律根据的,不为不当得利。但若当事人一方为实现给付的法律目的而为给付行为,而其法律目的又欠缺时,则另一方因该给付所取得的利益就是无合法根据的。因给付而发生的不当得利包括以下几种情形：

1. 给付的目的自始不存在

这是指一方为履行自己的义务而向受益人给付,但该义务自始就不存在。这种情形又称为非债清偿。例如,甲误认为与乙间有买卖合同而将货物交付给乙。

但在下列情形下,当事人一方虽没有给付义务而给付,另一方的得利也不为不当得利：

（1）履行道德义务而为给付。例如,养子女对其生父母的法定赡养义务因收养而解除,不再负担。若该养子女仍赡养其生父母,则属于尽道德义务。对于因此而支出的费用,养子女不得以不当得利请求返还。

（2）为履行未到期债务而交付财产。债务未到清偿期债务人本无清偿的义务,但若债务人主动提前清偿而债权人受领时,即使债务人因此而失去利益,债权人因此而取得利益,债权人得到利益也不为不当得利。

(3)明知无给付义务而交付财产。一方明知自己没有给付义务而向他人交付财产的,对方接受该财产不成立不当得利。此种情形应视为赠与。

(4)因不法债务交付的财产。不法债务是不受法律保护的,"债务人"没有给付财产的法律义务,"债权人"也没有得到财产的权利。但给付一方给付财产的,不能以不当得利请求对方返还。当然,对方也不能取得该财产,该财产应当由有关机关予以收缴。

2. 给付的目的未达到

当事人为一定目的而为给付,但其目的因某种原因未达到时,因该给付取得的利益也就是无合法根据的不当得利。例如,债权人以受偿的目的将债务清偿的收据交付给债务人,而其后债务人并未清偿债务。

3. 给付的目的嗣后不存在

当事人一方给付原有法律目的的,但于给付后该法律目的不存在时,因给付而取得的财产利益也就成为无法律原因的受益。例如,当事人一方为担保合同的履行而向对方给付定金,而其后该合同被确认为无效,这就属于给付的目的嗣后不存在。

(二)基于给付以外的事实而发生的不当得利

基于给付以外的事实而发生不当得利的,主要有以下情形:

1. 基于受益人自己的行为而发生的不当得利

这是指基于受益人的行为取得利益而使他人利益受损失。例如无权处分他人之物而为处分,无权消费他人之物而为消费,使自己受到利益,则权利人可请求该受益人返还不当得利。由于该情形下的不当得利往往是因受益人侵害他人的合法权益发生的,因此,这种情形下受益人的行为也可能会构成侵权行为。

2. 基于受损人的行为而发生的不当得利

例如,误认他人的牲畜为自己的牲畜而加以饲养,误认他人的事务为自己事务加以管理,受损人可向因该行为而受益的人请求返还不当得利。

3. 基于第三人的行为而发生的不当得利

这是指受益人因第三人的行为而取得应归于他人的利益所成立的不当得利,例如,甲以乙的饲料饲养丙的牲畜,甲为第三人,乙为受损人,丙为受益人,受损人乙可请求受益人丙返还该不当得利。

4. 基于自然事件而发生的不当得利

例如,甲养的鱼因池水漫溢而流入乙的养鱼池内,丙栽种的果实落入丁的院内,则乙、丁基于事件的发生而构成不当得利,甲、丙可以请求其返还。

5. 基于法律规定而发生的不当得利

例如,在发生添附时,一方可基于法律规定而取得他方之物的所有权,但另一方不能因此而受损失,取得所有权的一方并无得到利益的根据,须向另一方返还所取得的利益。

四、不当得利的效力

不当得利使受益人与受损人之间发生不当得利的债权债务关系,受损人享有请求返还不当得利的权利,所以不当得利的效力可从以下两个方面说明:

（一）不当得利返还请求权与其他请求权的关系

1. 不当得利返还请求权与所有物返还请求权的关系

在一方侵占他人的财物,或者一方基于无效行为给付他人财物,标的物的所有权不发生移转时,成立所有物返还请求权。在此情形下,发生所有物返还请求权与不当得利返还请求权的竞合,因不当得利返还请求权为债的请求权,所有物返还请求权为物上请求权,权利人应首先适用物上请求权的规定,但也不排除权利人得依不当得利返还请求权请求返还不当得利。

2. 不当得利返还请求权与侵权损害赔偿请求权的关系

不当得利请求权与侵权损害赔偿请求权也可以发生竞合。例如,侵害人因侵权行为而从中受有利益时,该受利益即是无合法根据的不当利益,于此情形下即可成立不当得利。在发生不当得利请求权与侵权损害赔偿请求权竞合时,当事人得选择行使何种请求权。

3. 不当得利请求权与违约损害赔偿请求权的关系

不当得利请求权与违约损害赔偿请求权也可以发生竞合。例如,在双务合同中,一方履行了义务,而对方发生履行不能时,即可发生违约损害赔偿请求权,也可以发生不当得利返还请求权。但若一方并未向对方履行义务,对方未受利益,就不能发生不当得利返还请求权。另外,在一方给付有瑕疵的情形下,一般仅发生违约损害偿请求权而不能发生不当得利返还请求权。

（二）不当得利返还请求权的标的及范围

不当得利返还请求权的标的为受有利益的一方所取得的不当利益。受益人返还的不当利益,可以是原物、原物所生的孳息、原物的价金、使用原物所取得的利益,也可以是其他利益。

返还不当得利请求权的标的范围,也就是受益人返还义务的范围。义务人返还义务的范围依其受利益是否善意而不同:

1. 受益人为善意时的利益返还

受益人为善意,即受益人不知情,是指受益人于取得利益时不知道自己取得利益无合法的根据。于此情形下,若受损人的损失大于受益人取得的利益,则受益人返还的利益仅以现存利益为限。利益已不存在时,受益人不负返还义务。所谓现存利益,是指受益人受到返还请求时享有的利益,而不以原物的固有形态为限。原物的形态虽改变但其价值仍存或者可以代偿的,仍不失为现存利益。例如,受益人将其受领的财物以低于通常的价格出卖,受益人只返还所得的价款。如果该价款已经被其消费,并因此而省下其他的费用开支,则其节省的开支为现存利益,受益人仍应返还。但是若受益人所得的价款被他人盗走,则为利益已不存在。受益人受有的利益大于受损人的损失时,受益人返还的利益范围以受损人受到的损失为准。

2. 受益人为恶意时的利益返还

受益人为恶意,又称受益人知情,是指受益人于受有利益时知道其取得利益是没有合法根据的。于此情形下,受益人应当返还其所取得的全部利益,即使其利益已不存在,也应负责返还。若受益人所得到的利益少于受损人的损失时,受益人除返还其所得到的全部实际利益外,还须就其损失与得利的差额另加以赔偿。这实质上是受益人的返还义务与赔偿义务的结合。

3. 受益人受益时为善意而其后为恶意的利益返还

受益人于取得利益时是善意的,而嗣后为恶意时,受益人所返还的利益范围应以恶意开始时的利益范围为准。

第六节 侵 权 行 为

一、侵权行为概述

侵权行为,是指侵害他人财产或人身权利的不法行为。因为侵权行为会引起侵害人与受害人之间的债权债务关系,所以侵权行为也是债的发生根据,传统民法将侵权行为作为债的发生原因,并将其规定在债编当中。因侵权行为发生的债称为侵权损害之债或损害赔偿之债。不过损害赔偿之债并不专指因侵权行为发生的债。

我国2009年颁布的《侵权责任法》则是从责任承担角度,按照归责原则建立起独立的侵权法体系。《侵权责任法》以权利救济为角度,主要是为了防止和制裁违法行为,更好地保护公民和法人的合法民事权益。制定《侵权责任法》本身就具有中国特色。[①]《侵权责任法》规定了多样化的责任形式,第15条列举了八种责任承担方式,并将传统民法上主要针对物权请求权而设的停止侵害、排除妨碍、消除危险、返还财产等责任形式作为侵权责任的形式。本书认为,这同传统民法的以"恢复原状"为核心的侵权损害赔偿原则并不相悖。因为在传统民法上,"恢复原状"是一个内涵丰富的概念。它关注的是使得受害人所遭受的事

---

① 参见王利明:"《侵权责任法》的中国特色解读",载《法学杂志》2010年第2期。

实上的破坏回复到如同损害未发生的情况一样。因此,侵权行为的责任形式并不导致其脱离于债,上述四种责任形式仍然是相对人之间的一种给付,仍然是一种"债"。因此,本书下文仍将侵权行为作为"债"之发生,并就《侵权责任法》下侵权行为制度之特殊性予以简单介绍。

二、侵权行为的意义、类型及一般条款

(一) 意义

在民事活动中,每个人都应当尊重他人的权利,不得侵犯他人的财产或人身权利。侵害他人财产或人身权利的不法行为人应当依法承担民事责任。因此,一方实施侵权行为时,依照法律的规定,侵害人和受害人之间就会产生民事权利、义务关系,受害人有权要求侵害人赔偿,侵害人有义务负责赔偿。侵权行为的民事责任系以填补损害为主要目的,并有损害预防的机能。另一方面,大量无过失责任的出现也使得侵权行为法承担起损害分散的功能。此外要认识到,侵权行为是一种单方实施的不合法的行为,侵害人实施侵权行为的目的并非与受害人确立民事权利、义务关系,不具有合法性,但因侵权行为而发生的债是合法的,是受法律保护的。

(二) 类型

我国《侵权责任法》是以归责原则来建立侵权法体系的。通说认为《侵权责任法》第6条第1款是关于过错侵权的一般条款。我国现行《侵权责任法》采过错责任的原则,但于法律另有规定之处,故意或过失也非侵权行为的必要概念。因此,依据归责原则的不同,对应的有一般侵权行为和特殊侵权行为之分。后者则包括推定过失的侵权行为、承担无过失责任的侵权行为。另外,广义上的特殊侵权行为还指一切构成要件不同于一般侵权行为的侵权类型,包括了共同危险行为等。

根据侵权主体的不同,可分为单独侵权行为与共同侵权行为。广义的理解,共同侵权行为是指两个或者两个以上加害人实施的导致同一损害结果的行为。其在承认的承担以及因果关系的证明上均不同于单独侵权行为。

(三) 一般条款

《侵权责任法》第6条第1款规定,行为人因过错侵害他人民事权益,应当承担侵权责任。本条以一般条款的形式确立了过错侵权行为的构成,阐明了一般侵权行为的构成要件:过错、损害、因果关系。在《侵权责任法》制定之前,关于过错侵权责任的构成要件是否应当包含独立的"违法性"要件一直存有争议。一种观点主张应当适用过错吸收违法性,违法性不再作为独立的侵权责任的构成要件,另一种观点则主张保留独立的违法性要件,侵权行为的构成应为四要件。最终的立法仅从文字表述上看是采纳了第一种观点,由过错吸收违法性。

然而,此并未排除在解释上和法律适用上将"违法性"纳入对侵权行为的构成要件之中来。本书认为,过错和违法性并非两个可以相互吸收的概念。过错是主观的,违法性则是客观的。出现过错与违法性这两个构成要件融合的原因在于过错注意标准的客观化以及严格责任的出现。但在某些情况下过错与违法性仍然存在分离。尤其是当面临侵犯隐私权、一般人格权等框架性权利时,由于权利的边界并不清晰,因此我们仍然需要通过违法性要件对其可赔偿性进行过滤。①基于此,本书仍然认为,侵权行为的构成要件有四:损害、因果关系、违法性、过错。

《侵权责任法》第69条规定:"从事高度危险作业造成他人损害的,应当承担侵权责任。"该条规定为关于危险责任的一般条款。从立法例上观之,就无过错责任设置概括性的一般条款尚属少见。本条之规定类似于我国台湾地区"民法典"第194条第3款以及《意大利民法典》第2050条的相关规定。不同之处仅在于归责原则之区别。就危险物而言,从事作业人员就损害承担无过错责任。《侵权责任法》第69条从一般意义上确立了高度危险责任规则,可以说是危险责任的一般条款,从立法技术上弥补了《民法通则》第123条列举式的不足,可以将现有的以及将来可能出现的危险责任形态包括在内。② 然在解释适用上,应当看到第69条就具体的高度危险作业类型作出了列举,并对其归责原则以及免责事由作出了相应的规定,因此,这些明定的高度危险作业的认定应当严格依照法律的相关规定。而在列举之外的危险类型,原则为无过错归责,但就得否将其认定为危险以及能否有相应的免责事由,则应参酌相应的列举款项就其危害程度由法官根据第69条裁量判决,组成案例类型,以利于法律适用。

三、侵权行为的归责原则

归责原则是关于侵权责任"归责"的基本规则,即由行为人承担损害的特殊事由。我国《侵权责任法》在第6条、第7条分别规定了过错归责原则以及无过错归责原则。

我国《民法通则》第132条规定了公平责任,《侵权责任法》延续了该规定,在第24条就受害人和行为人对损害的发生都没有过错,且无法适用无过错责任的情况,由双方根据实际情况分担损失。

但本书认为《侵权责任法》并未将公平责任作为与过错原则、无过错原则所并列的一种归责原则。从体系观之,其并非属于责任构成而属于责任的承担。

---

① 参见奚晓明主编:《〈中华人民共和国侵权责任法〉条文理解与适用》,人民法院出版社2010年版,第16页。

② 同上书,第474页。

公平原则在这里解决的,仅是损害的分担问题。二者思考问题的层面并不相同。亦有学者支持将公平原则作为独立的侵权归责原则,其是出于全面救济受害人的出发点考虑,认为公平原则是一种分配正义[1],公平原则将损失合理分担到双方当事人身上,使利益实现了平衡、紧张的社会关系得到舒缓。[2] 但笔者认为,此固有利,但公平原则更多地渗透了衡平的思想,法官的自由裁量不免稀释过错归责与无过错归责的作用,影响法律适用的稳定性。[3] 因此,对于公平原则仍应持谨慎态度。

(一)过错责任原则

以过错作为侵权行为的构成要件。所谓过错,包括了故意和过失。二者之定义在民事法律上均无明确的规定。学说上通常将其等同于刑法上的故意及过失。故意,指行为人的主观心理状态,即指对于构成侵权行为之事实,明知并有意使其发生;或预见其发生,而其发生并不违反其本意。过失则指行为人虽能注意而不注意,或对于构成侵权行为之事实,虽预见其能发生而确信其不发生。[4] 故意侵权,实务上较易认定。而关于过失,则涉及注意义务的认定及注意标准的问题。通说认为,侵权法上的过失乃为抽象轻过失,即指行为人的注意义务以一般的善良管理人的注意为准。善良管理人的注意,是指通常社会一般人的合理注意,是一种客观化或类型化的过失标准。应当说,"过失"是个不确定的法律概念,有待于组成案例类型而将其具体化。

《侵权责任法》第6条第2款规定了过错推定原则。过错推定是指原告只需证明其损害是因为被告的行为所致,法律便推定被告主观有过错并应承担民事责任。被告只有证明自己没无过错才可以免责。有学者认为其亦为独立的归责原则[5],本书认为过错推定是为了减轻受害人举证责任上的负担而采取的一项补救措施,是一种举证责任的倒置,其本质仍然是一种过错责任,因此,它是过错责任原则的一种特殊形式。

(二)无过错责任原则

《侵权责任法》第7条对无过错责任原则之定义为:无论有无过错,法律规定应当承担侵权责任的,即使无过错亦应承担责任。亦即,在无过错责任的构成要件中,并不包含过错。通常认为无过错责任是基于对损害分配的考虑,由经济上更具优势的主体承担损害,并通过价值机制以及保险机制分散给社会大众承

---

[1] 参见王利明:"《侵权责任法》的中国特色解读",载《法学杂志》2010年第2期。
[2] 参见王成:"侵权法规则原则的理念及配置",载《政治与法律》2009年第1期。
[3] 关于公平原则适用的不妥性和疑虑之处,可参见王泽鉴:"《中华人民共和国民法通则》之侵权责任:比较法的分析",载王泽鉴:《民法学说与判例研究》(6),中国政法大学出版社2005年版,第281页。
[4] 参见王泽鉴:《侵权行为》,北京大学出版社2009年版,第239—240页。
[5] 参见王利明:"我国《侵权责任法》归责原则体系的特色",载《法学论坛》2010第2期。

担。因此,无过错责任有其法政策上的正当性。由于无过错责任对行为人的行为自由限制甚大,因此应当限于有法律明确规定的情形,并多有赔偿限额的规定。

对于无过错责任,无统一的免责事由,应当根据各项具体规则来解决。总体而言,《侵权责任法》的第五章产品责任、第八章环境污染责任、第九章高度危险责任、第十章饲养动物损害责任、第四章有关责任主体的特殊规定中,有关监护人的责任、用工责任均适用无过错责任。

无过错原则仅限于法律作出特殊规定,因此,在适用上,过错责任原则为原则,无过错责任原则为例外。在现实中哪个归责原则适用的数量多,只是统计问题而非逻辑问题。即使实行无过错责任的情形多于过错责任,仍然不影响将过错责任设置为原则。

(三)过错责任与无过错责任的竞合

在法律规定了无过错责任的情况下,行为人如果以过错的形式侵害了无过错也能构成的侵权责任的相关法益时,在能够证明行为人过错的情况下,原则上不妨碍其亦得构成《侵权责任法》第 6 条第 1 款的过错责任。二者之间发生请求权竞合,得由权利人根据案件情况择一行使。根据规定了无过错责任的法条作为请求权基础,可以免除对过错的举证责任,但可能面临法律上规定的损害赔偿的最高额限制。以第 6 条第 1 款作为请求权基础则需负担对行为人过错的举证责任,但其赔偿数额不受限制。

四、一般侵权行为的立法模式与保护的利益

比较法上最具代表性的两种有关侵权行为的立法模式为《德国民法典》第 823 条以及第 826 条所确定的列举式以及《法国民法典》第 1382 条的全赔模式。这两种立法模式立法路径差异极大,但在具体法律适用结果上,却未如想象中那般差异巨大。① 德国的逻辑模式为加法模式,把一般侵权行为的保护范围限定在非常狭窄的范围内,再通过发展其他制度和规定将所需保护的利益纳入侵权法的保护范围。法国模式则在逻辑起点上规定任何损害都能获得赔偿,再通过对构成要件的技术化处理将一些不适宜由侵权法救济的法益排除在外。② 究竟采用哪种模式的一般条款在立法中存有争议,最终,《侵权责任法》第 6 条第 1 款的立法模式更接近于法国模式。但是否将其做如同法国模式的解释,则存有疑问。

---

① See Rodolfo Sacco, "Legal Formant: A Dynamic Approach to Comparative Law(Ⅱ)", 39 *Am. J. Comp. L.* 368.

② 参见葛云松:"纯粹经济损失的赔偿与一般侵权行为条款",载《中外法学》2009 年第 5 期。

《侵权责任法》的出台,最重要的目的便在于全面保障权利,实现对受害人的救济,因此,《侵权责任法》非常强调对权利的救济。故而,应当认为第6条第1款的保护范围原则上应当及于所有的利益,而并不仅限于绝对权。《侵权责任法》第2条对于民事权益的列举,亦非穷尽所有受到救济的权益的全面列举。这种模式之目的就是在于建立一个开放、相对独立的侵权责任法体系。然而,原则上承认所有的合法权益都应当受到保护,并不意味着对所有的权益都应受到同等保护。其区别在于相对权以及纯粹经济损失是否应当同绝对权一样受到同样程度的保护。

由于《侵权责任法》第6条第1款的规定同我国《民法通则》第106条第2款的规定并未有实质上的区别,因此,过去的司法实践以及学说仍然可被适用于解释现在的《侵权责任法》。根据学者对有关纯粹经济损失的司法实践考察,可总结出我国最高人民法院和各地法院的立场为:纯粹经济利益应当属于《侵权责任法》第6条第1款所保护的范围;因过失或故意违反了相关法律的特别规定而导致他人的纯粹经济损失时,应当依据相应的特别规定承担损害赔偿责任。在其他情形下,对纯粹经济利益的保护程度低于绝对权,必须满足更严格的构成要件才能构成侵权。[1] 而我国学者的主流通说也认同对于绝对权以外的权益,由于其并未具有绝对权的公示性与对抗效力,如果对其不作区分地都纳入侵权责任法的保护范围,第三人可能动辄得咎,过多地限制了人们的自由。因此,绝对权以外之权益,仅在加害人明知权益存在,仍恶意去侵犯的情况下才成立侵权责任。[2]

因此,在对《侵权责任法》第6条第1款进行解释适用时,仍然应当建立在权益区分的基础上,对权利和利益采取不同程度的保护,以协调行为自由和利益保护之间的关系。确定权利和利益的区分,首先应当从民事基本权利的角度出发,来确定权利的名称。权利需要法定性。对法官而言,不能随意创设出民事权利类型框架之外的新型权利类型。[3] 当然,也不排除某项利益在实践中其重要性不断上升而在司法或者立法上肯认其为权利,从而受到更周全保护的可能。总体而言,在司法实践中,对于侵权法所保护的利益,要由法官根据现实的发展需要予以确定。但对于合法利益保护的范围则可通过主观要件给予必要的限制。

---

[1] 参见葛云松:"纯粹经济损失的赔偿与一般侵权行为条款",载《中外法学》2009年第5期。
[2] 参见奚晓明主编:《〈中华人民共和国侵权责任法〉条文理解与适用》,人民法院出版社2010年版,第22页。
[3] 参见王利明:"侵权法一般条款的保护范围",载《法学家》2009年第3期。

五、共同侵权行为

共同侵权行为,广义的理解,是指两个或者两个以上的加害人实施的导致同一损害结果的行为。从类型划分而言,一般包括四个类型:(1)主观的共同侵权,或者有意思联络的共同侵权;(2)客观的共同侵权,或行为关联的共同侵权;(3)准共同侵权,即共同危险行为;(4)拟制的共同侵权,即教唆、帮助行为。[①] 就共同侵权行为的规定,《侵权责任法》基于更细致的区分作出了与《最高人民法院关于审理人身损害赔偿案件适用法律若干问题的解释》(以下简称《人身损害赔偿司法解释》)不同的规定,应当予以重视。

通过一体考察《侵权责任法》第8条至第12条的规定,并结合分则部分有关连带责任承担具体情形的规定,本书认为,《侵权责任法》第8条规定的是有意思联络的共同侵权,这里的意思联络包括了共同故意和共同过失。第9条规定了教唆、帮助行为。第10条规定了共同危险行为。第11条和第12条规定了无意思联络的共同侵权行为,即行为关联的共同侵权行为。在每个行为均能独立导致损害发生时,应当依据第11条承担连带责任。在每个原因相互结合才能发生损害时,不论能否确定每个人的责任大小,均不承担连带责任。而《最高人民法院关于人身损害赔偿的司法解释》第3条规定:"二人以上共同故意或者共同过失致人损害,或者虽无共同故意、共同过失,但其侵害行为直接结合发生同一损害后果的,构成共同侵权,应当依照《民法通则》第139条规定承担连带责任。"因此,在二人以上无意思联络而其侵权行为直接结合导致同一损害的场合,依据《侵权责任法》第12条,不再承担连带责任。这体现了立法者对审判实务中扩大连带责任适用范围的倾向持谨慎态度,其价值取向更注重责任承担与主观过错的同一,因而对共同侵权的"共同性"要件采取了严格立场,只认可有意思联络的主观共同侵权,而不认可行为关联共同的客观共同侵权。[②] 此一价值判断是否合适,为立法政策上的问题。在既有的法律规定下,我们应当遵守法律的规定,避免架空法律。

(一)主观的共同侵权:《侵权责任法》第8条

按照本条规定,共同侵权行为必须有二人以上的加害人。因此,构成本条共同侵权行为的要件为:(1)加害主体的复数性;(2)共同的意思联络。包括了共同故意和共同过失。共同故意指每一个行为人对加害行为都存在认识上的故意,并且存在共谋;共同过失指数行为人对损害的发生可能性都有共同的认识,

---

[①] 参见奚晓明主编:《〈中华人民共和国侵权责任法〉条文理解与适用》,人民法院出版社2010年版,第58页。

[②] 同上。

但均有回避损害的自信。至于这种回避损害的自信,是否需要要求其进行交流,出于保障受害人的权利考虑,似乎可不限于实际进行交流,只要其共同约定进行某项行为即可。(3)损害结果的统一性。这里的损害结果不要求统一,只要损害结果是在共同故意或者共同过失的范围之内即可,即使有多个损害,只要不超过其意思联络的范围,亦可成立共同侵权。

共同侵权人应当承担连带责任,但对内,其相互之间仍有责任的。具体在连带债务一节中说明,本处从略。

(二)共同危险行为:第10条

共同危险行为是指两人以上实施危及他人人身、财产安全的行为,仅其中一人或者数人的行为造成他人损害,但不能确定具体侵权人。共同危险行为作为一种特殊的侵权行为,在过错以及因果关系两个要件上均不同于一般的侵权行为。其过错在于行为人参与了足以危及他人人身、财产的行为。而在因果关系方面,则不需要由受害人证明。

关于本条适用的争议在于免责的抗辩。学者王利明认为,共同危险行为的责任,对免责事由做了严格的限制,每一个共同行为人要免责就必须具体指出谁是行为人或者由法院具体确定谁是行为人,在没有确定具体行为人之前,共同行为人都要负责。① 而另一见解则同《人身损害赔偿司法解释》第4条保持一致,共同危险行为人能够证明损害后果不是由其行为造成的,不承担赔偿责任。该种观点认为,《侵权责任法》第10条并未规定免责抗辩,其规定的"能够确定具体侵权人的,由侵权人承担责任"是对共同危险行为与独立侵权行为的要件构成进行区别的规定。② 本书认为,在能够指明具体的行为人时,其已非共同危险行为,行为人应当根据一般侵权行为的规定承担责任,其他人自然免责。因此,如果持第一种见解,则意味着只要参与了共同危险行为,即使能证明该损害并未由于其行为造成,亦不能免责。我们认为,在共同危险行为中,对因果关系的存在实行的是一种推定,目的在于保护受害人。依此而言,凡属事实推定,受不利推定的当事人均可以事实反正推翻该项推定。因果关系不存在自然不需承担侵权责任,这也符合侵权构成要件的原理。因此,从利益均衡的考虑来说,本书赞同第二种见解。因为即使允许某一行为人举证免责,其他行为人仍应就共同危险行为承担责任,在一般情况下并不会严重影响权利人利益,而让无因果关系的行为脱离责任更加符合一般公平正义之理念。

(三)客观的共同侵权:第11、12条

第11条规定的无意思联络数人侵权中因果关系聚合的类型,其要求数人共

---

① 参见王利明:"《侵权责任法》的中国特色解读",载《法学杂志》2010年第2期。
② 参见梁慧星:"共同危险行为与原因竞合——侵权责任法第10条、第12条解读",载《法学论坛》2010年第2期。

同侵权造成的损害后果具有同一性,即损害后果不可分,并且各个独立的行为均足以造成全部的损害。于此情况下,各个侵权行为人即使未有意思联络,仍然应当承担连带责任。作此规定的原因在于,由于每一侵权行为人的行为均足以造成全部损害结果,就独立的侵权行为而言,其应当就全部损害结果承担赔偿责任。因此,承担连带责任并未超出各行为人自己责任的范围。[①] 另外,此一规定还可排除假设因果关系的适用,即任何当事人不可通过证明即使无自己的行为损害仍然会发生而免责。

第 12 条则适用于无意思联络的数人的原因竞合。即各个行为共同造成了同一损害后果。这里包含了《人身损害赔偿司法解释》的直接结合和间接结合。强调的是个人仅对自己的过错负责。根据本条规定,构成"原因竞合"的法律效果是:"能够确定责任大小的,各自承担责任;难以确定责任大小的,平均承担责任。"而确定责任大小依据,通常根据行为人的原因力和过错确定各自的责任。

第七节 缔约过错

一、缔约过错概述

一般认为,现代民法将民事责任分为合同责任以及侵权责任,就二者的成立要件,民法根据其所保护范围、保护利益以及规范目的的不同作了不同的规定。合同责任需以合同有效成立为前提,一方当事人因他方当事人的故意或过失而遭受侵害时,原则上只能依侵权行为的规定请求损害赔偿。然侵权责任的要件较为严格,不易具备。在当事人为缔结合同而接触、磋商、谈判之时,彼此之间的信赖以及紧密程度增加,相互侵害之可能性亦增加。在此情况下,双方之间的权利义务有强化的必要,否则将使得当事人在合同订立过程中的权利受损得不到救济,有违法律公平正义之观念。于此,便产生了缔约过错责任。

所谓缔约过错责任,是一个学说上的概念,其指当事人在订立合同过程中违背诚实信用原则的行为致使他方当事人遭受损害,应当承担损害赔偿责任。我国学界通说认为,我国《合同法》第 42、43 条规定了缔约过错责任的一般规则。而《民法通则》第 61 条第 1 款、《合同法》第 58 条中关于合同无效或被撤销后过错方赔偿责任的规定则属于缔约过错责任的特别规定。

(一)缔约过错责任之发现及其一般化

缔约过错制度为德国法学家耶林所首倡,被 Hans Dölle 教授誉为法学上的

[①] 参见奚晓明主编:《〈中华人民共和国侵权责任法〉条文理解与适用》,人民法院出版社 2010 年版,第 93 页。

发现之一。① 耶林于1861年在其主编的耶林法学年报第4卷发表了《缔约上过失、契约无效或未完成时的损害赔偿》论文,提出:从事契约缔结之人,是从契约外的消极义务范畴,进入了契约上的积极义务范畴;其因此而承担的首要义务,系于缔约时须善尽必要的注意。法律所保护的,并非仅是一个业已存在的契约关系,正在发展中的契约关系亦应包括在内;否则契约交易将暴露于外,不受保护,使契约一方当事人成为他方疏忽或不注意的牺牲品。契约的缔结产生了一种履行义务,若此种效力因法律上的障碍而被排除时,则会发生损害赔偿责任。②

《德国民法典》制定之初,对于"缔约过错"问题作为一项理论不宜全盘接受而采为一般责任要件,故仅在错误的撤销(《德国民法典》第122条第2项)、自始的客观不能(《德国民法典》第179条第2项)、无权代理(德国民法典第307条)等设其特殊规定。《德国民法典》第一草案立法理由书明白指出,除法定情形外,于缔约之际,因过失不法侵害他人权益者,究属侵权行为抑或一种法律行为上义务之违反,是一项解释的问题,应让诸判例学说加以决定。③ 此后,随着判例学说的发展,其适用范围不但不断扩大,在德国债法修订前,其被视基于诚实信用原则而产生的一项一般法律基本原则,而普适于合同订立过程中对违反说明义务、中断缔约,以及违反保护义务而侵害相对人的身体、健康等利益的保护。2001年11月26日的德国《债法现代化法》第1条,则将此前在判例和学说上承认的缔约过错制度加以编纂,成为《德国民法典》第311条第2款,使之成为制定法上的制度。

除德国外,缔约过错制度亦为相当多的大陆法系国家所继受。就规范模式而言,大部分国家由判例和学说承担造法的任务,而少数国家则如德国在制定法上予以规定,只是受本国侵权行为制度以及合同制度的影响,在适用条件和范围上有所不同。

我国在《合同法》颁布以前,《民法通则》第61条第1款规定了合同被撤销或无效后过错方的赔偿责任,亦是基于缔约过错责任的理念。在《合同法》颁布后,第42、43条则可作为缔约过错责任的一般性规定。

(二) 缔约过错责任的性质

1. 缔约过错责任与违约责任

缔约过错责任的产生与合同相关,但却不同于违约责任。

---

① 参见王泽鉴:《民法学说与判例研究》(4)(修订版),中国政法大学出版社2005年版,第7—10页。

② See v. Jhering, Culpa in contrahendo oder Schadensersatz bei nichtigen oder nicht zur Perfektion gelangten Vertragen, Jhering Jahrbubucher 4. 1861,转引自王泽鉴:《债法原理(一)》,中国政法大学出版社2001年版,第230页。

③ 参见林诚二:《民法债编总论——体系化解说》,中国人民大学出版社2003年版,第424页。

缔约过错责任之承担责任的依据在于双方已经进入合同缔结的实质阶段，从而基于信赖而产生相应的保护、通知、照顾义务。而违约责任的成立须以有效成立的合同为前提。并且，虽然缔约过错往往产生损害赔偿责任，而违约责任的方式，则还包括了强制履行等内容。

2. 缔约过错责任与侵权责任

缔约过错责任在德国民法上具有甚为重要的意义，其出现在很大程度上弥补了其侵权行为法律制度保护范围狭窄的问题。《德国民法典》第823条第1款的一般侵权行为所保护的，系生命、身体、健康、自由、所有权及其他权利，财产本身，即我们通常所有的纯粹经济上损失，很难获得保护。即使符合了侵权行为的构成要件，则因有雇用人免责的规定（具体参见第831条规定）、时效、举证责任等问题，对被害人的保护甚为不周。缔约过错责任在此意义上具有弥补侵权行为法规范之不足的功能。

具体到我国法律制度下来看，在我国虽然不存在雇用人举证免责的相关规定，然缔约过错责任在纯粹经济损失的保护上仍然具有重大意义。根据我国2010年7月1日起实施的《侵权责任法》第2条以及第6条第1款关于一般侵权行为的规定，就过失侵权而言，我国理论及司法实践均认为纯粹经济损失不属于其保护范围。此外，缔约过错责任以当事人为缔约而进入特别结合关系为前提，其注意义务通常都比侵权行为法所要求的注意义务为重，对当事人权利的保护更为周全。

3. 性质

基于以上分析，我国法上的缔约过错责任既不同于违约责任，亦不同于侵权责任，其系基于法律特别规定而生的独立责任，是一种"法定之债"。

二、缔约过错责任之构成

（一）先合同义务的存在及违反

缔约过错责任的承担，需存在双方当事人为缔结合同而形成特别的结合关系。这种特别的结合关系使双方当事人产生特殊的信赖，并从合同交易外的消极义务范畴，进入到合同上的积极义务范畴，其因此要承担的首要义务，便是在缔约时善尽必要的注意，此即"先合同义务"。所谓先合同义务，即指当事人为订立合同而接触所发生的说明、告知、保密、保护等其他义务。先合同义务之基础在于诚实信用原则，因此其内涵根据个案并不相同，也在不断发展而日趋丰富。我国法下的明确规定的先合同义务主要有：

1. 先合同义务

(1)《合同法》第42条第1项：诚信缔约义务

《合同法》第42条第1项规定，假借订立合同，恶意进行磋商者，应当承担损害赔偿责任。这里的恶意进行磋商,应当包括恶意开始磋商、恶意继续磋商以及恶意终止磋商。亦即该条规定要求缔约当事人应当本着达成合同的意向进行协商,在决意不与对方达成合同时,应当如实告知并及时通知,不能恶意拖延谈判过程,从而使得相对人丧失缔结合同的良机。

(2)《合同法》第42条第2项:告知义务

《合同法》第42条第2项规定,故意隐瞒与订立合同有关的重要事实或者提供虚假情报者,应当承担损害赔偿责任。一般而言,交易中的当事人并没有一般性的告知义务,在交易中,信息的获取亦需要成本,因此,掌握信息的一方自然没有必要将其信息告知交易相对人。这里的告知义务,应当限定于"与订立合同有关的重要事实"。至于何者为重要事实,应本诸交易的性质以及合同标的具体判断。例如,买卖合同中,房屋有无辐射、汽车刹车有无问题等,均为重要事实。

(3)《合同法》第43条:保密义务

根据合同法第43条的规定,当事人在订立合同过程中知悉的商业秘密,不得泄露或者不正当使用。即当事人应当对合同缔结过程中获得商业秘密谨慎对待,履行保密义务。

(4)《合同法》第42条第3项:诚实信用原则

《合同法》第42条关于缔约过错责任的立法技术为不完全列举加兜底形式。即使前两项的规定为先合同义务的确定提供了一定方向,但在具体个案中,磋商是否为恶意、故意隐瞒信息是否构成对先合同义务的违反,仍然需要结合诚实信用原则,视具体缔约磋商接触情形以及一般交易惯例具体判定。在此方面,必须特别斟酌缔约当事人彼此间的信赖关系及各当事人在交易上通常所应承担的危险及不利益。① 在此,应特别强调就个案予以具体化,并组成案例类型。②

(5)基于法律的特别规定而发生之先合同义务

先合同义务也可以基于法律的特别规定而发生。我国相当多的单行立法规定了合同当事人的告知、通知等先合同义务。例如《消费者权益保护法》第18条、第19条,分别规定了经营者的说明义务以及如实回答义务。《中华人民共和国职业病防治法》第30条第1款也规定了用人单位应当将工作过程中可能产生的职业病危害及其后果、职业病防护措施和待遇等如实告知劳动者,并在劳动合同中写明,不得隐瞒或者欺骗。因此,在单行立法中有明确规定的先合同义务,对其违反,自然构成了缔约过错责任意义上的先合同义务的违反。并且,相关单行法律规范亦可被视为"保护他人之法律",使得缔约过错责任与侵权责任可在一定范围内发生竞合,如何处理,留待后面部分详述。

---

① 参见韩世远:《合同法总论》(第2版),法律出版社2008年版,第117页。
② 参见王泽鉴:《债法原理(一)》,中国政法大学出版社2001年版,第244页。

2. 先合同义务存在的时点

双方当事人对合同的磋商存在着一个关系逐渐紧密的过程。先合同义务于哪个时点发生,对于计算损害赔偿具有意义。其时点的认定,亦应本诸诚信原则,结合其交易情况,应当认为,在有足以引起对方相应信赖的行为产生之时,即可成立先合同义务。有学者认为应以存在一个有效的要约作为先合同义务产生的时点[1],本书认为此观点不够妥当。因为大部分复杂重大的缔约过程都是十分漫长的,经常一直未存在一个有效的要约或承诺。因此,先合同义务存在的时点,仍然应就个案判断之。

3. 先合同义务与安全保障义务

在缔约之际,一方亦可能因未尽保护义务致他方身体健康遭受损害。例如,某人在商场闲逛时,因商场地面湿滑而摔倒受伤。对此,商场是否构成缔约过错?对于此种情况,关键在于保护义务是否也构成了合同的先合同义务,从而对其违反将会导致缔约过错责任。有见解认为这里此种情况可以产生缔约过错责任,并且在构成侵权责任时二者将发生竞合,可由受害人选择主张。[2] 另有见解强调缔约过错责任的发生须以当事人之间因为订立合同而形成特别的紧密结合关系为基础,缔约过错责任保护的乃是缔约双方的合理信赖,否则,仅是一般的接触自然只应受侵权法的调整。在商场闲逛而滑倒的案例中,很难说滑倒人与商场有订约的意图,亦难言其对商场产生何种订约上的信赖。

事实上,因经营一定的营业而对往来之人负担一定的注意义务可直接从法律上找到依据。《侵权责任法》第 37 条规定,宾馆、商场、银行、车站、娱乐场所等公共场所的管理人或者群众性活动的组织者,未尽到安全保障义务,造成他人损害的,应当承担侵权责任。通常认为此为关于"安全保障义务"的规定。[3] 该规定之功能在于扩张不作为的侵权责任,并用于判断间接侵害的违法性,以认定在众多之人,何人应就不作为或间接侵害负侵权责任。[4] 因此,在一方违反保护义务致使他方身体健康受损害的情况下,亦往往得构成侵权行为。德国判例学说所以认为被害人得以依缔约过错请求损害赔偿,其主要原因在于避免雇佣人依《德国民法典》第 831 条规定而举证已尽相当之选任监督义务而免责,从而有利于被害人。而在我国侵权法体制下,雇主对于雇员的行为不能通过举证其已尽监督义务而免责[5],因此,缔约过错制度对该部分利益的保护作用明显缩小。

---

[1] 类似意见可参见韩世远:《合同法总论》(第 2 版),法律出版社 2008 年版,第 117 页。

[2] 参见崔建远:《新合同法原理与案例评释》(上),吉林大学出版社 1999 年版,第 118 页。

[3] 《最高人民法院关于审理人身损害赔偿案件适用法律若干问题的解释》第 6 条也涉及了安全保障义务的规定。

[4] 参见王泽鉴:《侵权行为》,北京大学出版社 2009 年版,第 263 页。

[5] 参见《侵权责任法》第 34 条、第 35 条。

基于同本国侵权行为制度的协同和配合,相当多的国家对于此类案件多依侵权行为法处理,而排除缔约过错责任的适用。①

本书认为,如若将我国《侵权责任法》第37条的规定视为基于法律的特别规定而发生的先合同义务,则将对安全保障义务的违反纳入缔约过错制度的规范范畴并使之与侵权责任发生竞合,亦无不可。但其关涉侵权法体系与缔约过错制度的纯粹性,仍须进一步讨论。

(二) 相对人发生了损害

相对人受有损害,一般指的是财产上的损失。既可以是直接的财产上的减损,也可以是订约机会的丧失。所失利益与所受损害,均为相对人所受的损害。

(三) 违反先合同义务与损害间存在因果关系

相对人的损害须是因合同一方当事人对先合同义务的违反而造成的。即其损失须是因其相应的信赖而产生的。至于因果关系,当指事实上之因果关系。即如果没有先合同义务的违反就不会存在损害。

(四) 违反义务方具有可归责事由

违反义务方具备什么样的主观要件而得以构成缔约过错责任,须视其所违反之先合同义务而定。就恶意磋商与情报提供义务的违反,合同法上明定须为"故意"。具体的单行立法所规定的先合同义务,亦可以有相应的主观状态的规定。但就一般观之,对基于诚信原则而产生的先合同义务的违反,一般以过失为要件。

(五) 合同不成立、无效或被撤销

缔约过错制度的发展经历了一个适用范围不断扩大的过程。《民法通则》已在合同无效、被撤销的情况下承认了缔约上过失责任,此后许多学者认为应将缔约上过失责任的适用范围扩及于合同不成立。② 此见解亦为目前我国学界通说。有学者基于下述案例情形提出,在合同有效场合,亦应当承认有缔约过错责任构成的余地。

例如,一方违反情报提供义务,而双方在合同生效并已着手履行后,不愿不效率地终止合同或者通过相应的合同效力制度变更或者撤销合同;此时,对于其在缔约过程中所受到的损害,应当得通过缔约过错制度得到赔偿。或者因重大误解等订立的合同,根据《合同法》第54条的规定,仅赋予了受损害一方请求法院或者仲裁机构变更合同的权利。而《合同法》第58条相应地只是规定了合同无效后者被撤销的法律后果,却没有规定那个变更合同后能否发生相似的赔偿责任。而在撤销权经过1年时效(《合同法》第55条)消灭后,如果不承认合同

---

① 具体详见李中原:"缔约过错责任之独立性质疑",载《法学》2008年第7期。
② 参见崔建远:《合同责任研究》,吉林大学出版社1992年版,第282页。

成立生效场合亦可成立缔约过错责任,则受损害当事人所遭受的损害将无法得到救济。①

本书认为,上述学者的意见有一定道理。惟通过扩张缔约过错责任的适用范围来对这些情况进行救济并非唯一途径。完全可以通过类推适用的非法律技术来实现相同的目的。就前者而言,可以将缔约过错责任排除出合同成立并有效的场合,理由如下:(1)缔约阶段的过失可以通过后续的合同缔结所商议的给付义务得到相应的弥补;(2)对于需要救济的个案,可以通过类推适用的法律技术来实现对受害人的救济。本书之所以对此情况采用个案认定的类推,原因在于为了避免缔约过错责任和违约责任的混乱。就后者而言,可变更的合同虽然在《合同法》和《民法通则》上均不存在一个确定的获得变更后赔偿的依据,但此损害并非一定需要缔约过错责任的救济。首先,在合同的变更中便已经可以通过调整双方的权利义务或者相应对价将损害赔偿考虑进去。其次,完全可以通过漏洞填补的方法,基于"相同情况同等对待"的平等原则,类推适用《合同法》第58条的规定,从而实现对受损害方的救济。而撤销权消灭后的问题,一则法律规定相应的撤销权就是为了当事人能够尽快行使权利从而确保权利状态能够获得尽快的稳定,若允其通过缔约过错制度来获得对权利未及时行使的救济,似有违《合同法》第55条之立法原旨。

基于此,本书认为至少目前在合同有效场合适用缔约过错制度来解决权利救济问题的需求并不急迫,也非绝对必要。缔约过错责任本来系非一个确定的法律制度,其发展仍有待于判例、实际的类型化。因此,是否将其适用范围扩张及于合同有效场合,可完全委之于司法实践之发展决定。而我国《合同法》第42条并未将其适用范围限于合同未成立、无效或者被撤销的场合,可以说为司法实践和学说的发展提供了空间。

三、缔约过错责任的法律效果

(一)损害赔偿的范围

关于缔约过错责任损害赔偿的范围,学说及实践中向有两点争论:一为,若因违反保护义务而至侵害相对人的身体健康或所有权,此种情况亦构成侵权行为,受害人是否得基于缔约过错责任要求相应的损害赔偿?此点在我国人身损害赔偿的诉讼时效(1年)较一般民事权利保护的诉讼时效(2年)为短的情况下,尤有意义。二为,通常认为被害人所得请求者系信赖利益,则信赖利益应否以不超过履行利益为原则?下面分述之。

---

① 参见韩世远:《合同法总论》(第2版),法律出版社2008年版,第113页。

1. 相对人的人身、健康等绝对权的损害

在先合同义务中,如若肯定个别保护义务亦得为侵权行为之违法性的认定基础,则缔约过错与侵权行为的竞合原则上不具排斥性,通常以请求权规范竞合的样态表现出来。① 关于此种利益的损害,学说冠之以"固有利益"或"完全性利益"的损害。至于其究竟属于信赖利益抑或履行利益,抑或均不属之,则是个困难的问题。但对这些"固有利益"的一切损害均应进行赔偿,并不以履行利益为界限②的观点则为通说。台湾地区学者林诚二先生对此提出不同之见解,认为"侵权行为与债务不履行制度有其个别之目的,不应混淆,而缔约上过失亦不应与侵权行为相互混淆,解释上宜以当事人因准备缔约所生费用为其赔偿范围,倘有其他侵权行为,则另依侵权行为法处理即可"③。应认为林诚二先生的此观点系建立在就保护义务违反之行为不构成缔约过错责任之基础上,既不构成缔约过错,当然不能列入缔约过错责任的赔偿范围。

2. 信赖利益的赔偿是否以履行利益为限?

在缔约过错责任中,受损害方可请求的是恢复其在合同缔结之前的财产状态。因此,一般均认为损害赔偿之范围为信赖利益。虽然信赖利益一般不超过履行利益,但亦存在信赖利益超过履行利益的情况,因此,我国学界通说均认为信赖利益的赔偿应当以履行利益为限。④ 王泽鉴先生认为,在法律上关于信赖利益的赔偿并未明文规定须以履行利益为限的情况下,加害人所应赔偿的,亦不以履行利益为限度。⑤ 本书认为,本诸受损害方的处境不应优于其合同得到有效履行的处境考虑,信赖利益仍应以履行利益为限。

(二)被害人与有过失

根据《合同法》第58条的规定,当事人应当在双方都有过错的情况下,各自承担相应的责任。因此应认为在缔约过错责任的情况下,若被害人有相应的过错,应当有过错相抵原则之适用余地。

四、缔约过错责任与第三人

德国判例学说上亦承认在一定情况下,合同当事人以外之第三人可对合同之一方当事人构成缔约过错责任。其类型主要有具有保护第三人作用的契约以

---

① 参见黄茂荣:《债法总论》(第2册),中国政法大学出版社2003年版,第199页。
② 参见王泽鉴:《民法学说与判例研究:1》(修订版),中国政法大学出版社2005年版,第95页。
③ 参见林诚二:《民法债编总论——体系化解说》,中国人民大学出版社2003年版,第426页。
④ 此见解可参见张广兴:《债法总论》,法律出版社1997年版,第56页;王利明:《违约责任论》(修订版),中国政法大学出版社2000年版,第743页;韩世远:《合同法总论》(第2版),法律出版社2008年版,第127页。
⑤ 参见王泽鉴:《民法学说与判例研究:1》(修订版),中国政法大学出版社2005年版,第96页。

及专家因瑕疵之鉴定书而对第三人承担责任这两种案例类型。[①] 德国法上之"具有保护第三人效力的契约"系谓特定契约一经成立,不断在当事人之间发生权利义务关系,同时债务人对于与债权人具有特殊关系之第三人,亦负有照顾、保护等义务。债务人违反此项义务时,就该特定范围之人所受之损害,亦应依契约法之原则,负赔偿责任。[②] 其作用旨在弥补德国侵权法保护范围狭窄之问题,加强保护与债权人具有特殊关系第三人之利益。就此类型而言,本书认为此种案例类型下的缔约过错责任与德国法下之"保护第三人作用的契约"制度密切相关,我国法上无此相应类型,当无借鉴之必要。而就类型二而言,我国法上确实在专家责任以及咨询责任等问题上缺乏明确的权利救济渠道,在此类型上将第三人纳入缔约过错制度并使之承担缔约过错责任,在立法政策上似属必要。唯纯从现有法律制度上看,暂无将第三人纳入缔约过错制度之依据。

---

① 参见王洪亮:"缔约过错责任的历史嬗变",载《当代法学》2005 年第 19 卷第 5 期。
② 参见王泽鉴:《民法学说与判例研究:2》(修订版),中国政法大学出版社 2005 年版,第 30 页。

第三章 债的效力

第一节 债的效力概述

一、债的效力的概念

债的效力,是指因债而产生的对当事人双方的法律约束力。债是一种受法律保护的法律关系,无论是因法律规定而产生,还是因当事人的约定而产生,均具有法律效力,受法律保护。债的效力由两方面结合而成:一方面是债务的效力,即法律对于债务人的约束,属于债的效力的消极方面;另一方面是债权的效力,即法律赋予债权人以法律上之力,包括请求力、保持力和执行力,属于债的效力的积极方面。下文将分别阐述。

债权是债权人得对特定人请求为或不为特定行为的权利。债权具有三项权能,即请求权能、受领权能和保护请求权能,在债的效力上分别表现为请求力、保持力和强制执行力。债权人依此三种效力分别可请求债务人履行债务,接受债务人的履行并保持因债务履行而取得的利益。当债务人不履行债务时,债权人可请求法院强制债务人履行债,以实现其债权。

债务是债务人对债权人负担的为或不为特定行为的义务。债务属法律义务,必须履行,不履行便产生对债务人不利的后果,这是债的效力的主要表现方面。债务的效力主要表现为债务人必须按照法律的规定或者当事人的约定全面、适当地履行债务,包括按照约定的时间、地点、方式、质量标准、数量等履行债务。

二、债的效力的分类

根据不同的标准,可将债的效力分为不同的类型:

(一)一般效力与特殊效力

这是以债的效力是否涉及一切的关系为标准而进行的分类。一般效力又称普通效力,是指所有类型的债所具有的共同效力。包括债的关系成立后,债务人的财产即成为债的一般担保;债务必须在规定的期限和地点履行;债权人受领迟延可减轻债务人的责任;债务人不履行债务,债权人得请求强制执行或请求损害赔偿。

特殊效力是指法律对个别债的效力的特别规定。例如合同之债的定金罚则,违约金的交付,同时履行抗辩等。

（二）积极效力与消极效力

这是以债的效力的内容为标准而作的分类。积极效力是指债的当事人依据债的关系应实施一定的行为。例如,债权人有权要求债务人履行债务;债务人有权要求债权人给予必要的协助并接受履行等。

消极效力是指债务人不履行债务或债权人受领迟延等所应承担的法律后果。

（三）对内效力与对外效力

这是以债的效力是否涉及第三人为标准而作的划分。对内效力是指发生于债权人与债务人之间的效力。对外效力是指发生于债的当事人与第三人之间的效力,如债的保全等。依传统民法理论,债的效力仅及于债的当事人,不具有涉及第三人的效力,但近现代各国立法及判例对这一观点有所修正,承认在特殊情况下,债的效力也可及于第三人。此所谓债的效力的扩张。例如,债的保全涉及的第三人、保证合同中的保证人、保险法上享有合同利益的第三人、租赁关系中的第三人、债的转移中的第三人、受合同法特别保护的第三人、不法侵害债权的第三人等都可为债的效力所及。

三、债权的效力

（一）债权对内效力

1. 给付请求力

《民法通则》第 84 条第 2 款规定:债权人有权要求债务人按照合同的约定或者依照法律的规定履行义务。这里体现的便是债权的给付请求力,即债权人有权请求债务人履行给付。需要注意的是,这里的给付请求力,是债权的首要效力,且其只是请求而非支配。

有些"债权"是欠缺给付请求力的,比如赌债,赢得赌博的人不得向输的人请求给付赌债,因为赌博是不符合法律秩序评价的。而有些债权的给付请求力受到了削弱,比如过了诉讼时效的债权,其之所以被削弱主要是债务人获得了相应的抗辩权。

2. 受领保持力

债务人因应债权人的请求而给付时,债权人可以受领并保有给付标的物,不发生不当得利,债务人也不得请求返还。给付请求力和受领保持力是债权的基本效力。[1]

---

[1] 参见郑玉波著,陈荣隆修订:《民法债编总论》(修订二版),中国政法大学出版社 2004 年版,第 244 页。

值得注意的是,根据《民法通则》第 138 条和《最高人民法院关于审理民事案件适用诉讼时效制度若干问题的规定》第 22 条的规定,超过诉讼时效的债权,仍然具有受领保持力。

3. 诉请履行力

在债务人正常履行债务的情形下,则债权只彰显给付请求力和受领保持力。若债务人在债权人没有请求履行的情况下自动履行债务,则债权的给付请求力甚至也是隐含着的。然而,却也可能存在债务人不能履行债务、延期履行债务、瑕疵履行债务和拒绝履行债务,此时需要对债权人进行救济。但由于私力救济原则上是被禁止的,故而此时债权人享有通过诉讼请求债务人履行债务的权利。《合同法》第七章违约责任中所规定的继续履行便是债权诉请履行力的体现。

根据《民法通则》第 135 条的规定,诉请履行力的存在具有一定的期间(即 2 年的一般诉讼时效),超过该期间的,债权人的诉求履行不能获得人民法院的支持,诉请履行力受到一定的削弱(债务人享有抗辩权)。在德国法上,还存在诉请履行力欠缺的情形,比如《德国民法典》第 1297 条第 1 款规定,不得基于婚约而提起缔结婚姻的诉讼。[1]

4. 强制执行力

强制执行力是指在债权人诉请履行后,债务人仍然拒绝,此时债权人可以申请对债务人的财产进行强制执行以满足债权人的债权。诉请履行力和强制执行力体现了债权借助公权力的保障而获得满足和实现的效力。

当然,强制执行力在一些情形下也是受到限制的。比如在劳务合同中,或者具有强烈人身色彩的合同中,强制执行力便无法实现。

前述债权的效力,体现了民事义务消灭的几种形式:民事义务的请求承担(给付请求力和受领保持力)、民事义务的自动承担(受领保持力)、民事责任的请求承担(诉请履行力、给付请求力和受领保持力)、民事责任的自动承担(诉请履行力、受领保持力)和民事责任的强制承担(强制执行力、受领保持力)。[2]

5. 自力救济性

前述诉请履行力和强制执行力是债权人通过公力救济实现自己的权利。但这可能引发费用并且需要一定的时间,故而可能最终无法实现债权。此时,需要赋予债权人以私力救济的权利。但为了保持秩序的稳定,自力救济要受到严格的限制而仅能在十分紧急的情况下在一定的范围内才能行使。此外,也有学者

---

[1] 参见〔德〕迪特尔·梅迪库斯:《德国债法总论》,杜景林、卢谌译,法律出版社 2004 年版,第 21 页。

[2] 关于民事义务、民事责任和民事制裁的区分以及债务和责任的自动承担、请求承担和强制承担,可参见魏振瀛:"《民法通则》规定的民事责任——从物权法到民法典",载自《现代法学》2006 年第 28 卷第 3 期。

主张抵销权的行使是债权的自力救济性的体现。①

6. 可处分性

债权是一种财产权,故而债权人对于自己的债权享有广泛的处分权利。比如债权人可以抛弃债权(表现为对债务人的免除),债权人可以转让自己的债权(债权让与制度),债权人可以不行使自己的债权而让债权罹于诉讼时效(诉讼时效制度)。

当然,债权的可处分性在一些情况也受到限制,比如《合同法》第79条规定,如果根据合同的性质、当事人约定或依照法律规定不得转让的,债权不得转让。再如,《合同法》第99条也对抵销的适用进行了限制(依照法律规定或者按照合同性质不得抵销的除外)。

(二) 债权的对外效力

这里主要是指债权所具有的对第三人的效力,最突出的表现是债的保全制度和第三人侵害债权制度②,对此将在本书第四章债与第三人中进行阐述。

四、债务的效力

关于债的消极效力,是指法律对债务人的约束。具体言之,表现为债务人有义务履行债务。鉴于该部分内容较多,因此置于本身的第二、三、四节进行介绍。其中第二节介绍债务的履行,第三节介绍对债务履行的担保,第四节介绍债务履行过程中出现的异常情形的情事变更原则。

第二节 债的履行

一、债的履行概述

债的履行,是指债务人按照合同的约定或者法律的规定全面履行自己所承担的义务的行为。履行是债的最主要的效力。

履行与给付、清偿这三个概念是既相互联系而又有区别的。给付指债务人应为的特定行为,包括作为与不作为,它是债的标的(或称客体),具有抽象的、静态的意义;履行指债务人实施给付的行为,即债务人实施债的内容所要求的特定行为,具有具体的、动态的意义;清偿指债务人履行的效果,通常在债的消灭原因的意义上使用。这三个概念均与债务人的行为有关,故有时被通用。例如

---

① 参见〔德〕迪特尔·梅迪库斯:《德国债法总论》,杜景林、卢谌译,法律出版社2004年版,第18页。

② 参见郑玉波著,陈荣隆修订:《民法债编总论》(修订二版),中国政法大学出版社2004年版,第245页。

"给付行为"、"履行行为"和"清偿行为"均被用来指债务人履行债务的行为;"给付义务"、"履行义务"和"清偿义务"均被用来指债务人所负担的债务。

二、债的履行的内容

(一) 履行给付义务

履行给付义务,是指债务人依照债的内容,在债务履行期届至时全部、适当地履行,即债的履行的主体、履行的标的、履行的期限、履行的地点和履行的方式都是适当的、完全的,否则不能成立有效的给付。

1. 履行主体

(1) 债务人履行

债的主体和债的履行主体并非同一概念。债的主体是债权人和债务人;而债的履行主体则指履行债务的人和接受履行的人。

债是特定当事人之间的一种民事法律关系,因而在通常情况下,债应由债务人履行,债权人也只能向债务人请求履行债务。但是,在某些情况下,债务由谁来履行对债权人并无影响,债权人也并不反对他人代为履行的,债也可以由第三人代为履行。当然,并非所有的债务都可以由第三人代为履行。法律直接规定或当事人约定必须由债务人亲自履行的债务,不得由第三人代替履行。第三人代为履行或代为接受履行的,不能因此而损害债权人或债务人的合法权益。

(2) 第三人履行

第三人履行债务的,原则上也发生债的消灭的效果,此乃各国立法之通例。① 我国立法尚没有明确规定第三人履行的问题。需要指出的是,第三人在为给付时,须明确是清偿债务人的债务;否则第三人若欲清偿自己的、实际上不存在的债务则可能构成非债清偿,受领第三人给付的人原则上构成不当得利。② 当然,例外情形而不允许第三人履行:当事人明确约定不得由第三人履行,依债的性质不宜由第三人履行(比如明星的表演)。

这里的第三人可能存在三种情形:履行辅助人、一般第三人和有利害关系的第三人。对于履行辅助人,债权人不得拒绝其给付,债务人要对其过失负责。对于一般第三人,在债务人有异议时,债权人可以拒绝(也可以不拒绝)第三人的给付;同立法和学说原则上允许第三人清偿的立场相一致的是,债权人的拒绝必须以明示的方式为之。对于有利害关系的第三人,债权人不得拒绝其给付。此外,一般第三人履行债务后,仅能取得求偿权;而有利害关系的第三人履行债务之后,发生代位清偿;这里的代位清偿是指有利害关系的第三人因清偿债务,对

---

① 参见我国台湾地区"民法典"第311条,《德国民法典》第267条,《日本民法典》第474条。
② 洪学军:"非债清偿的构成及其法律效果研究",载《政法论丛》2004年8月第4期。

于债务人有求偿权,但为确保其求偿权的效力,在该第三人履行债务的范围内,债权人的债权在法律上移转于清偿人。①

当债的履行主体涉及第三人时,往往是由债的当事人在合同中加以约定而形成的。根据《合同法》的规定,债的履行中的第三人包括向第三人履行和由第三人履行两种情况:(1)当事人约定由债务人向第三人履行债务的,第三人为接受履行主体,若债务人最终未向第三人履行债务或者履行债务不符合约定,债务人应当向债权人而非向第三人承担违约责任,因为第三人并非债的当事人,而只是债的接受履行主体,第三人也不能向债务人主张违约责任。(2)当事人约定由第三人向债权人履行债务的,第三人为履行主体,若第三人最终未履行债务或者履行债务不符合约定,债权人只能向债务人主张违约责任,而不能向第三人主张违约责任。对此,将在本书的第四章中的涉他合同中进行详细论述。

如果不是在约定时而是在履行时第三人加入进来,例如甲欠乙价款未还,经各方同意,现由丙替甲向乙偿还借款,则属于债务承担,而非债的履行问题。

2. 履行标的

债的履行标的与债的标的不同,债的履行标的是指债的给付的对象,即债务人向债权人履行给付义务时具体交付的对象。履行标的可以是物,也可以是完成工作,还可以是提供劳务等。

当事人严格按照约定的标的履行义务,是债的实际履行原则的要求。只有在法律规定或者合同约定允许以其他标的代替履行时,债务人才可以其他标的履行。

(1)债务人以给付实物履行债务的,交付的标的物的数量、质量必须符合法律规定和合同的约定。标的物的质量应按合同中约定的标准履行。如果合同中对标的物的质量规定不明确,则按照国家标准、行业标准履行;没有国家标准或者行业标准的,按照通常标准或者符合合同目的的特定标准履行。

(2)以完成一定工作或劳务履行义务的,债务人应当严格按合同和法律规定的质量、数量完成工作或提供劳务。

(3)以货币履行义务的,除法律另有规定的以外,必须用人民币计算和支付。除国家允许的现金交易外,法人之间的经济往来,必须通过银行转账结算。

(4)在支付标的为价款或酬金时,当事人应按照合同约定的标准和计算方法确定的价款来履行,合同中约定价款不明确的,按照订立合同时履行地的市场价格履行;依法应当执行政府定价或者政府指导价的,按照规定履行,即:在合同规定的交付期限内政府价格调整时,按交付时的价格计价。逾期交货的,遇价格

---

① 参见郑玉波著,陈荣隆修订:《民法债编总论》(修订二版),中国政法大学出版社2004年版,第475—476页。

上涨时,按原价格执行,价格下降时,按新价格执行。逾期提货或逾期付款的,遇价格上涨时,按新价格执行;价格下降时,按原价格执行。

3. 履行期限

(1) 履行期限的含义

履行期限,是指债务人向债权人履行义务和债权人接受债务人履行的时间。履行期限可以是具体的某一期日,也可以是某一期间。

债务人在履行期限届满后履行,称为债的逾期履行,又称迟延履行。债务人在履行期限届满前就履行自己的义务称为债的提前履行。经债权人同意的提前履行,应视为双方对履行的期限的变更,其履行便是适当的。未经债权人同意,原则上是不能提前履行债务的。根据我国《合同法》第71条的规定,债权人可以拒绝债务人提前履行债务,但提前履行不损害债权人利益的除外。债务人提前履行债务给债权人增加的费用,由债务人承担。

(2) 履行期限的确定

这里的履行期限的确定,主要是指意定之债的履行期限的确定。而法定之债的履行期限,在法定之债成立之后便已经届至。根据《民法通则》第88条第2款第2项和《合同法》第61、62条的规定,履行期限按照下列规则确定:

第一,当事人有约定的,按照约定的履行期限履行债务;

第二,当事人没有约定或者约定不明确的,可以补充协议;

第三,当事人没有约定或者约定不明确,且不能达成补充协议的,按照合同条款或者交易习惯确定;

第四,依据前述规定还无法确定履行期限的,则债务人可以随时向债权人履行义务,债权人也可以随时要求债务人履行义务,但应当给对方必要的准备时间。

此外,值得注意的是,《合同法》分则中也涉及对履行期限的规范。比如《合同法》第226条对租金的支付期限进行了规定。当然,该类关于履行期限的规范属于任意性规范。

(3) 履行期限的法律意义

履行期限在债法上具有重要的法律意义:

第一,迟延给付的判断基准。债务不履行中的迟延给付的构成要件,很重要的一个是履行期限。如果履行期限不确定,则迟延给付的判断也就无从说起。与此相关的是,履行期限届至,债权人无正当理由不受领债务人的给付,则债权人陷于受领迟延。

第二,合同解除权的判断基准。对于意定之债而言,《合同法》第94条规定了合同法定解除权。当事人是否具有单方解除权,其判断要依赖于履行期限。

第三,债的保全的判断基准。债权人行使代位权和撤销权以保全自己债权的,一个很重要的构成要件是债务人对次债务人的债权已经到期。

第四,法定抵销的判断基准。根据《合同法》第 99 条的规定,法定抵销权的构成要件中,要求双方当事人互负的债务都已经到期。当然,假设甲欠乙 100 元,5 月 1 日到期;乙欠甲 100 元,5 月 8 日到期。现在时间是 5 月 1 日。则乙可以提出抵销,此时视为乙放弃其期限利益;而由于乙欠甲的 100 元还没有到期,故而甲并不享有法定抵销权。

第五,诉讼时效的确定基准。履行期限届满,则债权人对债务人所享有的请求权的诉讼时效开始起算。

第六,保证期间的确定基准。《担保法》第 25 条第 1 款、第 26 条第 1 款规定,保证人与债权人没有约定保证期间的,保证期间为主债务履行期届满之日起 6 个月。《担保法司法解释》第 32 条第 1 款规定,保证合同约定的保证期间早于或者等于主债务履行期限的,视为没有约定,保证期间为主债务履行期届满之日起 6 个月。

4. 履行地点

(1) 履行地点的含义

履行地点,是指义务人履行义务和债权人接受履行的地点。除非债权人和债务人事后变更履行地点,否则,债务人在履行地点以外的地方履行债务,并不发生债的消灭的法律效果。在意定之债中,给付义务和对待给付义务的履行地点可能不同,同一方当事人所负有的多项债务的履行地点也可能不同。

(2) 履行地点的确定

履行地点的确定同履行期限的确定的前三条规则类似。依照前三条规则还无法确定履行地点的,则给付货币的,在接受给付一方的所在地履行;交付不动产的,在不动产所在地履行;其他标的在履行义务一方的所在地履行。

(3) 履行地点的法律意义

履行地点的法律意义有四:

第一,给付风险的承担。根据《合同法》第 142 条的规定,除非法律另有规定或者当事人另有约定,否则标的物毁损、灭失的风险,在标的物交付之前由出卖人承担,交付之后由买受人承担。履行地点的确定,也意味着给付风险在履行地点发生了移转。比如,金钱之债的履行必须到债权人所在地进行,因而债务人承担将金钱送至债权人所在地前的风险和费用。

第二,履行费用的承担。履行地点的确定,意味着在将履行标的物送到履行地点,或者债务人自己到达履行地点所发生的费用由债务人承担。而在履行地点之后发生的费用,则由债权人承担。

第三,迟延风险的承担。在德国法上,区分给付地和结果地,前者是指债务人应当实施给付行为的地点,后者是指应当发生履行结果的地点。根据给付地和结果地是在债权人住所地或者是在债务人住所地,将债务区分为前往受领之债(两者都在债务人住所地)、前往给付之债(两者都在债权人住所地)和送付之债(给付地在债务人住所地,结果地在债权人住所地)。① 在送付之债,债务人只有将债的标的物发出便不再承担给付迟延之风险,而债权人则负担债务人发出的标的物迟延到达自己住所地的危险。②

第四,管辖法院的确定。根据《民事诉讼法》第24条的规定,因合同纠纷提起的诉讼,由被告住所地或者合同履行地人民法院管辖。可见,履行地点在诉讼法上的意义是确定管辖法院的标准之一。

第五,准据法的确定。在国际私法中,履行地点是确定准据法的标准之一(《合同法》第126条,合同履行地是与合同有最密切联系的因素之一)。

第六,合同内容的确定。根据《合同法》第62条的规定,价款或者报酬不明确的,按照订立合同时履行地的市场价格履行。可见,履行地点的确定,可能对于价款或报酬的确定产生影响。

5. 履行费用

履行费用是指完成债务的履行所需要的费用支出。根据《合同法》第61条和第62条的规定,履行费用的承担规则如下:有约定的,按照约定承担;没有约定或约定不明的,双方可以补充协议;没有约定或约定不明,双方又无法达成补充协议的,按照合同有关条款或者交易习惯确定;根据前述规则仍然无法确定的,履行费用由履行义务的一方负担。此外,对于增加的履行费用,则已经公平原则,应由引发履行费用增加的一方当事人承担。比如,《合同法》第71条、第72条分别规定的提前履行和部分履行,由于其是债务人提出的,故而因此给债权人增加的费用应由债务人负担。而若是由于债权人变更住所或其他行为,导致履行费用的增加,则增加部分由债权人承担。

6. 履行方式

(1) 履行方式的多样性

履行方式是指法律规定或合同约定的债务人履行义务的方式。债的性质和内容不同,其履行方法也不同。有的债应一次性全部履行,如一次性交货的买卖合同;有的债应分次分部分履行,如分批发放贷款的借贷合同;有的债应定期履行,如按月交租的房屋租赁合同。对履行方式约定不明确的,应按照有利于实现合同目的的方式履行。

---

① 参见〔德〕迪特尔·梅迪库斯:《德国债法总论》,杜景林、卢谌译,法律出版社2004年版,第131页。
② 同上。

（2）部分履行

《合同法》第 72 条第 1 款对部分履行进行了规范。有学者认为，部分履行是指合同虽然履行但履行不符合数量上的规定或履行在数量上存在不足，故而部分履行是债务不履行的一种形态。① 也有学者认为，部分履行是在债的履行阶段出现的一种非终局性质的动态状态，不管债权人是否拒绝受领部分履行，债务人都不因部分履行而构成债务不履行。② 本书认为，部分履行属于履行方式的一种，当事人可以约定债的履行同部分履行而实现；而假如债务履行的终局状态是债务人只履行了部分债务，则对于其他部分债务，债务人承担迟延给付责任或拒绝给付的债务不履行责任，而对于已履行的部分债务，如果符合不完全给付，则债务人承担不完全给付的责任。③ 前述学者的分歧，主要是在于强调的方面不同：前者强调的是债务人为部分履行后所出现的终局状态，这意味着就终局状态来看，债务人还有部分未履行；后者强调的是债务人为部分履行时这一非终局状态，即债务人提出部分履行时所出现的问题。此外，就逻辑一贯性而言，既然违反履行标的质量的相关约定会产生（履行标的质量不符合要求）不完全给付的债务不履行责任，则违反履行标的数量的相关约定也该产生（履行标的数量不符合要求）不完全给付的债务不履行责任。但是，一方面，由于履行标的并非都是可分的，且有很大一部分是无法用数量来衡量的；另一方面，对履行标的数量的违反所造成的损害一般情况下并不会出现对履行标的质量的违反所造成的损害的严重后果，故而没有必要将对履行标的数量的违反单独列为债务不履行的一种独立的形态。

《合同法》第 60 条第 1 款规定，当事人应该按照约定全面履行自己的义务。可见，部分履行是对全面履行原则的一种违反；换言之，判断是否属于部分履行的标准是是否违反了履行的整体性④。为此，我国《合同法》第 72 条第 1 款规定，债权人原则上对于债务人的部分履行债务享有拒绝的权利；该拒绝权的赋予，可以避免债权人构成受领迟延。但《合同法》同时规定，部分履行不损害债权人的利益的，则债权人不得拒绝（《合同法》第 72 条第 1 款但书规定），其仅得向债务人请求因此而增加的费用（《合同法》第 72 条第 2 款）。为了维持全面履

---

① 参见王利明、崔建远：《合同法新论·总则》（修订版），中国政法大学出版社 2000 年版，第 596—602 页。值得一提的是，部分履行的含义远远大于只履行部分数量的给付，有些不能分割的履行标的并不能用数量来衡量。比如双方约定甲为乙画一幅肖像，此时甲可以通过部分履行（如先完成一半，再完成另一半，然后才交付），但不能说甲的履行违反了履行标的数量上的规定或在数量上存在不足。

② 参见薛军："部分履行的法律问题研究——《合同法》第 72 条的法解释论"，载《中国法学》2007 年第 2 期。

③ 关于各种债务不履行的形态，请参见本书第七章。

④ 关于履行的整体性的理解，可参见薛军："部分履行的法律问题研究——《合同法》第 72 条的法解释论"，载《中国法学》2007 年第 2 期。

行的原则,不宜任意对但书规定的"不损害债权人利益"进行扩张解释,对此可以引进诚实信用原则作为判断标准。

(二)履行附随义务

依债权法的要求,债务人在履行债务时,除了应当履行法律上已经确定或者当事人明确约定的义务外,为辅助债权人实现其利益,还发生种种附随义务。例如,《合同法》第60条第2款规定:"当事人应当遵循诚实信用原则,根据合同的性质、目的和交易习惯履行通知、协助、保密等义务。"附随义务是依诚实信用原则发生的义务。附随义务并非自始确定,但随着债的关系的发展,可能会要求当事人有所作为或不作为,以维持对方的利益。此类义务不受债的种类的限制,在任何债的关系中均可发生。附随义务虽不可单独请求履行,但如果违反此义务,给对方当事人造成损害的,也应承担损害赔偿责任。附随义务是否存在以及内容如何,一般由法官根据各个债权债务关系的具体情势加以判断。

1. 附随义务的类型

归纳起来,附随义务大致包括:

(1)注意义务

债务人应尽善良管理人或者如同处理自己的事务一样的注意。债务人的注意程度因其地位、职业、判断能力以及债务的性质而有所不同。

(2)告知和通知义务

当事人对有关对方利益的重大事项负有告知和通报的义务。例如,债务人交付仪器设备的,应告知装配、使用及维修方法;债务人履行不能时,应告知履行不能的原因等;遇有不可抗力发生时应及时向对方通报有关情况等。

比如《合同法》第118条规定,当事人一方因不可抗力不能履行合同的,应当及时通知对方,以减轻可能给对方造成的损失,并应当在合理期限内提供证明。《合同法》第309条规定:货物运输到达后,承运人知道收货人的,应当及时通知收货人,收货人应当及时提货。收货人逾期提货的,应当向承运人支付保管费等费用。再如《合同法》第373条第2款规定,第三人对保管物提起诉讼或者对保管物申请扣押的,保管人应当及时通知寄存人。

(3)照顾义务

照顾义务可分为对债权人的照顾义务、对特定第三人的照顾义务和对标的物的照顾义务。前者如有多种履行方式时,债务人应选择方便债权人受领的方式履行;后者例如出卖易碎物品应妥为包装。而对特定第三人的照顾,如从事危险作业的,应避免其他人在场。

比如《合同法》第301条规定:承运人在运输过程中,应当尽力救助患有急病、分娩、遇险的旅客。

(4) 协助义务

依照诚实信用原则,当债务人的履行性质上需要债权人的协助时,债权人即负有协助履行的义务。协助义务主要是指为对方的履行提供方便和条件。例如,债权人应及时验收,无故不得拖延。

比如《合同法》第 240 条规定:出租人、出卖人、承租人可以约定,出卖人不履行买卖合同义务的,由承租人行使索赔的权利。承租人行使索赔权利的,出租人应当协助。《合同法》第 335 条规定:合作开发合同的当事人应当按照约定进行投资,包括以技术进行投资;分工参与研究开发工作;协作配合研究开发工作。

(5) 保密义务

对涉及一方利益的尚不被人知晓的情况,他方负有保密的义务,不得向外披露。例如,技术秘密的使用方应对第三方保守该技术秘密;代理人不得披露委托人的商业秘密等。

我国《合同法》第 266 条规定了承揽人对定作人的保密义务。第 347 条规定了技术秘密转让合同的让与人的保密义务,第 348 条、350 条规定了技术转让合同的受让人的保密义务;第 351、352 条规定了违反保密义务要承担违约责任。

(6) 不作为义务

根据债的内容和性质债务人应承担某种不作为义务的,债务人应负不作为义务。例如出租车司机承载客人后,不应中途搭载其他人。

值得注意的是,根据《合同法》第 42 条、43 条的规定,对告知义务、保密义务的违反,可能构成缔约过错责任。

2. 给付义务和附随义务的区别

首先,给付义务自始确定,并决定债的类型;附随义务存在于债的关系整个过程中,包括合同缔结阶段、合同履行阶段甚至合同履行后的整个阶段,其是随着债的关系发展而出现的。其次,给付义务在很多情况下是约定的义务,而附随义务则更多是法定义务。再次,在双务合同中,给付义务往往有其对待给付,故而不履行给付义务,则另一方产生履行抗辩;而附随义务不存在对待给付的问题,故而也就没有了履行抗辩。最后,债务人违反给付义务的,债权人可以解除合同;而债务人违反附随义务的,债权人没有合同解除权,但享有损害赔偿请求权。

(三) 履行其他义务

1. 先契约义务与后契约义务

关于先契约义务,在第二章第七节缔约过错责任中已有涉及,在此不赘。后契约义务在我国立法的体现是《合同法》第 92 条的规定:合同的权利义务终止后,当事人应当遵循诚实信用原则,根据交易习惯履行通知、协助、保密等义务。

2. 不真正义务

不真正义务不是法律规定或当事人约定必须履行的义务,相对方通常不得诉请履行,对其的违反也不发生损害赔偿责任,而仅仅使义务人遭受权利的减损或者丧失不利益。其理论依据是诚实信用原则。我国《合同法》第 119 条是对附随义务的规定:当事人一方违约后,对方应当采取适当措施防止损失的扩大;没有采取适当措施致使损失扩大的,不得就扩大的损失要求赔偿。在合同法分则中,也有对不真正义务的规定。比如:《合同法》第 157 条和第 158 条规定的买受人及时检验标的物的义务以及消极检验结果的通知义务,买受人怠于履行前述义务的,视为标的物的数量或质量符合约定。此外,《合同法》第 370 条的规定:寄存人交付的保管物有瑕疵或者按照保管物的性质需要采取特殊保管措施的,寄存人应当将有关情况告知保管人。寄存人未告知,致使保管物受损失的,保管人不承担损害赔偿责任;保管人因此受损失的,除保管人知道或者应当知道并且未采取补救措施的以外,寄存人应当承担损害赔偿责任。

不真正义务之所以不发生损害赔偿义务,是因为其是义务人自己对自己的义务,对自己义务的违反并无违法性可言。① 不真正义务同给付义务的区别在于后者可以诉求履行,且在双务合同中,不履行给付义务可能赋予债权人合同解除权。不真正义务同附随义务的区别是债务人违反附随义务时发生损害赔偿,而不真正义务的不履行导致当事人权利的减损但并不发生损害赔偿。

三、债的履行原则

(一) 实际履行原则

实际履行原则是指当事人应按债的标的来履行而不能任意改变。这是债的效力的要求,其核心在于强调债的履行标的特定性,不能任意用其他标的或以支付违约金和赔偿金来代替合同的履行。

(二) 诚实信用原则

依诚实信用原则,债的当事人在债的履行中应当本着诚实、善意的内心状态维护对方的利益,以对待自己事务的注意对待他人事务,保证法律关系的当事人都能得到自己应得的利益,不得损人利己。对于债务人来说,应当选择有利于债权人的时间、地点和履行方式,按约定的标的来履行,并履行应当承担的附随义务;对于债权人而言,应当积极协助履行并妥为受领。

值得注意的是,诚实信用可能起到修正制定法的作用。比如,如果双方约定 5 月 1 日上午 10 点整交货,而债务人在 10 点 10 分才交货,则此时若债务人迟延十分钟对债权人而言并无损失,则债权人没有拒绝受领的权利,否则其便是违背诚实信用原则。

---

① 参见张谷:"论约定保证期间——以《担保法》第 25 条和第 26 条为中心",载《中国法学》2006 年第 4 期。

第三节 债的担保

一、债的担保概述

(一) 债的担保的概念和特征

债的担保是指对于已成立的债权债务关系所提供的确保债权实现的保障。债的担保制度是债法中的重要制度。债的担保是保障债权人实现其权利的一种最为有效的措施,而担保制度的意义不仅在于保障债权的实现,还在于通过担保促进经济交易,有利社会经济的发展。

我国《民法通则》第89条规定了债的担保,是关于债的担保的原则性和一般制度性规定。1995年颁布的《担保法》是重要的民事单行法,是关于担保制度的专门立法。

债的担保具有如下特征:

第一,债的担保具有从属性。所谓从属性,是指担保之债与被担保之债形成主从关系。担保之债是从债,被担保之债是主债;担保之债是对主债效力的补充和加强,受主债效力的制约。主债无效,担保之债亦不能存在;担保之债随主债的终止而终止。

第二,债的担保具有自愿性。债的担保,有的是由法律直接规定的,称为法定担保。但在一般情况下,担保是由当事人通过合同自愿设立的。是否设立担保,采用何种形式担保,担保多大范围的债务,法律一般不加干涉,完全由当事人商定。

第三,债的担保具有明确的目的性。债的担保是保障债权人利益的,不论设定何种担保,当事人设立担保的目的都是十分明确的,即确保债权人的利益能够得到满足。

(二) 债的担保形式

依照我国《民法通则》第89条、《担保法》、《合同法》和《物权法》的规定,债的担保方式有保证、定金、违约金、抵押、质押、留置六种。后三种担保方式属于担保物权的性质,在物权法教材中会有详述,故本节只介绍前三种担保形式。同时要特别指出的是,定金和违约金的担保方式,只存在于意定之债中。

二、保证

(一) 保证的概念及特征

保证,是指由第三人向债权人担保,在债务人不履行债务时,由其负责履行债的全部或一部的一种担保方式。在保证担保关系中,承担担保责任的第三人称为保证人,其债务被担保的人称为被保证人。我国《民法通则》规定:保证人向债权人保证债务人履行债务,债务人不履行债务的,按照约定由保证人履行或者承担连带责任。《担保法》规定:本法所称保证,是指保证人和债权人约定,当债务人不履行债务时,保证人按照约定履行债务或者承担责任的行为。由此可知,保证具有以下特征:

第一,保证本身是一种合同关系,是第三人与债权人签订的关于保证债务人履行债务的一种从属性的合同。债权人与债务人之间所设立和存在的合同关系,是保证合同产生和存在的前提。

第二,一般的保证合同虽然与其所担保的债权密不可分,但保证人并非主债的当事人。只有债务人(即被保证人)不履行其义务时,债权人才可以要求保证人承担保证责任。

(二) 保证的成立条件

保证由保证人和被担保的债务的债权人订立保证合同,因此,保证合同的当事人是保证人和主债权人。保证成立的条件是:

1. 保证人应当是具有代偿能力的人

保证人应当具有相应的民事行为能力,因此,国家机关不能担任保证人;但经国务院批准为使用外国政府或国际经济组织贷款进行转贷的除外。不具有法人资格的企业法人的分支机构,以自己的名义对外签订的保证合同,应当认定无效,但因此而给债权人造成损失的,应负赔偿责任。分支机构如有法人的书面授权,则可以在授权范围内提供保证。

2. 保证有人承担保证责任的明确意思表示

保证人是以自己的信用、名义为债务人作担保的,因此,保证人承担保证责任的意思表示是保证合同成立的必要条件。如果行为人只是向债权人介绍或者提供债务人的支付能力,而没有明确表示对债务人履行合同承担保证责任的,则不能认定保证成立,行为人便不是保证人。

3. 保证合同应采用书面形式

保证合同应当以书面形式订立,并载明下列内容:被保证的主债权的种类、数额;债务人履行债务的期限;保证的方式;保证担保的范围;保证的期间等。

(三) 保证的方式

保证的方式依《担保法》的规定分为两种:一为一般保证,一为连带责任保证。

1. 一般保证

一般保证是指当事人在保证合同中约定,只有在债务人不能履行债务时,才由保证人代为履行的保证方式。换言之,债权人首先应向债务人追偿债务,而不能直接向保证人主张权利,保证人在主债务纠纷未经审判或仲裁并就债务人财产依法强制执行前,有权拒绝对债权人承担责任,保证人的这一抗辩权称为先诉抗辩权或检索抗辩权。

2. 连带责任保证

连带责任保证是指债务人在主合同规定的履行期届满而没有履行债务的,债权人可以要求债务人履行债务,也可以要求保证人承担责任。与一般保证不同,一般保证中的保证人的责任是补充性的,保证人享有先诉抗辩权,而连带责任保证的保证人不享有这一权利,一旦债务人不能履行到期债务,债权人可以直接起诉保证人,要求其承担履行债务的责任,债权人对保证人享有直索权。因此,连带责任保证是一种比一般保证更为严格的保证方式。

当事人可以在保证合同中约定采用哪一种保证方式。如果当事人对保证方式没有约定或约定不明确,则按连带责任保证承担保证责任。

(四) 保证的效力

1. 保证责任的范围

保证担保的范围包括主债权及利息、违约金、损害赔偿金和实现债权的费用。当事人可以约定保证责任范围的大小,选择其中一项或数项或全部进行担保。如果当事人对保证责任范围没有约定或约定不明确,则保证人应对全部债务承担责任。

2. 保证责任的期间

当事人可以在保证合同中约定保证人承担保证责任的期间。未约定期间的,一般保证为主债务履行期届满之日起6个月,在此期间内若债权人未对债务人提起诉讼或者申请仲裁的,保证人的保证责任得以免除;连带责任保证也为主债务履行期届满之日起6个月,在此期间内若债权人只对债务人而未对保证人要求承担责任的,保证人的保证责任得以免除。

3. 主合同内容变更对保证责任的影响

如果债权人与债务人协议变更主合同,应取得保证人的书面同意,否则保证人不再承担保证责任。

4. 主合同当事人变更对保证责任的影响

在保证期间内,如果债权人依法将主债权转让给第三人,不影响保证的效力,保证人仍应在原保证担保的范围内继续承担保证责任。如债权人许可债务人转让债务给第三人,应取得保证人的书面同意,否则保证人不再承担保证责任。

5. 共同保证

同一合同债务可以由数人作保证。两个以上的保证人对同一义务人保证同一义务的,叫共同保证。共同保证的各保证人依法律规定或相互约定承担保证责任。共同保证人可以约定承担按份责任,也可以约定承担连带责任。若法律和合同没有明确规定各共同保证人的保证范围,则推定为各保证人负连带责任。

6. 保证人的代位求偿权

保证人代替债务人履行债务后,债权人与债务人之间的债权债务关系消灭,保证人取得代位求偿的权利,即保证人得以自己的名义,在其代为履行的范围内,向债务人追偿。

7. 最高额保证

最高额保证是指保证人于约定的最高债权额的限度内就一定期间连续发生的债权所提供的保证。最高额保证是保证担保中的一种特殊形式的保证。我国《担保法》第14条规定:"保证人与债权人可以就单个主合同分别订立保证合同,也可以在最高债权额限度内就一定期间连续发生的借款合同或者某项商品交易合同订立一个保证合同。"

最高额保证具有如下特点:(1)最高额保证所担保的债权不是现在已经发生的债权,而是未来的债权,即在订立保证合同时主债权债务尚未发生,而且将来是否会发生也不能完全确定。(2)最高额保证所担保的债权不是基于一个合同产生的债权,而是基于若干个合同产生的债权。(3)最高额保证担保的债权是在一定期间内连续发生的,但"一定期间"是指当事人约定的保证合同期间,在此期间之前或之后债权人发生的债权不属于保证的范围。(4)最高额保证所担保的债权不得超过当事人在合同中约定的最高额限度,超过限度的债权不属于保证的范围,保证人不承担责任。

最高额保证合同如约定了期限,保证人应在约定的期限内就所发生的债权承担保证责任;若保证合同未约定保证期间,则保证人可以随时书面通知债权人终止保证合同,使保证合同的效力归于消灭。

(五) 保证的消灭

保证的消灭是指保证关系的消灭,或保证人保证之债的消灭。保证因下列原因而消灭:

1. 主债务消灭

依照主债与从债的关系,当主债务因债务人的履行或与履行具有同等效力的事实(如免除、混同、抵销、提存等)而消灭时,作为从债的保证之债也随之消灭。

2. 保证责任期间届满

保证合同约定的保证责任期间届满,或在未约定时依照法律规定的保证期间(自主债务履行期届满之日起6个月)届满,债权人未向保证人主张权利的,保证之债消灭。

3. 保证合同解除

如保证人与债权人达成协议,解除保证合同,则保证之债消灭。

4. 保证责任免除

保证责任的免除包括单方免除与法定免除。单方免除是指债权人以单方的意思表示免除保证人的保证责任;法定免除是指根据法律的规定免除保证人的保证责任。法定免除的情形有:

(1) 主合同当事人双方恶意串通,骗取保证人提供保证的,保证人不承担保证责任。

(2) 主合同债权人采取欺诈、胁迫等手段,使保证人在违背真实意思的情况下提供保证的,保证人不承担保证责任。

(3) 债权人许可债务人转让债务而未经保证人书面同意的。

(4) 债权人与债务人协议变更主债务而未经保证人同意的。

(5) 在同一债权既有保证又有物的担保的情况下,债权人放弃物的担保时,保证人在债权人放弃权利的范围内免除保证责任。

三、定金

(一) 定金的概念和性质

1. 定金的概念

定金是指合同当事人一方以保证债务履行为目的,于合同成立时或未履行前,预先给付对方的一定数额金钱的担保方式。所以,定金既指一种债的担保方式,也指作为定金担保方式的那笔预先给付的金钱。《民法通则》第89条第3项规定:"当事人一方在法律规定的范围内可以向对方给付定金。债务人履行债务后,定金应当抵作价款或者收回。给付定金的一方不履行债务的,无权要求返还定金;接受定金的一方不履行债务的,应当双倍返还定金。"

2. 定金的性质

定金具有以下性质:

第一,证约性质。定金具有证明合同成立的证明力。定金一般是在合同订立时交付,这一事实足以证明当事人之间合同的成立,因此,定金是合同成立的证据。

第二,预先给付的性质。定金只能在合同履行前交付,因而具有预先给付的性质。正因为定金具有预先给付的性质,所以定金的数额应在合同规定的应给付的数额之内,在主债务履行后定金可以抵作价款或返还。

第三,担保性质。定金具有担保效力。因为定金交付后,在当事人不履行债务时会发生丧失定金或者加倍返还定金的后果,因而它起到督促当事人履行合同、确保债权人利益的担保作用。

(二) 定金的成立条件

定金由当事人订立定金合同时成立。定金合同除具备合同成立的一般条件

外,还须具备以下条件:

1. 定金合同以主合同(主债)的有效成立为前提。这是由定金合同的从属性决定的。

2. 定金合同以定金的交付为成立要件。定金合同为实践性合同,如果只有双方当事人的意思表示一致,而没有一方向另一方交付定金的交付行为,定金合同不能成立。《担保法》第90条规定:"……当事人在定金合同中应当约定交付定金的期限。定金合同从实际交付定金之日起生效。"

3. 定金的数额由当事人约定,但不得超过主合同标的额的20%。

4. 定金的给付标的原则上为金钱,但当事人有特别约定时,也可以给付替代物做定金。

(三) 定金的效力

定金给付后,发生以下三方面的效力:

1. 证约效力

定金具有证明合同成立的效力,定金给付后,如无相反证明,主合同视为成立。

2. 充抵价金或返还的效力

主合同履行后,主债消灭,作为从债的定金也消灭,给付定金一方可以请求接受定金一方返还其定金,或以定金充抵应给付之价金。

3. 定金罚则的效力

在合同不履行时,适用定金罚则,即若交付定金一方不履行合同的,则丧失定金;接受定金一方不履行合同的,应当双倍返还对方定金。这是定金的主要效力,体现了定金的担保性质。

适用定金罚则应以当事人有过错为前提,换言之,合同的不履行须有可归责于当事人的事由时,才能适用定金罚则,所以,若合同的不履行不可归责于给付定金的一方时,他并不因此丧失定金;若合同的不履行不可归责于接受定金一方时,他并不需要双倍返还定金,而仅需返还定金原额即可。

(四) 定金与预付款的区别

定金与预付款都是在合同履行前一方当事人预先给付对方的一定数额的金钱,都具有预先给付的性质,在合同履行后,都可以抵作价款。但二者有着根本的区别,这表现在以下方面:

(1) 定金是合同的担保方式,主要作用是担保合同履行;而预付款的主要作用是为对方履行合同提供资金上的帮助,属于履行的一部分。

(2) 交付定金的协议是从合同,而交付预付款的协议一般为合同内容的一部分。

(3) 定金只有在交付后才能成立,而交付预付款的协议只要双方意思表示一致即可成立。

（4）定金合同当事人不履行主合同时，适用定金罚则，而预付款交付后当事人不履行合同的，不发生丧失预付款或双倍返还预付款的效力。

四、违约金

首先要说明的是，关于违约金，相当多的教材都将之置于债的救济（违约责任）中进行讨论。本书认为，就违约金的功能来看，其是担保债的履行；而关于违约金的数额，则确实涉及损害赔偿数额的确定。故而，本书在探讨违约金时，关于违约金的概念、性质、种类和效力，放在债的履行担保部分进行阐述；而关于违约金的调整，基于体例安排的需要，将在本书债的救济一章第四节约定赔偿范围部分进行说明，在此不赘。

（一）违约金的概念和性质

违约金是指为确保债务的履行[①]，由债权人和债务人双方约定[②]、在发生债务不履行时，由债务人向债权人支付一定数额的金钱。对于债权人而言，违约金作为债的履行担保手段的优势在于其简便性，债权人可以免于繁重的举证而径行依据违约金条款便可获得补偿。而对于债务人而言，只要发生债务不履行，债务人就要支付违约金，这可以督促债务人全面履行债务。此外要注意，违约金所适用之契约，应以财产上的契约为限；至于身份上的契约，由于违背善良风俗，故而不得适用违约金制度。[③]

由于违约金是在发生债务不履行时才成立，故而其是一种附条件的契约。同时由于违约金在双方当事人意思表示合致时便成立，故而其是一种诺成契约。此外，违约金契约之成立、变更和消灭，对于主契约都具有一定的从属性。可见，违约金在性质上是一种附条件的诺成从契约。

（二）违约金的种类

1. 赔偿性违约金

双方当事人约定赔偿性违约金的，违约金和损害赔偿是排斥关系的，债权人主张违约金便不能再主张损害赔偿。如果违约金数额多于实际损害数额，债务人原则上不得请求减少违约金的数额；若违约金数额少于实际损害数额，债权人原则上不得主张增加违约金的数额。

---

① 对违约金预防违约功能的强调，可参见丁海俊：“违约金的性质与功能新论”，载《西南民族大学学报》（人文社科版）2005 年第 3 期。

② 当然，也有存在法定违约金的情形。参见韩世远：《合同法总论》（第 2 版），法律出版社 2008 年版，第 590 页。但本书这里主要阐述约定违约金。

③ 参见郑玉波著，陈荣隆修订：《民法债编总论》（修订二版），中国政法大学出版社 2004 年版，第 317 页。

2. 惩罚性违约金

双方当事人约定惩罚性违约金的,违约金和损害赔偿是并列关系的,在发生债务不履行时,债务人除须支付违约金外,还要承担债务不履行之责任。

就立法例来看,法国和德国都承认违约金具有惩罚性和赔偿性,但在此基础上,法国强调违约金的赔偿性而德国强调违约金的惩罚性;与此不同的是,英美法系国家却只承认违约金的赔偿性。① 之所以出现前述差异,可能是因为英美法系国家对待违约的态度更加宽容,其认为违约在市场经济、市场交易中是一个理性人的理性选择。②

就我国来说,有学者认为,《合同法》第114条规定的违约金属于赔偿性违约金,第114条第3款规定违约金和继续履行的并用,这里的违约金也只是对迟延履行所导致的赔偿数额的预定,同样体现了违约金的赔偿性③;在发生迟延履行的场合,违约金被视为是迟延履行的损害赔偿,债权人不能同时请求支付违约金和赔偿因迟延履行而造成的损害。④ 也有学者认为,违约金具有惩罚性和赔偿性,但其主要应体现为惩罚性,这是因为:一方面,违约金设定之时,损害并未发生,很难说违约金是为了填补损害,特别是违约金高于损害时,违约金的惩罚性更加明显;另一方面,从当事人约定违约金的目的来看,很大程度上在于制裁违约行为。⑤ 也有学者认为,《合同法》第114条第3款的规定,说明只有在迟延履行之中才有惩罚性违约金的存在空间;且同台湾地区立法相比,《合同法》的惩罚性违约金不适用于其他债务不履行形态,只能与继续履行并用而不能与损害赔偿并用,这体现了《合同法》严格限制惩罚性违约金的思想。⑥ 对此,本书认为,违约金的性质判断,实则是一个解释问题。对于约定违约金而言,其体现了当事人的私法自治,而至于当事人所约定的违约金的性质是属于赔偿性还是惩罚性,取决于对当事人意思表示的解释;在当事人没有明确约定违约金具有惩罚性时,推定违约金具有赔偿性,说明当事人已经对债务不履行所产生的赔偿责任作出了安排,此时发生债务不履行所产生的赔偿责任和违约金责任的竞合,故而应允许债权人行使选择权。而对于法定违约金而言,由于立法对违约金作出了安排,故而对于此类违约金是赔偿性还是强制性的判断,依赖于对违约金的规范

---

① 参见郭丹云:"各国立法上违约金性质比较研究",载《河北法学》2005年第6期。
② 与此问题相关的是继续履行和损害赔偿的适用关系。参见本书第八章第三节。
③ 参见韩世远:"违约金的理论问题——以《合同法》第114条为中心的解释论",载《法学研究》2003年第4期。另可参见韩世远:《合同法总论》(第2版),法律出版社2008年版,第590页。
④ 参见王胜明、梁慧星等编著:《〈中华人民共和国合同法〉及其重要草稿介绍》,法律出版社2000年版,第231页。
⑤ 参见王利明、姚辉:"完善我国违约责任制度十论",载《中国社会科学》1995年第4期。
⑥ 参见崔建远:"海峡两岸合同责任制度的比较研究——海峡两岸合同法的比较研究之一",载《清华大学学报》(哲学社会科学版)2000年第2期。

目的进行法律解释的结果。①

(三) 违约金与定金的关系

定金和违约金都是一方应给付给对方的一定款项,都有督促当事人履行合同的作用,且两者都有从契约之属性。但二者也有不同,其区别主要表现以下几方面:

第一,定金须于合同履行前交付,而违约金只能发生违约行为以后交付。

第二,定金有证约和预先给付的作用,而违约金没有。

第三,定金主要起担保作用,而违约金同时是违反合同的民事责任形式。

第四,定金一般是约定的,而违约金可以是约定的,也可以是法定的(根据我国《合同法》的规定,则只有约定违约金而无法定违约金)。

第五,定金是要物契约,而违约金是诺成契约。

若当事人在合同中既约定了定金条款,又约定了违约金条款,则不能同时执行定金条款和违约金条款,而由守约方选择其一适用。我国《合同法》第116条规定:"当事人既约定违约金,又约定定金的,一方违约时,对方可以选择适用违约金或者定金条款。"所以,如果守约方选择了违约金条款,则违约方依违约金条款承担责任,不再承担定金罚则的责任;如果守约方选择了定金条款,则违约方依定金罚则承担责任,不再承担支付违约金。

第四节 情事变更

一、情事变更概述

在德国民法体系中,情事变更原则已经有一百多年的历史,该原则根源于德国普通法(Gemeine Recht),是一个在成文法之外通过学说、判例形成和发展起来的制度。后在德国2002年的债法修订中,被整合成为《德国民法典》第313条。② 我国最高人民法院《合同法司法解释》(二)第26条以司法解释的形式对情事变更原则作了规定。由下文的论述可以得知,在未有该司法解释前,我国虽然无关于情事变更原则的具体规定,但在司法实践以及其他的相关法律条文中,也能找到其思想基础。因此,《合同法司法解释》(二)第26条的出现,正如《德国民法典》第313条一样,毋宁说是对过去学说和判例的总结,仍然包含了足够多被称为一般条款的要素,给法官留有足够大的价值判断余地。③ 也正因此,有关情事变更原则的理解和法律适用,亟须厘清。

---

① 参见韩世远:"违约金散考",载《清华大学学报》(哲学社会科学版)2003年第4期。
② 参见〔德〕卡斯滕·海尔斯特尔,许德风:"情事变更原则研究",载《中外法学》2004年第4期。
③ 同上。

根据学说的一般定义并结合《合同法司法解释》（二）第 26 条，所谓情事变更原则，是指合同有效成立后，因当事人不可预见的事情的发生（或不可归责于双方当事人的原因发生情事变更），导致合同的基础动摇或丧失，若继续维持合同原有效力有悖于诚实信用原则（或显失公平）时，则应允许变更合同内容或者解除合同的法理。① 其实质究竟为何，应当对情事变更原则的历史沿革及其理论基础进行考察。

二、情事变更原则的理论基础

合同制度作用的发挥，以其"契约严守"原则为基础。可以说合同法上的所有安排均是为了践行契约，保障"契约严守"原则。正是由于"契约严守"原则的存在，使得市场交易中的当事人能够放心地根据预期授予信用，进行交易，促进流转。我国《合同法》第 8 条也对"契约严守原则"进行了确认。情事变更原则在一定意义上是对"契约严守"原则的冲击。因此，其出现具有深刻的社会根源。

对情事变更原则最早的阐述来源于德国。第一次世界大战和战后的社会发展极大地改变了人们的生活状态，许多战前签订的协议在战后的履行变得十分艰难或者不公平。例如，一战后德国通货膨胀率极高，战前一栋房屋价值 1 百万，而到了战后，1 亿的购买力才相当于战前的 1 百万。甲乙在一战前订立买卖合同，约定房价 100 万，一年以后支付，一年后一战爆发，通货膨胀。此时如果仍然按照合同约定的价款履行按照公平观念是显失公平的，通货膨胀的不可预见的风险全部由卖方承担了。因此，德国法院也意识到需要一个能够相对灵活地应对社会异常变化的法律制度，这便有了情事变更原则的出现。

除法律史上的"情事不变条款"（*clausula rebus sic stantibus*）②外，在德国法学界内，相继出现了温德沙伊德（Bernhard Windscheid）的"前提假设理论"、"经济不能理论"、奥特曼（Paul Oertmann）的"行为基础丧失"理论以及第二次世界大战后拉伦茨的"修正行为基础说"对情事变更原则在合同法理论内进行正当化。

（一）约款理论

温德沙伊德在 1850 年的论文中指出，行为人在追求特定的法律效果时，都有一定的基本认识或预期，尽管这些认识可能没有写入合同条款，如果某种认识或预期已根本性地影响了行为人的意思，并且相对人已经知悉这种预期的存在，

---

① 参见韩世远：《合同法总论》（第 2 版），法律出版社 2008 年版，第 331 页。
② 所谓"情事不变"是指，债对当事人的约束力是有条件的。当事人的关系基础在最终的履行合同义务时发生了本质性的变化，当事人可不再受其合同关系的约束。有学者认为其最早来源于 12、13 实际的"注释学派"著作《优帝法学阶梯注解》，并在普鲁士普通法和日耳曼法中都有规定。详见韩世远：《合同法总论》（第 2 版），法律出版社 2008 年版，第 332—335 页。

则当这种预期后来被证明是错误的,该行为人就不再受其诺言的拘束。① 温德沙伊德的理论事实上强调了对合同内容的解释应当从实质上探究当事人内心的真意,但过多的对当事人主观的关注无疑将影响法秩序的客观稳定性,有害交易安全。此于19世纪资本主义的发展非常不利,未被采纳。

（二）行为基础理论

奥特曼的"行为基础理论"重拾温德沙伊德的理论,进一步指出所谓交易基础是指合同缔结之际当事人对作为效果意思基础的特定情况的认识或预期。其可以是双方当事人的共同认识,也可以是一方当事人的、相对人明知其重要性而未作反对表示的认识。他指出,交易基础的自始不存在和嗣后丧失都可以引起法律行为效力的终止。拉伦茨的"修正行为基础说"则将"行为基础"区分为主观的行为基础和客观的行为基础。前者的主要问题是共同的"动机错误",后者则主要发生在"等价关系的破坏"和"目的不达"场合。拉伦茨的修正法律行为基础说一经提出,便受到多数学者的赞同而成为德国目前的通说。

（三）诚实信用原则理论

此外,在德国实务上还有认为情事变更原则乃诚实信用原则之具体化。债务人之履行义务以及债权人之履行请求权,应当依据诚实信用原则行使,因此,情事变更达于非当事人所可预想之程度,其结果强制本来契约之履行,为不道义时,债务人有契约解除权。②

（四）英美法上的"合同落空"

英美法上则经判例确立"合同落空"(frustration of contract)原则,即"合同目的不达"原则处理因客观原因造成的合同不能履行和履行显失公平的问题。通常而言,英美判例确认的导致目的不达的原因包括:特定物的灭失(destruction of a specific thing);一方当事人死亡或者丧失行为能力(death of incapacity of a party);特定时间的未发生(nonoccurence of a particular event);重大的法律变化(subsequent legal changes)等。在法律后果上,合同落空主要使得合同可得解除并且在当事人之间发生相互返还的义务。其制度基本上同大陆法上的情事变更制度具有相同的规范功能。

（五）小结

事实上,有关学者都是在双方法律行为"合意"的基础上来对情事变更原则予以正当化。通过将合同订立时的基础纳入合同内容,以其作为当事人合意的内容,并不要求当事人有明确的意识或者在合同中明确提出。因此,当合同订立的基础发生剧烈的、当事人无法预期的变动时,就相当于当事人就某些事项并未

---

① 参见〔德〕卡斯滕·海尔斯特尔,许德风:"情事变更原则研究",载《中外法学》2004年第4期。
② 参见史尚宽:《债法总论》,中国政法大学出版社2000年版,第449页。

达成合意,对合同的变更或者解除便不违反"契约严守"原则。事实上,情事变更原则同法律意思表示的撤销、变更制度一样,都是对真正意思自由的保护。亦有学者以诚信原则为基础,认为"情事变更原则为诚实信用原则的具体应用,目的在于消除合同因情事变更所产生的不公平后果"①。

在《合同法司法解释》(二)出台前,我国学说及实践对情事变更原则也是普遍承认的。我国参加的联合国《国际货物销售合同公约》(CISG)对情事变更原则(第79条第1项)做出了规定。在司法实践上,最高人民法院在对"武汉市煤气公司诉重庆检测仪表厂煤气表装配线技术转让合同、煤气表散件购销合同违约纠纷案"一案的答复中,已承认了情事变更原则。② 自此,此复函被认为是关于情事变更原则的司法解释,在一些相关判决中被法院以及当事人加以应用。③此外,在未有一般性的情事变更原则的立法时,我国《合同法》上已经存在相当的关于情事变更的特定规定,例如,不安抗辩的行使(《合同法》第68—69条),赠与合同的不履行(《合同法》第195条),租赁合同的解除(《合同法》第233条)。这些确定的法律条文实际上为情事变更原则的具体化。而在一般性案件上,我国亦有学者主张实践通过诚实信用原则(《合同法》第6条、第60条)的一般条款来解决情事变更的法律问题。可以说,没有情事变更原则的一般性规定并未影响学说和司法实践对其承认。《合同法司法解释》(二)的出台,使得情事变更原则的适用有了更为具体的构成要件及法律效果,相关争议的解决无须再诉诸诚实信用原则这样的一般条款,使得情事变更问题的解决更具可预期性和确定性。

在对情事变更原则的理解,涉及相关法律效力争议的问题,下文详述。

三、情事变更原则的适用条件

情事变更原则虽然具有根据情事的变化而衡平当事人失衡的权利义务的功能,但它毕竟是对合同效力的变更或否定,在一定程度上有碍交易安全,并会对合同法上的根本制度造成冲击,因此,在适用这一原则时,须持谨慎的态度。

(一) 情事变更原则适用的补充性

首先,需强调的是情事变更原则的补充性。它只有在具体的规范无力提供救济时才能有适用的余地。情事变更原则是在当事人的自由约定外对合同关系

---

① 参见王家福主编:《中国民法学·民法债权》,法律出版社1991年版,第394页。
② 最高人民法院法函(1992)27号。该复函指出:"就本案购销煤气表散件合同而言,在合同履行过程中,由于发生了当事人无法预见和防止的情事变更……如要求重庆检测仪表厂仍按原合同约定的价格供给煤气表散件,显失公平,对于对方由此而产生的纠纷,可依据《中华人民共和国经济合同法》第二十七条第一款第四项之规定,根据本案实际情况,酌情予以公平合理地解决。"
③ 例如,中国银行丹阳支行诉景国庆租赁合同案,梁迪华与广州市荔湾区饮食服务公司转让合同纠纷上诉案。

进行干预的措施,情事变更原则的适用不能在本质上违背当事人的自由约定。①因此,对于情事变更原则的适用首先仍需建立在对合同内容的解释上,如果当事人已经对相应的风险作出了安排并体现在合同的对待给付当中,情事变更原则就不应介入。其次,合同法上的相关具体规范也已经对一定的风险作出了安排,为保障当事人的预期,情事变更原则也不能违背合同法上的相应安排,这里就涉及情事变更原则与合同法上其他制度的关系。

(二) 情事变更原则适用的构成要件

根据《合同法司法解释》(二)第26条,可归情事变更原则的构成要件应该包括:(1)作为合同成立之基础的客观情况发生了异常变化,并且该变化非属不可抗力造成的;(2)情事的变化发生于合同成立后,合同履行完毕前;(3)情事的变更在合同订立时不可预见;(4)当事人对情事变更的发生没有过错;(5)情事变更的结果导致继续履行合同明显不公平或者不能实现合同目的。

(1)"情事"是针对合同而言的,是指作为合同基础或环境的一切客观事实,表现为社会经济形势的剧变,如国家经济政策的变化、计划变更、物价暴涨或暴跌、货币贬值等。② 何种构成"情事的变更",需就个案具体考察,因此,"情事"为不确定概念,需要通过司法实践加以类型化。德国理论上有将情事区分为"主观情事"和"客观情事"。前者为共同的动机错误。在我国,《合同法司法解释》(二)第26条将情事明确定为"客观情况",应当认为排除了合同当事人共同的"动机错误"。"错误"作为意思表示的瑕疵,仅在其构成"重大误解"时才可根据法律行为的效力制度进行撤销。这样,在我国法上当事人的共同动机错误已经有合同效力制度可以加以救济了,不必再借助情事变更原则进行处理。故而,我国法上的"情事"应当认为不包括"主观情事",它仅指一种客观事实,与当事人的主观意思无关。经过德国法上多年的实践,为判决所肯认的"情事"主要包括货币贬值、法律变动与行政行为、灾难等。

《合同法司法解释》(二)第26条明确提出了构成情事变更的客观基础需是"非不可抗力"造成的,也即不可抗力造成的客观基础的变更就不适用情事变更原则。不可抗力在我国法下是法定的免责事由,1986年颁布的《中华人民共和国民法通则》第153条规定:"不可抗力是指当事人不能预见,不能避免并不能克服的客观现象"。《合同法》第117条明确了不可抗力造成合同不能履行的可免除责任。因此,本条规定意在明确情事变更原则的适用范围,已经能够通过"不可抗力"解决的合同履行不能问题,就不宜再适用情事变更原则,以免架空"不可抗力"作为法定免责的作用。至于何者为不可抗力,何者为"情事变更",

---

① 参见〔德〕卡斯滕·海尔斯特尔,许德风:"情事变更原则研究",载《中外法学》2004年第4期。
② 参见刘凯湘、张海峡:"论不可抗力",载《法学研究》2000年第6期。

仍应具体结合个案判断。前者强调突发的事件致使合同不能履行,后者则强调客观情事的变化导致合同的履行显失公平或者造成合同目的不达。

另外,情事变更也应当同一般的商业风险进行区分。商业风险一般以市场需求与价格变化为主要特征,多是人类有意识的社会行为对社会财富和经济活动所形成的破坏性风险。商业风险多为投机性风险,根据经济学的衡量标准,既有损失的可能性也有获利的可能性。[1] 每一个加入市场交易的主体都应当认为是自愿承受商业风险的,商业风险的自愿承受是契约程序与契约内容的题中应有之意,自不得以情事变更为由要求变更或者解除合同。当然,商业风险的认定也应结合个案。例如,物价高涨实务上一般认为是商业风险,但其上涨幅度达到一定程度,致照原定数额给付将导致事实上显失公平时,就可认为是情事变更。[2]

(2) 情事的变化发生于合同成立后,合同履行完毕前。如果情事变更在合同订立当时已经存在,当事人对此情况不知情,在构成"重大误解"的情况下,可根据《合同法》第54条第1项的规定,请求人民法院或者仲裁机构变更或者撤销合同。如果当时已经明知该不利情况仍然签订合同,在没有"乘人之危"和"欺诈"存在的情况下,为当事人对自己权利义务的安排,合同的成立是以已经变更的事实为基础的,不发生情事变更的问题[3],合同法当无对其特别保护的必要。

《合同法司法解释》(二) 第26条明定情事变更原则需适用在"继续履行合同对于一方当事人显失公平或者不能实现合同目的的场合",也就限定了情事变更原则需适用在合同尚未履行完毕的场合。此为我国相当多数的学者所认可。因为合同关系消灭以后,情事无论如何变更均不再影响合同的效力。[4] 也有学者认为情事变更原则也可适用于合同履行完毕的场合。[5] 诚如德国学者梅迪库斯所言,"合同是否已经履行以及合同是如何履行的问题,也不具有法律上的重要性。我们尤其不能一般地认为:对于已经履行的合同,不能再提出交易基础受到破坏的问题。因为,受到现实损害的当事人已经履行了他的给付义务的事实,与他应该获得何种对待给付的问题,是毫无关联的"[6]。此见解与《德国民法典》第313条并未将情事变更原则的适用限定于合同尚未履行完毕的情况有关。是否将情事变更原则适用于合同履行完毕后,应当根据整个法律制度综合

---

[1] 参见刘凯湘、张海峡:"论不可抗力",载《法学研究》2000年第6期。
[2] 参见黄茂荣:《债法总论》(第2册),中国政法大学出版社2003年版,第230—231页。
[3] 参见王利明:《违约责任论》,中国政法大学出版社1996年版,第344页。
[4] 参见杨立新:《债法总则研究》,中国人民大学出版社2006年版,第100页。相同见解亦可参见韩世远:《合同法总论》(第2版),法律出版社2008年版,第339页。
[5] 参见李永军:《合同法》(第2版),法律出版社2005年版,第564页。
[6] 参见〔德〕迪特尔·梅迪库斯:《德国民法总论》,邵建东译,法律出版社2000年版,第660页。

考量。情事变更制度是为了在发生当事人不可预见的交易情况的异常变化时将当事人从不公平的合同中解放出来。在当事人已经履行完毕后，不存在要求当事人履行显失公平的问题。最多只是使得当事人在履行合同后因为情事的变化陷于重大的不利境地，尤其是可能遭受经济上的重大损失。然则，一方面这难说不是本应承担的生活风险，另一方面，合同效力的制度已经能够为一些情形提供救济。再者，当事人为全面分配风险，也可将一定的条件订入合同当中。各种商业保险、社会保险也能够对这些不利益进行救济。在合同已经履行完毕后再来重新分配当事人的风险，有时不可避免地会影响更多的第三人的利益和原本已经进行的交易，从经济效益角度上来讲，也难谓正当。因此，笔者认为我国《合同法司法解释》（二）第 26 条将情事变更原则明确限定在合同尚未履行完毕的场合，可以限制情事变更原则的适用及其对法秩序安定性的破坏，从法政策上来说，是恰当的。

（3）情事的变更在合同订立时非因当事人过错而不可预见。情事的变更须当事人在订立合同时没有预见，并且本诸情事的情况也无法预见。如果特别的情事变更为当事人所能预见，则其在此情况下订立的合同，自然应当自负其危险。在合同订立时若仅有一方当事人没有预见，则只有未预见的当事人得主张情事变更。

如果某情事变更在客观上为当事人所未预见，但本诸诚信原则，如此事变为当事人当然可得预见的，则当事人不得主张情事变更。①

另，对于情事变更，当事人虽然多少有预料，但其预料不完全时，能否就不能预料的部分主张情事变更？史尚宽先生认为，当事人于此情事之下为一定之法律行为，如欲先排除其危险，则应于法律行为附以条件，今不附以条件而径为之，则系冒险以求利，其损益均应归其承受。② 笔者赞同该见解。

（4）当事人对情事变更的发生没有过错。所谓当事人对情事变更的发生没有过错，主要是指情事的变更并非由于当事人的过错行为所造成，尤其指情事的变更并非当事人所能控制。情事变更原则建立在公平分配损失的理念之上，如果这种损失的发生可归责于双方或一方当事人，应按其过错分配风险，而不适用情事变更原则。③ 虽然《合同法司法解释》（二）第 26 条并未将此明确规定为一个要件，但其对"客观情况"的要求已经能推出情事的变更必须与当事人的过错无关，这点也可以从《合同法》第 45 条（阻止或者促成条件的成就）中获得。

与此问题相关的是迟延履行或者受领迟延期间发生情事变更，能否适用情

---

① 参见史尚宽：《债法总论》，中国政法大学出版社 2000 年版，第 453 页。
② 同上。
③ 参见李永军：《合同法》（第 2 版），法律出版社 2005 年版，第 564 页。

事变更原则？根据债法的一般原理，债务人应对发生在迟延期间的意外负责（《合同法》第117条第1款，第143条）。因此，迟延期间债务人应当承担迟延的风险，不能主张情事变更来免除自己的责任。除非情事的发生与其迟延履行没有关系。

（5）情事变更的结果导致继续履行合同明显不公平或者不能实现合同目的。此为适用情事变更原则的关键。情事变更原则是对"契约严守"的否定，仅应于例外场合发挥补充性作用，因此只有在维持合同效力在效果上显失公平或者有悖于诚实信用时，才能有其适用的余地。在这里，《合同法司法解释》（二）第26条的"不能实现合同目的"自然也须是不能实现合同目的导致了合同权利义务的明显不公平。至于何者构成"明显的不公平"，应视其保持合同效力对不利益一方所造成之负担的严重性。德国判例曾以一方当事人履行合同即遭受"经济废墟"或"生存毁灭"的结果，而另一方当事人由此而获得巨额利益为标准。[①]

（三）行使方式

有权根据情事变更合同请求变更或者解除合同的当事人，需通过诉讼方式为之。否则，可认为是当事人对合同的变更或者解除达成了意定的变更或者解除。当事人请求法院变更或者解除合同，由法院根据公平原则并结合案件实际情况作出决定。

（四）适用范围

我国《合同法司法解释》（二）第26条将情事变更原则的适用规定在合同领域。我国台湾地区"民法典"第227-2条第2款明确规定，关于情事变更原则的规定，于非因契约所生之债，准用之。笔者认为，基于同等问题同等对待的"平等原则"，在非合同场合，如果本诸事情情况，有与合同上情事变更之相同情势，应当有情事变更原则类推适用的空间。但此为法律漏洞之填补，对其的适用应当谨慎为之。

四、适用情事变更原则的法律后果

《合同法司法解释》（二）第26条明确了适用情事变更原则的法律后果——由法院基于公平原则决定对合同进行变更或者解除。有相关学者将其分为第一次效力和第二次效力。前者指在维持合同效力的基础上变更某些内容；后者指在第一次的效力不足以消除显失公平的结果时，采取消灭原合同关系的方法以

[①] 参见韩世远：《合同法总论》（第2版），法律出版社2008年版，第340页。

恢复公平。①

在合同的履行对于双方仍然有意义的场合,出于维护经济秩序的稳定以及维持合同效力的考虑,应当由法院重新平衡当事人的利益关系,使之符合诚实信用和公平原则。通常,通过给付的增减、延期或分期给付、变更给付标的以及拒绝先为给付等方式变更合同,平衡当事人利益。

在合同的履行已经没有意义或者即使变更合同亦难以实现公平的场合,法院可解除或者终止合同。具体言之,如雇佣、租赁、借贷等继续性合同,可予以终止。在这个意义上,情事变更原则可以认为是在我国缺乏对长期性债权债务关系变更、解除的特别规定缺失情况下的一个补救途径。

在有情事变更原则适用的情况下,应当认为债务人不承担债务不履行或者迟延履行的违约责任。

就情事变更原则的法律效果而言,其赋予了受不利益的一方当事人变更或者解除合同的可能性,其性质同我国《合同法》第54条规定的撤销权相似。

与其法律后果相关的问题是,当事人能否基于合意排除情事变更原则的适用？或者约定何者属于情事变更原则？就前者而言,情事变更制度的设置是针对当事人无法预见的巨大风险且当事人之间并没有约定风险的分担的情形。情事变更打破了当事人关于当事人权利义务的明确约定。如果当事人事先对于风险的分担有了明确的约定,则应当尊重当事人的意思自治。但是,如果当事人仅是笼统约定一句"任何一方不得主张情事变更",并且其合同的对待给付亦未能反映双方对此风险的安排,那么,为维护情事变更原则的保护作用,宜认定这样的约定是无效的。因为根据心理学、行为经济学的解释,人们通常有"乐观偏见"(optimistic bias): "即使了解事实的人们,也会认为与别人相比,风险对自己更不容易成为现实。这样就会出现对风险判断方面整体的过度自信。"②因此,只有使这种基于盲目乐观的关于情事变更合同排除的约款无效,才能保证每个人不会因为乐观偏见不慎放弃自己的权利。因此,关于情事变更原则的约定是否有效,仍应从合同解释的角度出发,在不违背该制度价值的基础上予以认定。

五、情事变更原则与不可抗力

在我国《合同法司法解释》(二)未出台前,为解决没有规定情事变更原则的缺陷,可思考的路径之一便是从宽解释《合同法》第117条的"不可抗力",使得"情事"能够成为不可抗力,并且,将第117条的"不能履行合同"扩张解释为"不

---

① 参见史尚宽:《债法总论》,中国政法大学出版社2000年版,第456—458页。杨立新:《债法总则研究》,中国人民大学出版社2006年版,第102页。

② 参见[美]桑斯坦:《行为法律经济学》,涂永前等译,北京大学出版社2006年版,第5页。

能履行合同以及履行合同存在重大困难",从而使得遭受情事变更不利益的一方得根据《合同法》第117条的规定主张免责。然而,这一解释一方面违背立法原意,另一方面将作为法定免责事由的不可抗力从宽解释,大大影响合同的安定性。更为重要的是,其混淆了不可抗力制度与情事变更制度的不同作用。其虽然都属不能预见、不能避免并不能克服的客观情况,但二者也存在明显的区别:其一,表现形式不同。不可抗力既可以表现为自然灾害,如地震、洪水、风暴,也可以表现为社会异常行为,如罢工、战争等,而情事变更只表现为社会经济形势的巨变,如国家经济政策的变化,计划变更,物价暴涨或暴跌,货币贬值等。其二,延续性不同。不可抗力诸现象一般具有突发性与暂时性,来得快,去得也快,如地震、洪水等,持续时间多则数十天,少则几天甚至几小时;而情事变更各因素一般具有慢发性与延续性,并自变更时起,一直延续下来,影响也一直持续,如国家政策的调整,会在很长时间内(几年甚至十几年)持续存在。其三,影响范围不同。不可抗力既影响绝对法律关系(物权关系、人身权关系、知识产权关系、继承权关系等),而导致侵权责任的免责,又影响相对法律关系即债权关系,而致违约责任的免责,而情事变更只影响相对法律关系中的合同关系。其四,法律后果不同。不可抗力是侵权和违约责任的免责事由,也能引起合同的变更和解除及引起诉讼时效中止等法律效果,而情事变更只引起合同的变更和解除。其五,直接造成的结果不同。不可抗力是已经造成他人人身和财产的损害,或合同的不能履行,而情事变更一般只是造成合同履行的显失公平,即一方必须付出高昂代价,继续按原合同内容履行对其明显不公平,只有在发生政府行为时才可能导致合同履行的不能。其六,出现不可抗力以后,当事人只要依法取得了确切证据,履行了法定的有关义务(如通知义务、防止损害扩大的义务),即可以免于承担违约责任,但在出现情事变更以后,当事人主张适用情事变更原则,必须请求法院作出裁判,而非当然导致合同的变更和解除,如果法院驳回了该当事人的请求,则该当事人仍应继续履行合同义务。

第四章 债与第三人

第一节 债与第三人概述

一、债的相对性与第三人

债的效力原则上只在债权人和债务人之间产生，这是由于债权不像物权那样具有一定的公示方式。债的相对性主要表现在以下几个方面：(1) 债的成立上的相对性，即任何人不得擅自为他人创设债权债务关系；(2) 债的效力上的相对性，主要表现为非债之关系的当事人不得享有债权承担债务；(3) 债的履行上的相对性，主要表现为债务原则上应该由债务人来履行；(4) 债务不履行所导致的违约责任承担上的相对性，即债务人只对债权人承担不履行债务的责任，不对债权人以外的任何人负债法上的责任。①

然而，债的效力的相对性，并不意味着一个债权债务关系的存在对债权人和债务人之外的所有其他人都不会产生任何法律效力。本章所讨论的便是债对第三人的效力。

这里的第三人，并非是一般意义上的第三人。主要有如下种类：

第一，同债权人有一定的法律或事实关系的第三人。比如，债权让与中的第三人是同债权人签订债权让与合同的第三人；债务承担中的第三人可以同债权人签订债务承担合同；向第三人履行的合同中的第三人同债权人之间存在对价关系；附保护第三人作用的合同中的第三人更是受到严格限制（详见下文阐述）；债权物权化中的买卖不破租赁和优先购买权所涉及同出租人签订房屋买卖合同的第三人；预告登记中的跟不动产所有权人签订买卖合同的第三人；第三人侵害债权中的第三人。在判断第三人主观故意时，也往往要考虑第三人同债权人之间的关系（比如竞争关系）。

第二，同债务人有一定的法律或事实关系的第三人。比如，债的保全中的第三人是债务人的债务人；债务承担中的第三人可以同债务人签订债务承担合同；由第三人履行给付的契约中的第三人可能同债务人存在一定的关系。

---

① 另有学者认为，债的相对性（主要是指合同）包括合同主体的相对性、内容的相对性和责任的相对性三方面。参见王利明："论合同的相对性"，载《中国法学》1996 年第 4 期。

二、债对第三人的效力

前述种种债与第三人的类型,大体上可以分别归属于债法(债的保全、债的移转、涉他合同、附保护第三人作用的合同、买卖不破租赁、优先购买权)、物权法(预告登记)和侵权法(第三人侵害债权)三个领域。尽管债与第三人的种类繁多,但债对第三人产生的效力和范围并不尽一致。

债的第三人效力在具体类型中的体现如下:(1)在债的保全中,主要表现在债权人可以对次债务人(债务人的债务人)请求给付。(2)在债的移转中,应当区分债权让与和债务承担。对于债权让与,债权人与第三人之间的债权让与合同,只需要通知债务人,便使得债务人履行给付的对象发生改变。对于债务承担,在债务人同第三人签订债务承担协议的场合,由于需要债权人的同意,故而可以看成是债权人、债务人和第三人共同对债务做出了安排,故而在债的第三人效力上说明价值不那么重大。而在债权人与第三人签订的债务承担协议的场合,由于可能涉及债务免除的问题,故而在认为债务免除是双方法律行为的场合,也要考虑债务人的意思。(3)在涉他合同中,由第三人履行给付的契约未赋予第三人以任何权利和义务,于是其并没有很大的说明价值。(4)向第三人履行给付的合同,由于直接赋予了第三人请求履行给付的权利,故而体现了债对第三人的效力。(5)附保护第三人作用的合同也由于直接赋予了第三人损害赔偿请求权,故也体现了债对第三人的效力。对于此类合同,我国现行法上尚无相应的规定。(6)买卖不破租赁和优先购买权,体现了租赁合同对于第三人的效力(租赁契约对第三人有效、承租人享有优先于一般第三人的购买权)。(7)预告登记之所以具有对抗效力,全在于债权进行了登记,故而无法直接彰显债对第三人的效力。(8)第三人侵害债权制度说明知悉债权存在的第三人对于债权负有尊重而不加以侵犯的义务。

第二节 债的保全

一、债的保全概述

(一)债的保全的概念

债的保全,是指法律为防止因债务人的财产不当减少而给债权人的债权带来危害,允许债权人代债务人之位向第三人行使债务人的权利,或者请求法院撤销债务人单方实施或与第三人实施的法律行为的法律制度。其中,债权人代债务人之位,以自己的名义向第三人行使债务人的权利的法律制度,称为债权人的代位权制度;债权人请求法院撤销债务人单方实施或与第三人实施的法律行为的制度,称为债权人的撤销权制度。

(二) 债的保全制度的意义

债权本为相对权,其效力只能及于特定的债权人和债务人,对第三人不能发生效力,债权人不得依其享有的债权而对任何第三人主张权利。但在某些特定情形下,债务人实施的与第三人有关的行为(包括作为与不作为)可能会涉及和影响债权人权利的行使与实现,这种情况下,必须让债权的效力加以适当的扩张,使债权的效力能及于第三人,这样便形成了债的保全制度。所以,法律设置债的保全制度的宗旨在于从积极的角度为债权的实现提供有效的法律保障。

债的关系成立后,债务人便负有履行债务的义务,其全部财产便成为债务履行的一般担保,民法上称之为"责任财产"。债权需要债务的适当履行才能实现,债务的履行多体现为从债务人的责任财产中分离出一定的财产给债权人,因此,债务人的责任财产的状况如何,直接关系着债权人的债权实现效率。由于责任财产不仅为某一债权人的一般担保,而且是全体债权人的债权的共同担保,因此,责任财产的减少往往害及债权人的债权实现。为保障债权实现,法律设有担保制度,包括保证、抵押、质押、留置、定金等担保方式,此为专就某一债权而设的特别担保,具有保障特定债权实现的功能,但特别担保亦有其弱点,或手续复杂,或成本较高,或担保的债的范围有限,或寻找担保人不易等。如抵押的设立一般需要当事人办理登记手续,留置权则限于特定的债权债务,保证需要保证人的同意,定金不利于资金的有效利用等。民事责任制度则是事后的救济,不具有事前担保的功能。而债的保全制度的设立对于债权的实现起着积极的保障作用,防患于未然,与债的担保制度、民事责任制度共同构成完善的债权保障体系。

我国《民法通则》没有明确规定债的保全制度,但《合同法》对合同的保全制度作出了明确的规定。

二、代位权

(一) 代位权的概念

债权人的代位权,是指当债务人怠于行使其对第三人享有的权利而害及债权人的债权时,债权人为保全自己的债权,可以自己的名义代位行使债务人对第三人的权利之权利。例如,甲欠乙货款10万元,甲同时对丙享有8万元的到期债权,但甲既不履行其对乙的债务,又不主张其对丙的债权,并且因此损害了乙的债权,使乙的债权有不能实现之危险,则债权人乙可以自己的名义行使债务人甲对于第三人丙的8万元债权,甲享有的这一权利就称为代位权。《合同法》第73条第1款规定:"因债务人怠于行使其到期债权,对债权人造成损害的,债权人可以向人民法院请求以自己的名义代位行使债务人的债权,但该债权专属于债务人自身的除外。"

债权人的代位权具有如下特点:

(1) 代位权是债权人基于其对债务人享有的债权而对债务人的债务人(也称次债务人)主张权利,体现了债的效力的扩张,是由法律直接予以规定的权利,不论当事人之间是否有约定。

(2) 代位权是债权人以自己的名义行使债务人权利的权利,而且最终是为了债权人自己的利益,而非为了债务人的利益,尽管客观上保护了债务人的利益,所以代位权不是代理权,债权人不是债务人的代理人。

(3) 债权人的代位权是债权人为保全债权而代债务人行使其权利,其行使的仍是债务人原本享有的请求权,所以代位权就其性质而言应属于请求权,而非形成权。

(4) 代位权只能通过向法院提起诉讼才能有效行使,而非直接向次债务人行使。

(二) 代位权的成立要件

1. 债务人须对第三人享有权利

债务人对于第三人的权利,为债权人的代位权的标的。债权人的代位权属于涉及第三人的权利,若债务人享有的权利与第三人无涉,自不得成为代位权的行使对象。

得代为行使的债务人的权利,必须是非专属于债务人本身的权利,专属于债务人本身的权利不得为债权人代位行使。专属于债务人自身的债权,是指基于抚养关系、扶养关系、赡养关系、继承关系产生的给付请求权和劳动报酬、退休金、养老金、抚恤金、安置费、人寿保险、人身伤害赔偿请求权等债权。

2. 债务人怠于行使其权利

所谓债务人怠于行使其权利,是指应行使并且能行使而不行使其权利。所谓应行使,是指债务人对次债务人的债权已到期,且若不及时行使该债权,则权利将有消灭或丧失的可能。例如,请求权将因时效完成而消灭。所谓能行使,是指不存在行使权利的任何障碍,债务人在客观上有能力行使其权利。所谓不行使,即消极地不作为,是否出于债务人的过错,其原因如何,则在所不问。

3. 债务人已陷于迟延

即债权人对债务人的债权已届满履行期。在债务人迟延履行以前,债权人的债权能否实现,难以预料,若在这种情形下允许债权人行使代位权,则对于债务人的干预实属过分。反之,若债务人已陷于迟延,而怠于行使其权利,且又无资力清偿其债务,则债权人的债权已经有不能实现的现实危险,此时已发生保全债权的必要。所以,代位权应以债务人陷于迟延为成立要件。

4. 有保全债权的必要

所谓有保全债权的必要,是指债权人的债权有不能依债的内容获得清偿的危险,因而有代位行使债务人的权利以便实现债权的必要。依照最高人民法院《关于适用〈中华人民共和国合同法〉若干问题的解释》(一)(以下简称《合同法司法解释》(一))第 13 条的规定,债务人怠于行使到期债权,对债权人造成损害,是指债务人不履行其对债权人的到期债务,又不以诉讼方式或者仲裁方式向其债务人主张其享有的具有金钱给付内容的到期债权,致使债权人的到期债权未能实现。依此司法解释,保全债权的必要性或给债权造成损害的判断标准是客观的而非主观的,即债权人并不需要就债务人不履行其到期债权而给债权人的债权造成损害进行实质性举证,而只需证明两个债权均已到期,且债务人未以诉讼或仲裁方式向次债务人主张债权即可,这样规定有利于债权人行使代位权。如次债务人认为债务人不存在怠于行使其到期债权的情况,则次债务人应负举证责任。

5. 债务人的债权不具有专属性

这是代位权行使的消极要件。条文根据是《合同法》第 73 条和《合同法司法解释》(一)第 12 条。后一个条款对前一个条款进行了解释。专属于债务人自身的债权是指基于身份关系(抚养、扶养、赡养、继承)的给付请求权和劳动报酬、退休金、养老金、抚恤金、安置费、人寿保险、人身伤害赔偿请求权等权利。

(三)代位权的行使

1. 行使名义:以债权人自己的名义行使

债权人的代位权的行使主体是债权人,债务人的各个债权人在符合法律规定的条件下均可以行使代位权,可做共同原告。

根据《合同法》第 73 条第 1 款的规定,债权人行使代位权,要以自己而非债务人的名义行使。

2. 行使方式:依诉行使

根据《合同法》第 73 条第 1 款的规定,债权人行使代位权,要向人民法院请求。这里涉及的是代位权和强制执行的关系。首先要指出的是,罗马法和德国民法典都没有承认债权人代位权制度,日本、我国台湾地区、意大利民法循法国立法之体例,承认了代位权制度。法国的强制执行制度不完备,故债权人的代位权制度的实益较大。并且更为重要的是,代位权制度可以避免强制执行之繁琐程序,较为简捷。[①] 但在我国,代位权的行使必须依诉进行,这使得代位权制度的简捷价值不复存在。

此外,从次债务人的角度观察,法律要求债权人要依诉行使代位权,意味着不管对于任何次债务人,其履行债务都必须经过诉讼,这无疑增加了次债务人的诉累和麻烦。对于没有代位权行使的一般债务人来讲,只要其诚信履行债务,则

---

① 参见史尚宽:《债法总论》,中国政法大学出版社 2000 年版,第 462 页。

完全可以不经过法院而完成自己的债务的履行。简言之,要求代位权的依诉行使,使得次债务人的法律地位发生了变化,就此而言较不合理。

3. 行使范围:以债权人的债权为限

根据《合同法》第73条第2款前段的规定,代位权的行使范围以债权人的债权为限。根据《合同法司法解释》(一)第21条的规定,在代位权诉讼中,债权人行使代位权的请求数额超过债务人所负债务额或者超过次债务人所负债务额的,对超出部分人民法院不予支持。可见,《合同法》第73条第2款的规定是以债权数额为标准的。

(四)代位权行使的效力

1. 对债权人的效力

(1)债权人直接受偿

一般认为,债权人代位权行使的效果直接归属于债务人。① 如债务人怠于受领,债权人可代位受领,但债务人仍有权请求债权人交付所受领的财产。然而依照最高人民法院《合同法司法解释》(一)第20条的规定,在代位权诉讼中,债权人向次债务人提起的代位权诉讼经人民法院审理后认定代位权成立的,由次债务人向债权人②履行清偿义务,债权人与债务人、债务人与次债务人之间相应的债权债务关系即予消灭。依此规定,债权人可以直接受领次债务人的清偿,这一规定突破了传统民法理论的框架,它有利于提高债权人行使代位权的积极性,也是对债权人因行使代位权的时间、精力等付出的一种回报;同时,有利于简化诉讼程序,节约诉讼成本,最大限度地发挥代位权制度的意义。

但同时也要看到,债权人直接受偿次债务人的给付,可能有损于债权的平等性,同一债务人的债权人甲很可能在债权人乙不知道债务人的债权人可以行使代位权的情况下,无声无息地行使了代位权而使自己的债务得到满足。同时,由于代位权的行使是以债权人知道债务人的相关债权的存在、到期以及债务人的次债务人是何人为前提,这种权利存在以及法律效果的直接归属,无疑使得债权人有了了解、打听债务人与他人的法律关系的动力和愿望,而这对于债务人的私法自治,无疑是很大的干涉。

此外,在其他立法例中,虽然不规定代位权行使的效果直接归属于债权人,但债权人代位受领给付物的,如与债权人之债权标的物恰好是同种类的,而发生适宜抵销的状态,则债权人可以主张抵销权;债权人因代位权的行使所支出之费用,得请求债务人偿还,若该项费用是债权人就代位受领给付物或保管上所支出

---

① 参见郑玉波著,陈荣隆修订:《民法债编总论》(修订二版),中国政法大学出版社2004年版,第297页。

② 这里的债权人,本书认为是提起或参与代位权诉讼的债权人,而非包括债务人的所有债权人。否则,这意味着如果没有所有债权人的参与则代位权诉讼是没法启动的。

的,则对该给付物有留置权。① 此两点,对于债权人行使代位权的积极性,有一定的保障作用。

(2) 债的关系的消灭

因为《合同法司法解释》(一)第 20 条将代位权行使的效果直接归属于债权人,故而代位权的行使,发生了债权人与债务人、债务人与次债务人之间的债权债务关系的消灭。

(3) 必要和有益费用请求权

对于债权人因行使代位权或受领和保管次债务人的给付而发生的必要费用和有益费用,债权人得依无因管理而向债务人请求支付。

2. 对债务人的效力

(1) 负担行使代位权的必要费用

《合同法》第 73 条第 2 款后段规定,债权人行使代位权的必要费用,由债务人负担。《合同法司法解释》(一)第 19 条规定,在代位权诉讼中,债权人胜诉的,诉讼费由次债务人负担,从实现的债权中优先支付。显然,诉讼费用是债权人行使代位权的必要费用。因此,根据前述规定,关于代位权行使中发生费用的负担,分成三种情形:第一,债权人胜诉的,诉讼费用由次债务人负担,从实现的债权中优先支付。该项规定,表面上诉讼费用由次债务人负担,但由于要从实现的债权中优先支付,且由于我国立法规定代位权的行使的法律效果直接归属于债权人,故而实际上该项费用是由债权人先支付。而这意味着法院将诉讼费用不能获得支付的风险转移给了债权人。第二,诉讼费用以外的其他必要费用,由债务人负担。第三,债权人败诉的,则诉讼费用不依司法解释进行确定,而依《合同法》第 73 条第 2 款的规定由债务人承担。而这可能意味着:尽管立法之规定人民法院可以追加债务人为第三人(《合同法司法解释》(一)第 16 条第 1 款),一般情况下法院也会将债务人列为第三人。

(2) 权利处分权受到限制

关于债务人的权利处分权,是否因代位权的行使而受到限制,有肯定说和否定说(代位权之行使不同于强制执行,债务人的处分权不应因而受到限制)。②不少学者主张肯定说,认为法律不宜一方面允许债权人行使代位权,另一方面允许债务人处分其权利,否则代位权制度可能名存实亡而没有意义。③

---

① 参见郑玉波著,陈荣隆修订:《民法债编总论》(修订二版),中国政法大学出版社 2004 年版,第 297 页。
② 参见史尚宽:《债法总论》,中国政法大学出版社 2000 年版,第 471 页。林诚二认为肯定说有使保全发挥假扣押程序作用之虞,也不利于交易安全的保护,故采否定说。参见林诚二:《民法债编总论:体系化解说》,中国人民大学出版社 2003 年版,第 412—413 页。
③ 参见史尚宽:《债法总论》,中国政法大学出版社 2000 年版,第 471 页。郑玉波著,陈荣隆修订:《民法债编总论》(修订二版),中国政法大学出版社 2004 年版,第 296 页。

(3) 未参加诉讼的债务人的地位

根据《合同法司法解释》(一)第 16 条第 1 款的规定,债权人行使代位权未将债务人列为第三人的,人民法院可能追加债务人为第三人。就理论来说,可能出现未将债务人列为第三人的情形。此时,则发生代位权的既定判决是否适用于债务人的问题,而这个问题在要求代位权的行使必须依诉进行的我国更加突出。首先,若判决债权人胜诉,则次债务人直接向债权人支付给付,此时发生债权人和债务人之间、债务人和次债务人之间的双重债务的消灭,故而可以认为判决的效力是直接及于债务人的。其次,在胜诉判决生效后,次债务人给付前,债务人是否仍然有权向次债务人请求履行,此时次债务人可否有选择履行对象(债权人或债务人)的自由?对此,本书认为,代位权诉讼的胜诉判决生效后,意味着次债务人只能向债权人为给付,这是出于维护判决的效力的考虑。当然,该问题在其他不规定代位权诉讼的效果直接归属于债权人的立法例并不会出现。因为在代位权行使效果归属于债务人的立法例,此时次债务人仍然向债务人为给付,因而不会发生前述问题。最后,若判决债权人败诉。此时得考虑债权人败诉之事由。其一,若债权人败诉是因为次债务人享有对债务人的抗辩等与债务人有关的事由的,则该判决对债务人有拘束力。为减少诉讼成本,债务人以后若向次债务人请求履行,则次债务人得以生效判决为依据拒绝履行。其二,若债权人败诉的原因是代位权不符合成立要件或因债权人的个人事由,则该败诉判决对债务人没有拘束力。

3. 对次债务人的效力

(1) 次债务人的抗辩

次债务人的地位,不因债权行使的主体(是债务人或是债权人)而有所变化。同时,债权人并不能享有优于债务人对次债务人的地位。故此,《合同法司法解释》(一)第 18 条第 1 款规定,在代位权诉讼中,次债务人对债务人的抗辩,可以向债权人主张。

(2) 负担诉讼费用。该点前已述及,在此不赘。

三、撤销权

(一) 撤销权的概念

债权人的撤销权,是指债权人对于债务人所为的危害债权的行为,可请求法院予以撤销的权利。

债权人的撤销权制度起源于罗马法,名为废罢诉权,后世许多法律都继受了它。我国《合同法》第 74 条第 1 款对撤销权进行了规定:因债务人放弃其到期债权或者无偿转让财产,对债权人造成损害的,债权人可以请求人民法院撤销债务人的行为。债务人以明显不合理的低价转让财产,对债权人造成损害,并且受让人知道该情形的,债权人也可以请求人民法院撤销债务人的行为。

债权人的撤销权兼具请求权与形成权的性质。与债权人的代位权一样,撤销权也是债的效力扩张的体现,其宗旨在于强化债权实现的保障机制,以最终实现民法的诚实信用之理念。

(二) 撤销权的成立要件

债权人的撤销权的成立要件,因债务人所为的行为系无偿行为抑或有偿行为而有不同。在无偿行为场合,只需具备客观要件即可;而在有偿行为的情况下,则必须同时具备客观要件与主观要件。

1. 客观要件

客观要件包括以下三个方面:

(1) 须有债务人减少财产的行为。所谓债务人减少财产的行为,依《合同法》第74条第1款的规定,包括放弃其到期债权,无偿转让财产和以明显不合理的低价转让财产三种情形。实践中,债务人减少财产的行为还可能有其他表现方式,如延展到期债权、放弃未到期债权而又无其他财产清偿其到期债务、以明显不合理高价购进财产、以自己的财产为他人设定担保等。最高人民法院《合同法司法解释》(二)第18条规定:"债务人放弃未到期的债权或者放弃债权担保,或者恶意延长到期债权的履行期,对债权人造成损害,债权人依照合同法第74条的规定提起撤销权诉讼的,人民法院应当支持。";第19条第3款规定:"债务人以明显不合理的高价收购他人财产,人民法院可以根据债权人的申请,参照合同法第74条的规定予以撤销。"所以,根据《合同法》和上述司法解释的规定,可以被撤销的行为类型包括如下几种:

A. 债务人放弃已到期债权;

B. 债务人无偿转让财产;

C. 债务人以明显不合理的低价转让财产且受让人为恶意;

D. 债务人放弃未到期债权;

E. 债务人放弃债权担保;

F. 债务人恶意延长到期债权的履行期限;

G. 债务人以明显不合理的高价收购他人财产。

在 C 项和 G 项的场合,何谓"明显不合理的低价"或者"明显不合理的高价"是一个在实践中难以给出明确统一的判断标准的问题。根据最高人民法院《合同法司法解释》(二)第19条的规定,实践中法院处理此类案件应当以交易当地一般经营者的判断为主要标准,同时参考交易当时交易地的物价部门指导价或者市场交易价并结合其他相关因素综合考虑,最终予以确认。一般情形下,如果转让价格达不到交易时交易地的指导价或者市场交易价70%的,可以视为明显不合理的低价;如果转让价高于当地指导价或者市场交易价30%的,一般可以视为明显不合理的高价。

（2）须债务人的行为有害债权。所谓有害债权,是指债务人实施上述减少财产的行为后,将减弱其对债权人的清偿能力,以致使债权人的债权有不能实现之虞。若债务人实施了减少财产的行为,但其他财产足以清偿债务的,就不存在对债权的危害,自无撤销之必要。

（3）债务人的行为须以财产为标的。债务人的行为,非以财产为标的者不得予以撤销,如结婚、收养或终止收养、继承的抛弃或承认、以提供劳务为目的的法律行为等,均不得作为撤销权的标的。

（4）债务人的作为须在债权成立后所为。

2. 主观要件

债务人若为无偿行为,则不考虑主观要件。在有偿行为场合,债权人撤销权的成立以债务人主观上有恶意为要件。依《合同法》第74条第1款的规定,对债务人以明显不合理的低价转让财产对债权人造成损害的,要求行使撤销权以受让人知情为要件。

（三）撤销权的行使

1. 行使方式：依诉行使

债权人的撤销权由债权人以自己的名义通过诉讼程序行使,而不得直接向债务人或第三人行使。这样规定是因为撤销权对于第三人利害关系重大,为防止债权人滥用撤销权,造成对债务人和第三人的不公平,应由法院审查撤销权的条件是否已具备。

依照《合同法司法解释》（一）第24条,债权人依照《合同法》第74条的规定提起撤销权诉讼时只以债务人为被告,未将受益人或者受让人列为第三人的,人民法院可以追加该受益人或者受让人为第三人。

各国立法都规定撤销权的行使必须依诉进行,这主要是因为"撤销权乃在撤销债务人所为之行为,由第三人取回担保之财产,实乃对于已成立之法律关系,加以破坏,使债务人与第三人间发生不应有之事态,其影响较大"。[①]

2. 行使范围：以债权人的债权为限

根据《合同法》第74条第2款前段的规定,撤销权的行使范围以债权人的债权为限。当然,在给付是不可分的情况下,则尽管债权人的债权数额低于给付的数额,仍可请求撤销,此为例外。[②]

---

① 参见郑玉波著,陈荣隆修订：《民法债编总论》（修订二版）,中国政法大学出版社2004年版,第297页。

② 同上书,第304页。

3. 行使期间:1年、5年

根据《合同法》第75条的规定,撤销权自债权人知道或者应当知道撤销事由之日起1年内行使。自债务人的行为发生之日起5年内没有行使撤销权的,该撤销权消灭。这里规定的撤销权行使期间,是除斥期间。

(四) 撤销权的效力

若撤销权经法院认定成立,则撤销权的行使产生对债权人、债务人和第三人的效力,各当事人均受其约束。详言之:

1. 对于债务人和第三人的效力

债务人的行为一旦被撤销,即自始失去法律效力(《合同法司法解释》(一)第25条第1款),尚未依该行为给付的,终止给付;已为给付的,受领人负有恢复原状的义务,即第三人因该行为而取得财产的,应返还给债务人,因标的物不存在而无法返还的,应折价赔偿;第三人如已向债务人支付了对价,第三人有权要求债务人返还。

2. 对于行使撤销权人的效力

行使撤销权的债权人有权请求受益人或受让人向债务人或向自己返还所受利益。如第三人向债权人自己返还所受利益,则债权人有义务将收取的利益加入债务人的一般财产,作为全体一般债权人的共同担保,而无优先受偿之权。

行使债权人撤销权的一切费用,系管理事务的费用,行使撤销权的人有权向债务人请求偿还。但依最高人民法院的解释,债权人行使撤销权所支付的律师代理费、差旅费等必要费用,由债务人负担;第三人有过错的,应当适当分担。

第三节 债的移转

一、债的移转概述

(一) 债的移转的概念和特征

债的移转,是指在不改变债的内容的前提下,债权或者债务由第三人予以承受。

债的移转属债的变更范畴。广义债的变更,包括债的主体、客体和内容的变更。狭义债的变更,仅指债的内容或客体的变更。现代民法所称的债的变更多指狭义而言,而将债的主体的变更分立出来,称为债的移转,法律对此设计专门的制度。

债的移转的实质是债权或债务在不同的民事主体之间的转移,亦即由新的债权人或债务人代替原债权人或债务人,使债的主体移位。

依债的移转发生的原因,可将债的移转分为因法律行为而产生的移转和因法律规定而产生的移转。前者如因合同产生的移转、因单方行为产生的移转,后者如法定继承而发生的移转、法人合并发生的移转。本书仅介绍因法律行为产生的债的移转。

(二) 债的移转的方式

因法律行为发生的移转包括以下三类方式:债权让与、债务承担、债权债务概括承受。

我国《民法通则》第91条对债的移转有所规定,但其不足之处有三:一是规定合同的转让不得牟利,这显然与市场经济的价值规律不相符合;二是规定凡合同权利、义务转移均需取得合同另一方的同意,未区分债权让与与债务承担;三是未规定债权债务转移的具体规则。《合同法》第79至第89条对合同债权债务的移转做了较为详细的规定。

二、债权让与

(一) 债权让与的概念

债权让与,是指不改变债的内容,债权人将其享有的债权转移于第三人享有。债权让与可分为一部让与和全部让与。在债权一部让与时,受让人加入到债的关系中,与原债权人共享债权。此时,原来的债即变更为数人之债。在全部让与的情况下,受让人取代原债权人成为债的关系中的新的债权人,原债权人脱离债的关系。债权让与是在不改变债的内容情况下,由第三人取代债权人的地位或加入到债的关系中,仍保持了债的同一性。因债的内容保持不变,通常情况下,债权让与对债务人并无不利,故各国民法均承认债权原则上可以让与。

债权让与是债权人处分自己债权的行为,故而属于处分行为。同时由于债权让与只需要债权人与第三人的合意便发生效力,且债权让与无须任何特定形式,故而学者多称之为"准物权契约"。[①] 同时,债权让与具有无因性,债权让与契约的效力不受债权人与接受让与的第三人之间的原因行为(比如赠与、买卖、清偿等)的效力的影响。此外,由于债权让与的标的是债权而非物权,故而债权让与中不适用善意取得制度的规定(《物权法》第106条)。因为债权不像物权具有一定的公示手段,故而受让人的善意很难证明,因此也不能类推适用善意取得制度的规定。

(二) 债权让与的成立要件

债权让与应符合以下条件:

---

① 参见郑玉波著,陈荣隆修订:《民法债编总论》(修订二版),中国政法大学出版社2004年版,第434页。

1. 须有有效存在的债权,且债权的让与不改变债的内容

债权的有效存在,是债权让与的根本前提。让与人应当保证其让与的债权有效。以不存在或者无效的债权让与他人,或者以已消灭的债权让与他人,则属于给付不能。债权让与是将已存在的债权让与第三人,而且债权的让与关系到债务人的利益,因此,让与人不得改变债的内容,既不能增加债务人的负担,也不能随意免除债务人的债务。

2. 债权的让与人与受让人应当就债权让与达成合意

债权让与是一种民事法律行为,确切地说,是一种合同行为,应当适用民法关于意思表示的规定。当事人应当具有相应的意思能力,或由法定代理人同意或者代理;意思表示应当真实;让与人对让与的债权享有处分权。

3. 让与的债权须具有可让与性

并非一切债权均可作为让与的标的,依据《合同法》第 79 条的规定,下列债权不得转让:

(1)根据合同性质不得转让的债权

这种债权是指根据合同权利的性质只有在特定当事人之间发生才能实现合同目的的权利,如果转让给第三人,将会使合同的内容发生变更。这种债权常见的有两种:其一,基于特别信任关系而必须由特定人受领的债权,例如因雇佣、委托、培训、咨询等产生的债权;其二,属于从权利的债权,例如因担保而产生的权利,从权利不得与主权利相分离而单独让与。

(2)按照当事人的约定不得转让的债权

当事人在订立合同时或者订立合同后约定禁止任何一方转让合同权利,只要此规定不违反法律的禁止性规定和社会公共道德,就具有法律效力,任何一方不得转让债权。

这里有疑问的是,债权人违背其与债务人之间的让与约定时,债权人所为的让与效力如何?此时,就债务人来看,其当然可以不理会债权人的债权让与通知,而继续向债权人为给付。需要探讨的是不知道债权人和债务人之间关于债权不得转让的约定的受让人是否可基于让与契约向债务人请求给付,其利益如何保护?本书认为,此时让与契约有效(债权人和债务人之间的约定属于内部约定,对善意的受让人没有效力),但让与通知并不对债务人产生任何影响,让与人对受让人的请求享有抗辩权。换言之,债权人和债务人之间关于债权不得转让的约定,阻却了让与通知对债务人的效力。而对于让与人所受到的损害,则由于债权人故意隐瞒其与债务人之间关于债权不得移转的约定,有违诚实信用原则,故可类推适用《合同法》第 42 条关于缔约过错责任的规定。

(3)依照法律规定不得转让的债权

这类债权是法律规定禁止转让的,常见的有三种:其一,以特定身份为基础

的债权,例如,因继承而发生的对于遗产管理人的遗产给付请求权;其二,公法上的债权,例如抚恤金债权、退休金债权、劳动保险金债权等;其三,因人身权受到侵害而产生的损害赔偿请求权。

依《合同法》的规定,债权让与不需征得债务人的同意,只要符合上述三个要件,即发生债权让与的效果。但有两点需要注意:(1)债权人需将债权让与的情况通知债务人,在债权人未尽通知义务而债务人不知债权让与的事实的情况下,当债务人向原债权人履行时,原债权人不得拒绝受领。《合同法》第80条规定:"债权人转让债权的,应当通知债务人。未经通知,该转让对债务人不发生效力。"这里的"对债务人不发生效力"是指债权人没通知债务人时,债务人仍得向原债权人履行,而不向新债权人履行,但不是指债权人与第三人的债权让与合同无效。(2)债权让与虽为债权人对其权利的处分,但权利的行使不得损害债务人的利益,债权让与给债务人造成损害的,债务人可以主张债权让与的无效或请求损害赔偿。

(三)债权让与的效力

债权让与的效力,是指因债权让与而对让与人、受让人和债务人发生的法律上的效果。

1. 对债务人与受让人之间的效力

(1)当债权转移至受让人时起,受让人便成为债务人的新债权人,债务人因此成为受让人的债务人。债权人转让债权的,受让人取得与债权有关的从权利,但该从权利专属于债权人自身的除外。

(2)凡债务人得对抗原债权人的一切抗辩,均可用于对抗受让人。但法律另有规定或当事人另有约定的除外。

(3)债务人可以行使抵销权,即:如债务人对让与人享有债权,并且债务人的债权先于转让的债权到期或同时到期的,债务人可以向受让人主张抵销,进而使债务人对受让人的债务归于消灭。

2. 债务人与让与人之间的效力

在让与人(债权人)与债务人之间,因债权让与的通知,二者完全脱离关系。让与人不得再受领债务人的给付,债务人也不得再向让与人履行原来的债务。

这里的让与通知,是将让与之事实告知债务人,故性质上属于观念通知。根据《合同法》第80条第2款的规定,债权人转让权利的通知不得撤销,但经受让人同意的除外。《合同法》第80条对于谁为让与通知人未作明确规定。当然,根据《合同法》第80条第1款前段的规定,即"债权人转让权利的,应当通知债务人",便解释认为只能由债权人通知债务人而完全否定受让人在通知上的作用,则可能与立法例不符①,实际上也显得过分僵化。当然,为了保障债务人获得特别可靠的知悉②进而达到保护债务人的目的,则应在让与通知的效力上对债权人所为的让与通知和受让人所为的让与通知有所区分。具体言之,德国和我国台湾地区的立法上都规定③,债权人为让与通知后,即使未为让与或让与无效,则如果债务人已因该项通知,与受让人发生清偿、抵销或其他免责事由的,则这些事由均属有效。学说称之为表见让与。④ 但表见让与之效力,只有在债权人为让与通知时才具有。我国立法未对表见让与进行规定,在司法实践中可以参考学理主张。

3. 让与人与受让人之间的效力

(1) 所让与的债权由原债权人(让与人)移转于受让人。原债权人脱离债的关系,受让人取代让与人而成为债权人。

(2) 让与人对受让人负有使其完全行使债权的义务,故其应将所有足以证明债权的一切文件交付给受让人。

(3) 为使受让人实现债权,让与人应将其关于主张该债权所必要的情形,告知受让人。例如保证人住所、履行方法等。

(五) 债权让与与部分履行

根据《合同法》第79条的规定,则债权人可以将部分债权(须以给付是可分的为前提)转让给第三人。此时,对于已让与部分,债务人需向受让人清偿,而对于未让与部分,则债务人仍需要向原债权人清偿。这样相对于原来的履行相比,无疑意味着债务人必须为部分履行,而这会增加债务人的履行费用和麻烦,对债务人产生不利影响或造成损害。在此种情形下,应该赋予债务人享有对债权人因其为债权让与行为而多支出的费用进行赔偿的权利。

(六) 二重让与

这里的二重让与是指债权人甲先将其对乙债权让与给丙,后又将该债权让与给丁的情形。由于债权让与的效力在债权让与契约成立时便产生,故而在甲丙之间的契约成立时,甲对乙的债权便归属于丙,故而其和丁之间的债权让与契约无效。

---

① 我国台湾地区"民法典"第297条明确规定:"债权之让与,非经让与人或受让人通知债务人,对于债务人不生效力。但法律另有规定者,不在此限。受让人将让与人所立之让与字据提示于债务人者,与通知有同一之效力。"《德国民法典》第409、410条的规定,虽然没有明确规定受让人可得作为让与通知人,但若受让人向债务人出示债权人制作的让与证书的,则发生让与通知的效力。

② 参见〔德〕迪特尔·梅迪库斯:《德国债法总论》,杜景林、卢谌译,法律出版社2004年版,第563—564页。

③ 参见《德国民法典》第409条第1款,台湾地区"民法典"第298条第1款。

④ 参见郑玉波著,陈荣隆修订:《民法债编总论》(修订二版),中国政法大学出版社2004年版,第442—443页。

与此相关的是债权让与通知的效力。债权让与通知的主要效力是针对债务人,债权人或受让人是否为通知行为,只对债务人产生影响。换言之,债权人和受让人签订合同后,债务人未接收到任何债权让与的通知的,受让人照样获得所转让的债权,之后若债务人向债权人给付、债权人进行了受领,则受让人对于债权人有不当得利请求权。

三、债务承担

(一) 债务承担的概念

债务承担,是指不改变债的内容,债务人将其负担的债务转移于第三人负担。

债务转移可以是全部转移,也可以是部分转移。在债务全部转移的情况下,债务人脱离原来的合同关系而由第三人取代原债务人的地位,原债务人不再承担原合同中的责任。因此人们通常将债务的全部转移称为免责的债务承担。在债务部分转移的情况下,原债务人并没有脱离债的关系,而第三人加入债的关系,并与债务人共同向同一债权人承担债务,此种方式也称为并存的债务承担。

债务承担的方式,可以是债权人与承担人之间签订债务承担契约,也可以是债务人与承担人之间签订债务承担契约。两种方式对于债务承担的成立要件有些微影响。

债务承担是第三人对原存债务的承受。能够引起债务承担的原因,有直接基于法律规定的,如我国《继承法》第 33 条规定,继承遗产应当清偿被继承人依法应当缴纳的税款的债务;有基于单方法律行为的,如附有义务的遗赠,在遗赠发生效力时,即同时成立债务承担。但引起债务承担的最为常见的原因,是依第三人与债务人之间订立债务承担的合同。

此外,要注意区分债务承担和履行承担。履行承担是第三人与债务人约定,由第三人履行债务人的债务的契约。比如,乙欠甲 100 元,乙的朋友丙和乙签订协议,协议规定丙要清偿乙欠甲的 100 元债务。履行承担中,第三人仅与债务人之间有法律关系,其负有清偿债务人的债务的义务;而在债务承担中,第三人加入既存的债务关系之中,成为债务人(之一),其对债权人负有清偿债务的责任。[①] 当然,如果债权人同意了债务人和承担人之间的契约,则履行承担可能转变成债务承担。同时要注意的是,前例中并不成立"向第三人履行给付的契约"[②],因为此时债权人甲并不获得独立的履行请求权;当然,若债务人和第三人

---

① 参见郑玉波著,陈荣隆修订:《民法债编总论》(修订二版),中国政法大学出版社 2004 年版,第 458—459 页。

② 请参见本章第四节。

明确在契约中约定债权人取得独立的履行请求权,则可认为成立"向第三人履行给付的契约"。①

(二) 债务承担的成立要件

1. 须有可转移的债务

债务的可转移性,是债务承担的前提条件。依照当事人的约定或法律规定或根据债的性质不能转移的债务,不能转移于他人。此点可参照债权让与中"债权的可转移性",因为二者是对应的。

2. 债务承担应当经债权人同意

债务承担通常是在债务人与第三人之间达成协议,并经债权人同意,将债务转移给第三人承担。我国《民法通则》(第91条)及《合同法》(第84条)均规定,债务人将合同的义务全部或者部分转移给第三人的,应当经债权人同意。因债务转移于第三人,承担人的信誉、履约能力及财产状况都会对债权的安全发生影响,故债务人与承担人订立的债务承担合同,非经债权人的允诺,对于债权人不发生效力。这是各国民法的通例。

对于债权人与债务人之间签订的债务承担协议,则由于债权人签订债务承担协议本身就表明其已同意债务承担,故而无须债权人另外的同意。这里值得探讨的是,在债权人和第三人签订免责或并列的债务承担协议时,是否需要经过债务人的同意?本书认为,若债权人和第三人签订免责的债务承担,实际上是通过债权人和第三人之间的法律行为间接地免除了债务人的义务,其是否要经债务人的同意,则取决于对免除的法律性质的认识。② 若认为免除是双方法律行为,则此时需要经过债务人的同意。若债权人和第三人签订并存的债务承担,其实质是第三人为债权的实现提供担保,而并不免除债务人的债务,故而此时无须债务人的同意。

(三) 债务承担的效力

债务承担的合同生效后,产生如下效力:

1. 免责的债务承担

(1) 债务人脱离原债权债务关系,而由承担人直接向债权人承担义务。

(2) 原债务人基于债的关系所享有的对于债权人的抗辩权移归承担人。《合同法》第85条明确规定:"债务人转移义务的,新债务人可以主张原债务人对债权人的抗辩。"需要注意的是,承担人和原债务人之间的原因法律关系所产生的一切抗辩事项,承担人均不得援用之以对抗债权人。

---

① 参见郑玉波著,陈荣隆修订:《民法债编总论》(修订二版),中国政法大学出版社2004年版,第459—460页。

② 参见本书第五章。

（3）从属于主债务的从债务，也一样转移于承担人，例如，利息或违约金等。

（4）债的担保消灭。债务承担未取得保证人同意的，保证人的保证责任消灭。《合同法》第86条同时规定："债务人转移义务的，新债务人应当承担与主债务有关的从债务，但该从债务专属于原债务人自身的除外。"其中"专属于原债务人"的从债务就是针对他人为原债务人提供保证的情况。

2. 并存的债务承担

（1）债务人和承担人间的法律关系。在并存的债务承担中，债务人和承担人之间对于债权人的债权成立连带债务，债务人和承担人之间关于承担的债务份额的内部约定不得对抗债权人。当然，根据私法自治的原则，债权人有其他同意除外。之所以推定债务人和承担人之间成立连带债务，主要是基于如下考虑：假如认为债务人和承担人之间成立按份之债，则无疑会增大债权人实现债权的风险，并且同原来的债务相比，意味着债权人的债权被分割了而必须接受部分履行。① 而这显然不利于债权人。当然，债权人也很难同意这种债务承担。

（2）债的担保。在并存的债务承担中，由于原债务人并没有脱离债的关系，故债的担保继续存在而不消灭。

四、债权债务的概括承受

（一）概括承受的概念与特征

债的移转，除了单纯的债权让与和单纯的债务承担外，还可以由债的当事人将债权债务概括地转移于第三人。债权债务的概括承受是债权债务的承受人完全代替出让人的法律地位，成为债的关系的新的当事人。

由于债权让与和债务承担只是单纯地转移债权或债务，新的债权人或债务人并非原债的当事人，故与原债权人或原债务人的利益不可分离的权利，如撤销权、解除权，并不转移于受让人或承担人。而在债权债务概括承受的情况下，债权债务的承受人完全取代原当事人的法律地位，成为债的关系的当事人，因此，依附于原当事人的全部权利义务，均移转于承受人。

（二）概括承受的类型

债权债务的概括承受可分为两种情况，一是合同承受，二是企业合并。

1. 合同承受

（1）合同承受的概念

合同承受，是指一方当事人与他人订立合同后，依照其与第三人的约定，并经对方当事人的同意，将合同上的权利义务一并转移于第三人，由第三人承受自己在合同上的地位，享受权利并承担义务。

---

① 关于多数人之债，参见本书第六章。

合同承受也可因法律的规定发生。例如我国《合同法》第229条规定:"租赁物在租赁期间发生所有权变动的,不影响租赁合同的效力。"这就是说,出租方将财产所有权转移给第三方时,租赁合同对财产新的所有方继续有效。

(2) 合同承受的生效要件

第一,须有有效的合同存在。

第二,承受的合同须为双务合同。只有在双务合同中才有权利义务并存的情况,才能发生债权债务的概括承受。

第三,须原合同当事人与第三人达成合同承受的合意。

第四,须经原合同相对人的同意。《合同法》第88条明确规定:"当事人一方经对方同意,可以将自己在合同中的权利和义务一并转让给第三人。"因此,在合同的对方当事人不同意时,合同的承受不生效力。

(3) 合同承受的效力

合同承受的效力主要在于承受人取得原合同当事人的一切权利与义务,原合同当事人即脱离合同关系。

2. 企业合并

企业合并,是指原存的两个或两个以上的企业合并为一个企业。我国《公司法》第184条规定的公司合并包括两种情形:一为吸收合并,即一个公司将原存的其他公司吸收为自己的一份,被吸收的公司解散;二为新设合并,即两个以上的公司合并成立一个新的公司,合并各方解散。其他企业的合并通常也表现为这两种形式。

企业之间的合并或兼并,是市场经济中的一种常见的现象。无论企业合并的原因是什么,合并活动都会对合并前企业所享有的债权和负担的债务发生影响,为了保证相对人合并企业的利益,法律规定在此种情况下,发生债权债务移转的法律效果。为此,《民法通则》第44条及《合同法》第90条均专门规定,当事人订立合同后合并的,由合并后的法人或者其他组织行使合同权利、履行合同义务。

企业的合并属于企业的变更,须经过企业变更登记方为有效。企业合并后,原企业债权债务的移转,无须征得对方当事人的同意,仅依合并后企业的通知或公告,即对债权人发生法律效力。

第四节 涉他契约

一、涉他契约概述

涉他契约是指涉及第三人的契约。包括向第三人履行给付的契约和由第三人履行给付的契约。前者是指契约双方约定债务人向第三人履行给付的情形,后者是指契约双方约定由第三人向债权人履行给付的契约。《德国民法典》和《日本民法典》都仅规定向第三人履行给付的契约而没有规定由第三人履行给付的契约;瑞士债法和我国台湾地区"民法典"同时规定了两者。我国立法关于涉他契约的规定是《合同法》第64条和65条。在规定向第三人履行给付的契约的立法例中,有同时规定利他合同和不真正利他合同的,比如德国;也有只规定利他合同而没有规定不真正利他合同的,比如日本和我国台湾地区"民法典"。①

涉他契约是属于合同的履行问题还是属于合同的效力问题？对此有不同的立法例。我国台湾地区"民法典"将之置于债的效力(台湾地区"民法典"第二编债第一章通则第三节债之效力第269条),而《合同法》则将之置于合同的履行部分(《合同法》第四章债的履行之第64条、65条)。此外,有的学者认为在立法结构上,我国可以在第三章合同的效力规定利他合同,而在第四章合同的履行规定不真正利他合同,而无须照搬《德国民法典》的做法,在"向第三人履行给付的约定"的标题下将利他合同和不真正利他合同统一进行规定。② 换言之,不真正利他合同是合同的一种特殊履行方式而利他合同则属于合同的效力问题。③

本书认为,将涉他契约置于债的效力中来讨论,意味着关注的焦点是涉他契约是否有效以及对谁有效的问题,其侧重的是涉他契约与债的相对性的问题;而将涉他契约置于债的履行中来讨论,则意味着在承认涉他契约的效力的基础上,关注的焦点转为债的履行问题以及债务不履行带来的责任承担问题。当然,债的履行是债的效力的内容之一,故而特意强调涉他契约在体例上是属于债的效力还是属于债的履行范畴,并无多大实益。

二、向第三人履行给付的契约④

(一) 历史发展

在罗马法,由于债具有严格的人身属性,于是形成了"不得为他人缔约"的规则。该规则的存在,使得罗马法上对涉他契约持谨慎态度。有学者指出,罗马

---

① 有学者指出,日本和我国台湾地区的立法,将德国语境中包含两种不同类型的"向第三人履行的约定"简化成"利他合同",从而简单化处理甚至回避处理在向第三人履行给付的契约中如何判断第三人是否取得履行请求权这一核心问题。参见薛军:"论《中华人民共和国合同法》第64条的定性与解释——兼与'利他合同论'商榷",载《法商研究》2010年第2期(总第136期)。
② 参见薛军:"利他合同的基本理论问题",载《法学研究》2006年第4期。
③ 参见薛军:"'不真正利他合同'研究——以《合同法》第64条为中心而展开",载《政治与法律》2008年第5期。
④ 也有学者反对严格区分"利他合同"的概念和"向第三人履行的合同"的概念。参见薛军:"论《中华人民共和国合同法》第64条的定性与解释——兼与'利他合同论'商榷",载《法商研究》2010年第2期(总第136期)。本书这里的"向第三人履行给付的契约"是取广义上的含义,包括利他合同和不真正利他合同。

法上,实质上是承认"不真正利他合同",其所不承认的是第三人可以基于他人为其利益订立的合同而获得针对债务人的直接的履行请求权。① 在以格劳秀斯为代表的自然法学思想的影响下,欧洲共同法认为在第三人接受的情况下,利他合同是有效的。之后到了《德国民法典》,则完全突破了自然法时期的观点,完全承认了利他合同的效力(无须再以第三人同意为前提)。

(二) 利他合同

《德国民法典》第328条第1款规定,在利他合同中,第三人享有针对债务人的直接的履行请求权。我国台湾地区"民法典"第269条第1款也有类似的规定。② 利他合同的一个显著的标志是第三人直接取得请求债务人向自己履行的权利,债权人同时享有请求债务人向第三人履行的权利③;由此观之,我国《合同法》第64条和第65条由于并没有赋予第三人以独立的、直接的履行请求权,故而其不属于利他合同。当然,也有学者反对以境外立法例和学说确定的标准(即只有赋予第三人独立请求权的合同才是利他合同)而得出我国《合同法》第64条不是利他合同的观点,其认为为第三人利益的合同不一定赋予第三人直接的给付请求权,突破合同的相对性与否亦非认定这种合同类型的标准。④ 此外,也有学者从法律解释的角度,认为《合同法》第64条非但未否定第三人的履行请求权,且其文义可以容纳第三人权利;通过体系解释、法益解释、比较法解释,可以且应该肯定第三人履行请求权。⑤

本书认为,任何法律概念都有其相对稳定的内涵和外延,因此在没有充分的理由的情况下,不宜赋予同一法律概念以不同的内容,否则对于法律交流、法律研习等都会造成一定的不便。因此,本书也不认为《合同法》第64条规范了利他合同。

此外,值得一提的是,利他合同中,债权人、债务人和第三人之间存在不同的法律关系:债权人和债务人之间的法律关系被称为抵偿关系,该关系说明为何债务人愿意向第三人履行给付;债权人与第三人之间的法律关系被称为对价关系,对价关系解释了为何债务人基于其与债权人之间的抵偿关系而却向第三人履行给付,亦即为何债权人希望债务人向第三人履行给付;债务人和第三人之间并不

---

① 参见薛军:"利他合同的基本理论问题",载《法学研究》2006年第4期。
② 该款规定:"以契约订定向第三人为给付者,要约人得请求债务人向第三人为给付,其第三人对于债务人,亦有直接请求给付之权。"
③ 参见尹田:"论涉他契约——兼评《合同法》第64条、第65条之规定",载《法学研究》2001年第1期。
④ 参见崔建远:"为第三人利益合同的规格论——以我国《合同法》第64条的规定为中心",载《政治与法律》2008年第1期。
⑤ 参见韩世远:"试论向第三人履行的合同——对我国《合同法》第64条的解释",载《法律科学》2004年第6期。

存在合同关系,并且债务人可能并不知道债权人和第三人间的对价关系为何。①利他合同有利于简化债权人、债务人和第三人之间的法律关系。比如,甲和乙订立买卖50本民法教材的合同,双方约定由乙直接向丙给付,丙也取得对乙的直接履行请求权。而之所以甲要求乙对丙给付,是因为甲和丙间存在着买卖50本同种类民法教材的合同。此时,若不承认利他合同,则乙要先把50本教材运送到甲处,甲再把该50本教材运送到丙处。如此显然复杂化了三个人之间的法律关系,也不符合当事人之间的意思(比如,在乙和丙的住所地只相隔100米、乙和甲的住所地相隔5000米、甲和丙的住所地相隔5000米的情况下)。

(三) 不真正利他合同

《德国民法典》同时规定了利他合同(第328条第1款)和不真正利他合同(第329条)。正是由于《合同法》第64条的规定未赋予第三人独立的给付请求权,故而在解释论上第64条规范的对象是"不真正利他合同"。② 利他合同和不真正利他合同之所以在第三人是否有独立的给付请求权的问题上有所差异,主要是因为两种具有完全不同的法律上的原因结构:在不真正利他合同中,第三人虽然是以自己的名义受领履行,但是其是为了债权人而非自己的利益而受领履行的,第三人只是履行受领人而没有获得"财产给予",即只发生债权人和债务人之间的"财产给予";而在利他合同中,一次履行行为同时发生了第三人和债务人之间、第三人和债权人之间两次的"财产给予"。③ 据此也可以看出,在利他合同中,第三人享有给付请求权和给付受领权,但在不真正利他合同中,第三人只享有给付受领权。

《合同法》第64条规定,当事人约定由债务人向第三人履行债务,债务人未向第三人履行债务或者履行债务不符合约定的,应当向债权人承担违约责任。该条规定的是债务人的违约责任问题。这里需要探讨的是,假设债务人向第三人为给付,但第三人拒绝受领,此时债权人是否对债务人构成受领迟延?本书认为,不真正合同的第三人是债权人的履行受领人,在第三人无任何抗辩存在而拒绝受领时,债权人成立受领迟延④,应承担相应的责任。

三、由第三人履行给付的契约

《合同法》第65条规定,当事人约定由第三人向债权人履行债务,第三人不

---

① 参见〔德〕迪特尔·梅迪库斯:《德国债法总论》,杜景林、卢谌译,法律出版社2004年版,第582—583页。
② 参见薛军:"'不真正利他合同'研究——以《合同法》第64条为中心而展开",载《政治与法律》2008年第5期。
③ 同上。
④ 关于受领迟延,参见本书第七章第六节。

履行债务或者履行债务不符合约定的,债务人应当向债权人承担违约责任。该条规定了由第三人履行给付的契约。

需要特别指出的是,根据私法自治的原则,由第三人履行给付的契约,对第三人是没有任何效力的,亦即第三人不负有清偿债务的义务,这是显而易见的。① 这种显而易见,一定程度解释了为什么《德国民法典》和《日本民法典》都没有规定由第三人履行给付的契约。而对于向第三人履行给付的契约,是基于债权人和债务人双方意思表示的合致,故而并没有违背债务人和债权人的私法自治。而对于第三人,需要探讨的是其是否有接受履行的义务?对此,根据私法自治的原则,不宜要求第三人有必须接受履行的义务。当然,若第三人行使了履行请求权,则其有接受履行的义务。可见,向第三人履行给付的契约在赋予第三人给付请求权的同时,更规范了债务人,要求债务人必须向第三人履行债务,债务人对第三人所为的给付也具有消灭债的效果。

四、附保护第三人作用的契约

附保护第三人作用的契约是德国法上特有的制度,其主要目的在于保护因债务人的瑕疵履行②受到损害而对于合同没有独立请求权的第三人。据此,可以看出就第三人损害赔偿权的赋予而言,附保护第三人作用的契约是对向第三人履行给付的契约的一种补充。换言之,附保护第三人作用的契约和向第三人履行给付的契约的差别在于:在前者,第三人没有履行请求权但有损害赔偿请求权,在后者,第三人同时具有履行请求权和损害赔偿请求权(损害赔偿请求权是履行请求权的逻辑必然)。③

需要特别指出的是,附保护第三人作用的契约带来的直接后果是债务人因瑕疵履行而负担损害赔偿义务的可能性的增加,第三人越多,可能性越大,故而为更好地保证债务人的私法自治,应该对"第三人"进行严格的限制。德国法上对此的限制表现在以下要件的要求:第三人必须被置于与债权人自身同样程度的给付障碍风险之中;债权人必须对保护第三人具有特别的利益;第三人必须能够为债务人所辨识。④

---

① 在有第三人履行给付的契约中,说明债权人和债务人已就债务履行人达成合意,故而债务人不得单方拒绝该第三人之履行。此外,由于双方已就债务履行人达成合意,是否意味着双方因此排除了其他第三人所为的履行,进而也就排除了第三人履行(关于第三人履行,参见本书第三章第二节)的成立?换言之,由第三人履行给付的契约中是否存在第三人履行的可能。本书认为,第三人履行中债务人拒绝一般应以明示为之(参见本书第三章第二节),故而第三人履行给付的契约中仍旧存在第三人履行的可能。
② 关于瑕疵履行,请参见本书第七章第四节。
③ 参见〔德〕迪特尔·梅迪库斯:《德国债法总论》,杜景林、卢谌译,法律出版社2004年版,第590—591页。
④ 同上书,第592—595页。

第五节 债权物权化

一、买卖不破租赁[①]

《合同法》第 229 条规定:租赁物在租赁期间发生所有权变动的,不影响租赁合同的效力。比如,甲承租乙的房子,租赁期间是 2010 年 2 月到 2011 年 10 月。在 2010 年 4 月,房价大跌,乙害怕房价继续下跌,便将房子出卖给丙。此时,房屋所有权虽然由丙享有,但是租赁合同的效力不受影响,亦即甲仍旧可以租赁合同为依据而继续居住在该房子里。

"买卖不破租赁"的规则,是为了保护承租人的利益。我国台湾地区"民法典"对该规则的规定,体现在"民法典"第 425 条,即:"出租人于租赁物交付后,承租人占有中,纵将其所有权让与第三人,其租赁契约,对于受让人仍继续存在。前项规定,于未经公证之不动产租赁契约,其期限逾五年或未定期限者,不适用之"。通过对比可以发现,台湾地区立法通过"出租人"(主体)、"租赁物交付后,承租人占有中"(公示)和第 2 款的规定来限制该规则的适用。同时通过"交付、占有"的公示方式为"买卖不破租赁"寻找正当化根基。此外,台湾地区"民法典"第 426 条规定,出租人就租赁物设定物权,致妨碍承租人之使用收益者,准用第 425 条之规定。由于"买卖不破租赁"是债的效力相对性规则的一个例外,为此要限制其适用范围而防止其滥用。基于该项认识,首先,应该对这里的"租赁期间"进行限缩解释,仅指租赁合同的履行期间,亦即排除合同订立至履行前的期间。[②] 其次,关于"发生所有权变动"的理解。所有权变动的方式有很多:有公法行为(比如强制征收)、有双方法律行为(比如买卖契约)、有单方法律行为(比如遗嘱)。要意识到,并非所有的"所有权变动"都有该规则的适用空间。再次,关于"租赁物"的理解。原则上应该认为仅包括不动产。复次,关于"出租人"的理解。台湾地区立法例要求签订出卖租赁物契约的主体,必须是出租人;因此在出租人不是所有权人的情况下,租赁契约不得对抗与所有权人签订买卖契约的受让人。本书认为,这样的规定容易使得"买卖不破租赁"的规则被规避掉,所有权人只要通过找个代理人,便可以规避掉该规则。因此,应认为只有在所有权人事实上不了解租赁合同存在而将租赁物出卖给他人时,才可排除

[①] 也有文章对"买卖不破租赁"提出了质疑,认为对买卖不破租赁的科学理解应该是基于买卖而取得的所有权不得对抗基于租赁而获得的"使用收益权"。所有权和"使用收益权"均为物权,成立在先的物权优先于成立在后的物权,限制物权的效力优先于所有权。故而承租人在租赁合同履行后所享有的"使用收益权"自然就优先于在这期间第三人基于买卖合同而取得的所有权。参见章杰超:"对所谓'债权物权化'的质疑",载《政法论坛》2006 年第 1 期。

[②] 参见张华:"我国租赁权对抗力制度的不足与完善",载《法学评论》2007 年第 2 期。

该规则的适用。最后,对"不影响租赁合同的效力"的理解。这里所要表达的其实是在承租人和受让人之间仍然存在租赁合同关系,出卖人的出租人地位由买受人继承,故而表述为"不影响租赁合同的效力"则未免不够明确。另外,参见《德国民法典》第566条第2款的规定不难看出,受让人不履行义务的,出租人对须由受让人赔偿的损害负责任。

关于租赁关系的物权化,还体现在《担保法司法解释》第65条和《物权法》190条前半句规定的租赁关系不受抵押权设立的影响。

二、优先购买权

我国民事立法对优先购买权的规定,主要有承租人的优先购买权(《民通意见》第118条、《合同法》第230条)①和按份共有人的优先购买权(《民法通则》第78条第3款、《物权法》第101条)②。承租人的优先购买权同"买卖不破租赁"一样,是出于对承租人的保护和照顾。按份共有人的优先购买权,则是出于对物的经济效用最大化考虑。而体现债权物权化的,是承租人的优先购买权。这是因为承租人的优先购买权原本是基于租赁契约而享有的,其本质上是种请求权。但其具有一定的物权效力表现在对优先购买权的违反使得受让人承担一定的不利后果,亦即"出租人未按此规定出卖房屋的,承租人可以请求人民法院宣告该房屋买卖无效"。当然,房屋买卖合同被确定无效之后,受让人可以要求出让人承担缔约过错责任。

值得探讨的是,承租人的优先购买权和按份共有人的优先购买权的关系。仔细观察立法条文则不难发现,承租人的优先购买权针对的是房屋,而按份共有人的优先购买权针对的是(共有)房屋的份额,因此,两者不会发生冲突。

三、预告登记

《物权法》第20条规定:当事人签订买卖房屋或者其他不动产物权的协议,为保障将来实现物权,按照约定可以向登记机构申请预告登记。预告登记后,未经预告登记的权利人同意,处分该不动产的,不发生物权效力。预告登记后,债权消灭或者自能够进行不动产登记之日起3个月内未申请登记的,预告登记失效。在此,原本债权并没有对抗第三人的效力,但经过预告登记之后,则取得了

---

① 《民通意见》第118条规定,出租人出卖出租房屋,应提前3个月通知承租人,承租人在同等条件下,享有优先购买权;出租人未按此规定出卖房屋的,承租人可以请求人民法院宣告该房屋买卖无效。《合同法》第230条规定:出租人出卖租赁房屋的,应当在出卖之前的合理期限内通知承租人,承租人享有以同等条件优先购买的权利。

② 《民法通则》第78条第3款规定:按份共有财产的每个共有人有权要求将自己的份额分出或者转让。但在出售时,其他共有人在同等条件下,有优先购买的权利。《物权法》第101条规定:按份共有人可以转让其享有的共有的不动产或者动产份额。其他共有人在同等条件下享有优先购买的权利。

对抗第三人的效力。可见,这里并不是说立法直接赋予债权本身物权的对抗第三人的效力,更精确的表达是债权因为通过了登记而具有了对抗第三人的效力,是登记制度而非其他东西使得债权具有对抗第三人的效力。

第六节　第三人侵害债权

一、第三人侵害债权概述

《民法通则》第 5 条规定,公民、法人的合法的民事权益受法律保护,任何组织和个人不得侵犯。《侵权责任法》第 2 条第 1 款也规定,侵害民事权益,应当依照本法承担侵权责任。债权和物权同属于财产权,对此并无疑义。因此尽管《侵权责任法》第 2 条第 2 款没有列举债权,但根据前述两条文的根据,可见债权也具有不可侵犯性,侵害债权的,要承担侵权责任。我国《合同法》第 121 条的规定[①],是对债的相对性的一种强调,是对违约责任承担主体的一种限制,并不能据此就认定我国立法明确排除第三人侵害债权制度的存在。[②]

关于第三人侵害债权同债的相对性的关系,有不同的看法。有观点认为,第三人侵害债权制度建立的主要障碍是债的相对性,故而该制度是对债的相对性的突破。[③] 也有观点认为,第三人侵害债权制度同债的主体的相对性、债的效力的相对性和违约责任的相对性是并行不悖而没有矛盾的。[④] 本书认为,债的相对性效力,解决的是债权人和债务人之间的内部关系,而第三人侵害债权,解决的是债权人和第三人直接的关系,其依据是权利的不可侵犯性。故而两者原则上并不互相冲突。但由于债的关系具有相对性且债权缺乏公示手段,故而第三人往往通过对债务人施加影响而实施侵权行为,且在主观上要求要具备故意。

二、构成要件

在法国,第三人侵害债权制度的规范依据是《法国民法典》第 1382 条,即:"任何行为使他人受损害时,因自己的过失而致行为发生之人对该他人负赔偿的责任"。[⑤] 在德国,第三人侵害债权制度的规范依据是《德国民法典》第 826 条的规定:"以违反善良风俗的方式,故意地加损害于他人的人,负有向该他人赔

[①] 该条规定:当事人一方因第三人的原因造成违约的,应当向对方承担违约责任。当事人一方和第三人之间的纠纷,依照法律规定或者按照约定解决。

[②] 有观点认为该条规定排除了第三人侵害债权制度的建立。参见朱晓喆:"债之相对性的突破——以第三人侵害债权为中心",载《华东政法学院学报》1999 年第 5 期(总第 6 期)。

[③] 参见王亚宁:"对第三人侵害债权的见解",载《法学论坛》2006 年第 4 期。

[④] 参见孔东菊:"论第三人侵害债权与合同相对性的关系",载《法学杂志》2005 年第 2 期。

[⑤] 参见王亚宁:"对第三人侵害债权的见解",载《法学论坛》2006 年第 4 期。

偿损害的义务"。在我国台湾地区依据的是"民法典"第 184 条第 1 款的规定,即:"因故意或过失,不法侵害他人之权利者,负损害赔偿责任。故意以背于善良风俗之方法,加损害于他人者亦同。"可见,其他国家和地区的立法例在第三人侵害债权的构成要件上,都特别强调构成要件上的严格性:侵权人的主观故意和违背善良风俗的方法。之所以对同属财产权利的债权和物权受侵犯而成立侵权责任的构成要件进行区分,主要是因为物权都有一定的公示手段(登记或交付)来彰显权利本身,而债权则没有公示方法。换句话说,若甲和乙之间成立一个演出合同,而丙在不知道该演出合同的情况下,故意打伤了演出人乙,则丙的行为是不构成侵权甲的债权的。可见,侵权人的主观故意,是指故意破坏债的法律关系而让债的履行不能完满实现的故意。

此外,要明确这里所讲的"第三人"的范围。也有观点主张应该严格限定第三人的范围,认为并非所有的第三人都可以成为侵害他人合法债权的主体。[①]本书认为对第三人的限定,可以通过考察第三人行为时所具有的故意的主观状态来实现。但若仅仅依赖主观故意的考察,往往带来举证责任的困难。故而可以借助客观情事。比如,甲和乙都卖玫瑰花,情人节将至,甲和丙签订了购买玫瑰花的协议,乙为了抢占市场而将丙打伤,让其不能在情人节前交付玫瑰花。此时,由于乙和甲之间存在商业上的竞争关系,故而该种客观关系的存在可以弱化主观故意上的举证责任。

第三人侵犯债权的方式。第三人故意侵犯债权的,可能通过对债务人施加影响(比如演出合同中将债务人打伤,教唆、引诱、强迫债务人违约)来实现[②],也可能通过对债的标的物施加影响(比如甲和乙都在同一条街上开花店,甲向丙购买百合花 100 支,在丙为交付前,乙损毁了所有的百合花)来实现,还可能通过对债权人施加影响(比如暴力阻止债权人受领债的标的物)来实现。前述方式的差别,主要是受债的种类的影响。换言之,第三人侵犯债权的方式,同债的种类有很密切的关系。比如,对于劳务之债,第三人一般通过对债务人人身施加影响而实施侵害债权的行为。对于特定物之债,则往往通过对标的物施加影响而实现侵权行为。而在金钱之债和种类物之债中,原则上并不存在给付不能,故而原则上一般不成立第三人侵害债权。但也有例外:比如,甲和乙都在同一个区域卖玫瑰花,情人节将至,甲急需 1 万元来购买玫瑰,此时刚好甲的债务人丙的债务到期,而丙刚好有 1 万元要还。假设除了该 1 万元,丙或甲都不再拥有或不能再借到任何钱。乙知道该情形后,认为自己可以先抢了丙的 1 万块,让甲因为没钱而无法购买玫瑰,等情人节一过,再把 1 万块还给乙,此时甲就是拿到钱也

---

① 参见王亚宁:"对第三人侵害债权的见解",载《法学论坛》2006 年第 4 期。
② 于此情形要特别注意正当的商业竞争和构成侵权法意义上的侵害债权的区别。

没用。对于此种情形,应该认为乙构成侵犯债权,因为此时1万元虽然是种类物,但其的功用已经被固定且无法弥补,于是也就等于该1万元被特定化了。

三、法律效果

第三人侵犯债权的,同时可能导致债务人的违约。此时,债务人要对债权人承担违约责任,第三人要对债权人承担侵权责任,第三人和债权人之间可能存在其他法律关系。在一般情形下,债务人和第三人对于债权人损害成立不真正连带债务关系(参见本书第六章多数人之债),只要债权人的损害因一方的赔偿给付得到填补,则另一方的损害赔偿义务随之消灭。而若债务人对第三人的侵犯债权有过错,则双方对债权人承担连带债务关系;在此,债权人对债务人只能基于违约责任而主张损害赔偿,而对于第三人只能基于侵权责任而主张损害赔偿。

第五章 债的消灭

第一节 债的消灭概述

一、债的消灭的概念

债的消灭,又称债的终止,是指债权债务关系客观上不复存在。债的关系为一动态的关系,有其从发生到消灭的过程。其终点就是债的消灭。债是当事人实现自己利益的法律手段。债权人要想实现自己的目的,必然要求债务人全面履行义务。债务人对其义务的全面履行,一方面满足了债权人的利益要求,另一方面也使债的关系归于消灭。也就是说,在债消灭的同时,债的目的已经达到;而债不消灭,则表明债的目的没有达到。

在理解这一定义时,应注意以下三个方面:

第一,债的消灭与债的效力的停止不同。债的效力停止,是指债务人基于抗辩权的行使,以中止债权的效力。抗辩权的作用仅在于阻止债权人行使请求权,因而是以债权人仍有请求权为前提的,此时,债的关系并不消灭,只不过其效力暂时停止而已。抗辩权消灭后债即恢复原来的效力。

第二,债的消灭与债的变更不同。债的变更是变更债的具体内容,债变更时,仅其内容发生变动,债权债务关系依然存在;而债的消灭则是使原来存在的债权债务关系归于消灭。

第三,债的消灭与债的救济不同。本章这里所讲的债的消灭,是债务人按照债的效力为清偿或类似清偿的方式而消灭债权。从广义上来看,债的救济的结果的实现其实也是原债权债务消灭的一种方式。两者不同的地方在于,前者有更多的债务人意志的成分,而后者则是债的强制履行力的一种体现。故而本书不把"因目的不达而消灭"[1](比如给付不能)列为债的消灭的原因。

此外,这里还涉及的问题是债之目的并非因债务人或第三人之清偿而达成,乃因偶然的事实在债务人履行债务之前而实现,比如医生到达之前,病人豁然痊愈,学说对此有分歧:有认为是给付不能,有认为是目的达成。[2] 本书认为,债的目的达成后,债务人便无给付义务,否则此时若债务人再为给付,则可能对债权

---

[1] 参见韩世远:《合同法总论》(第2版),法律出版社2008年版,第446页。
[2] 参见林诚二:《民法债编总论:体系化解说》,中国人民大学出版社2003年版,第521页。

人是种不利益,比如前例中,此时病人已经痊愈,若医生为履行债务还对病人望闻问切(病人有协助义务),然后开些药(这些药对病人来说似乎没什么用处),则对病人来说似乎也是种负担。

本书还认为,前述例子似乎不是一个很好的例子,因为医生到达之前,医生和病人之间的债的关系尚未成立,因此也就无所谓给付不能和目的达成之基础,但有疑问的是此时是否成立缔约过错之债①,比如医生得否向病人主张来回路费。而事实上,若假定前述意定之债已经成立,则这里并不涉及给付不能,医生这里的给付若是包括诊断和开药,则其给付仍是可能的。问题的实质是医生履行给付义务的目的、债的意旨已经实现,此时给付已然没有必要,故而应该允许债权债务人对双方之间的债权债务关系重新设计,以避免社会资源的浪费。

《合同法》第91条规定:"有下列情形之一的,合同的权利义务终止:(一)债务已经按照约定履行;(二)合同解除;(三)债务相互抵销;(四)债务人依法将标的物提存;(五)债权人免除债务;(六)债权债务同归于一人;(七)法律规定或者当事人约定终止的其他情形。"由于前述条款是在合同之债中规定的,故导致债的消灭的事项中有"合同解除"的事项,而鉴于本章探讨的是债的消灭而非合同的权利义务终止,故在后文中将不再探讨合同解除。

二、债的消灭的效力

债的消灭,除发生原债权债务关系消灭的事实外,还发生以下效力:

(一)从权利和从义务一并消灭

债消灭后,依附于主债权债务关系的从属债权债务,如担保、利息等债务亦随之消灭。

(二)负债字据的返还

负债字据是用来证明债权债务关系的凭证。债权债务消灭后,债权人应将负债字据返还于债务人。如果负债字据灭失无法返还,则应向债务人出具债务消灭的字据。

(三)在债的当事人之间发生后契约义务

后契约义务是指依照诚实信用原则,在债的关系消灭后,原债的当事人所负担的对他方当事人的照顾义务。例如,租赁合同消灭后,出租人对寄送给原承租人的信件应妥为保存,并设法通知其收取等。可见,债的消灭并非意味着债权人和债务人之间所有法律关系的消失。

(四)结算和清理条款依然有效

在意定之债中,根据《合同法》第98条的规定,债的消灭不影响合同中结算

---

① 关于缔约过错之债,参见本书第二章债的发生。

和清理条款的效力。而事实上,合同的计算和清理条款很多情况下是在此时才有实际的意义。

第二节 清 偿

一、清偿概述

(一) 清偿的概念

清偿,是指能达到消灭债权效果的给付,即债务已经按照约定履行。清偿是债的消灭的最基本、最常见、最重要的原因。债务人履行债务,属于清偿;第三人为满足债权人的利益而为给付行为的,也属清偿。此外,债权人通过强制执行或者实现担保物权而满足债权的,性质上也为受清偿。关于清偿、履行和给付的关系,郑玉波先生有云:"清偿与'履行'及'给付'三语,乃一事之三面,由债之消灭上言之,谓之清偿;由债之效力上言之,谓之履行;由债务人之行为上言之,谓之给付,名词虽殊,其事一也"。[1]

债务人以清偿为目的而实施的行为,不外乎三种:一是事实行为,如劳务的提供;二是法律行为,如代购代销;三是不作为。

(二) 清偿的主体

清偿一般应由债务人为之,但不以债务人为限。清偿的主体包括清偿人和清偿受领人。清偿人主要包括:债务人、债务人的代理人、第三人。清偿受领人则包括:债权人、债权人的代理人、破产财产管理人或清算人、受领证书持有人、行使代位权的债权人。关于第三人为清偿的情形,可参见本书第三章第二节。

(三) 清偿的性质

关于清偿的法律性质,有法律行为说、准法律行为说、事实行为说和折中说四种观点。

1. 法律行为说

该说认为,清偿需要有消灭债务之效果意思[2],故而清偿为法律行为。其中,该说又分为单方法律行为说、契约说和折中说。单方法律行为说是指清偿仅需要有债务人消灭债务的效果意思为足;契约说是指清偿同时要有债务人消灭债务的效果意思和债权人受领清偿的意思;折中说是指在需要债权人受领时,清偿是契约,反之是单方法律行为(比如不作为债务)。

---

[1] 参见郑玉波著,陈荣隆修订:《民法债编总论》(修订二版),中国政法大学出版社 2004 年版,第 469 页。

[2] 参见史尚宽:《债法总论》,中国政法大学出版社 2000 年版,第 766 页。

2. 准法律行为说

该说认为,清偿不以消灭债务之效果意思为足,进而主张区分清偿和因清偿所为之行为(事实行为、法律行为和不作为)。① 以买卖合同为例,在采物权行为理论的立法例中,物权契约是法律行为,该法律行为是因清偿所生,但并非清偿本身。该说同时还主张,这里的准法律行为是从广义上来讲的,即不仅包括表示行为,还包括适法行为中之非表示行为。②

3. 事实行为说

该说认为,清偿乃单纯之事实行为。故而其对清偿人的行为能力没有任何要求。

4. 折中说

该说有两种不同主张:第一种主张,清偿的性质受给付行为的影响,若给付行为是法律行为,则清偿亦是法律行为,若给付行为是事实行为,则清偿也是事实行为。该主张蕴含着前提是区分清偿和以清偿为目的所实施的行为,此点同前述的准法律行为说的主张一致。第二种主张,清偿的性质受给付是否需要债权人承诺的影响,若需要则意味着清偿人应具有清偿的意思,此时清偿是法律行为,反之则是事实行为。

5. 小结

前述关于清偿的性质的学说分歧,在实践中的意义主要体现在如下两个问题的判断上:第一,无行为能力人可否为清偿?(比如甲欠邻居乙100元,甲五岁的孩子丙看家里桌上放着100元,便把它拿给乙)第二,债务人因受胁迫所为之清偿的效力如何?(比如甲欠邻居乙100元,到期未还,乙拿刀架在甲的脖子上,甲很不情愿地还了100元)

若依法律行为说,则第一个例子中,丙的行为不发生债的消灭的效果;第二个例子中,甲可基于胁迫而撤销所返还的100元,清偿的效力待定。若依准法律行为说,第一个例子中,假如丙跟乙说100块是其父亲让他拿来还欠款100元的,则发生债的消灭的效果;第二个例子中,尽管甲还钱的意思是因乙的胁迫而生,但因甲有还钱的意思在里面,故而此时发生债的消灭。若依事实行为说,则前述两个例子都发生债的消灭的效力。

二、代物清偿

(一)代物清偿的含义

代物清偿是以他种给付代替原定给付的清偿。债务人原则上应以债的标的

---

① 参见郑玉波著,陈荣隆修订:《民法债编总论》(修订二版),中国政法大学出版社2004年版,第468页。

② 同上书,第469页。

物履行,不得以其他标的物替代。但经债权人同意,债务人可以其他给付作为债的履行,这就是"代物清偿",债权人受领代物清偿后,债的关系即告消灭。

(二)代物清偿的要件

代物清偿须满足以下要件:

(1)须有债权存在;

(2)他种给付与原定给付是属不同种类的;

(3)他种给付是代替原定给付的;

(4)须经当事人合意。由此可见代物清偿是种契约。

(三)代物清偿的法律效果

台湾地区"民法典"第319条规定:"债权人受领他种给付以代原定给付者,其债之关系消灭"。可见,代物清偿具有消灭债务的法律效果。

三、清偿抵充

(一)清偿抵充的含义

清偿的抵充是指债务人对债权人负有数宗同种债务,而债务人的履行不足以清偿全部债务时,确定该履行抵充某宗或某几宗债务的制度。例如,甲乙签订一份分期供应同种型号的钢材的合同,每月30日前交货,一共10批,甲依约供应了前2批货后,第3、4批未能在当月交货,但第5个月又交了一批钢材,对这批钢材,甲可提出是为履行第3个月的交货义务,而非第5个月的义务。此时即发生清偿的抵充。

(二)清偿抵充的构成

构成清偿的抵充的条件是:(1)须债务人对同一债权人负有数宗债务;(2)须数宗债务为同种类,不同种类的数宗债务之间不能发生清偿的抵充;(3)须债务人所为履行不能清偿全部债务。

(三)清偿抵充的方式

清偿的抵充可因当事人之间专就抵充达成的协议而发生,也可因清偿人的指定而发生,还可因法律的直接规定而发生,分别形成合意抵充、指定抵充和法定抵充。法定方式的清偿抵充包括同质债务的抵充和异质债务的抵充。需要明确的是,指定抵充和法定抵充是合意抵充的补充。我国立法并没有规定指定抵充,而这对于债务人的保护是极其不利的。

(四)法定抵充的顺序

1. 同质债务的抵充

《合同法司法解释》(二)第20条规定,债务人的给付不足以清偿其对同一债权人所负的数笔相同种类的全部债务,应当优先抵充已到期的债务;几项债务均到期的,优先抵充对债权人缺乏担保或者担保数额最少的债务;担保数额相同的,优先抵充债务负担较重的债务;负担相同的,按照债务到期的先后顺序抵充;到期时间相同的,按比例抵充。但是,债权人与债务人对清偿的债务或者清偿抵充顺序有约定的除外。由此可见,在同质债务的抵充上,我国立法的规则是:已经到期债务优先;同时到期的,先清偿担保数额较少的债权;担保数额相同的,先清偿债务人负担较重的债权(比如是否有约定利息、利息高低、是否约定违约金等);负担相同的,先清偿先到期的债务;到期时间相同的,按比例抵充。

由此可见,在规范同质债务的抵充的顺序时,考虑的因素包括:债务的履行期是否已经届至,担保数额的多寡,债务负担的轻重。第一和第三项因素考虑了债务人的利益,中间一项因素是在考虑债权人的利益。

同立法例相比,《合同法司法解释》(二)第20条规定中的"已到期"和"担保数额"都略有不同:"已到期"在其他立法例表述为"已届清偿期","担保数额"在其他立法例表述为"担保"。①《合同法司法解释》(二)规定的以"担保数额"为标准,其产生如下结果:第一,没法区分人的担保和物的担保。比如甲欠乙借款100元、房租100元,都已经到期,丙为甲的100元借款提供保证,同时甲提供自己的一台价值为80元的收音机为房租提供抵押,甲偿还了100元,未明确清偿借款还是房租。此时由于丙提供的保证的数额是100元,大于80元的物的担保,故而应先抵充房租。而这在其他立法中,为保护债权人之利益,在物的担保和人的担保同时存在时,应先抵充有人的担保的债务。② 第二,忽略保证人的资力情况。同样是人的担保的场合,保证人的资力情况其实也会影响债权的最终实现。比如甲欠乙借款100元、房租100元,都已经到期,丙为借款提供100元的保证,丁为房租提供50元的保证,后丙由于公司经营不善而负债累累,而丁此时的资力尚很充裕。此时,若按担保数额来看,则该先抵充租金债务,而这显然不利于债权人的利益。第三,未考虑主债权的数额。比如甲欠乙借款100元、房租1000元,都已经到期,丙为借款提供100元的保证,丁为房租提供200元的保证,甲向乙支付了100元但未明确具体清偿的债务。此时,由于借款的担保数额较低,故而应先抵充。而对于债权人来讲,显然房租债权的实现风险较大,故其更愿意先抵充房租的债权。可见,前述以"担保数额"为标准,原本要维护债权人的利益,但实践中可能反而导致不利于债权人利益的结果的出现。

2. 异质债务的抵充

我国对异质债务的抵充的规定,主要体现了《担保法司法解释》第64条、第74条以及《合同法司法解释》(二)第21条。前述立法规定的抵充的顺序都是:

---

① 参见郑玉波著,陈荣隆修订:《民法债编总论》(修订二版),中国政法大学出版社2004年版,第496页。

② 同上。

费用；利息；主债权。《合同法司法解释》(二)第 21 条的规定有排除债务人的指定抵充的效力,这与《合同法司法解释》(二)第 20 条是以指定抵充的不存在为前提略有不同。换言之,《合同法司法解释》(二)第 21 条是对同质债务的抵充中的指定抵充的限制。并且《合同法司法解释》(二)第 21 条并不局限于单宗债务之中,在数宗债务之中,若每宗债务都有费用、利息,则应先抵充各宗债务之总费用,再抵充各宗债务之总利息,最后才抵充各主债权。[①]

四、新债清偿

新债清偿又称"间接给付"、"新债抵旧"或"为清偿之给付",其是指债权人和债务人之间为清偿旧债而负担新债、并且因新债之履行而使旧债务消灭的契约。新债清偿的主要效力是新债不履行则旧债不消灭,新债若履行则旧债便消灭。[②]

五、债的更新

债务更新是指在原债务消灭的基础上产生新债务,即为成立新债务而使旧债务消灭。其构成要件如下:(1)须已经存在一个债务;(2)须产生一个新债务;(3)新债务的产生须以原债为基础,但其要素、内容相异;(4)当事人须有更新债务的意思。更新的效果是使旧债务归于消灭,而成立新的债务。例如,甲乙签订一份房屋租赁合同,租期 3 年;在租赁期间,经甲乙协商,甲将出租的房屋卖给乙,这样,原租赁合同消灭,而产生一项新的买卖合同,此即债务更新。债务更新与债的内容的变更不同,如上例,若甲乙只是对租期、租金或双方的其他权利义务加以改变,租赁合同未消灭,则不是债务更新,而是债的变更。

第三节 抵 销

一、抵销的概念

抵销是指二人互负债务且给付种类相同时,在对等数额内使各自的债权债务相互消灭的制度。

抵销,就其发生的根据而言,可分为合意抵销和法定抵销。前者是由互负债务的债务人经合意而发生的抵销(《合同法》第 100 条),后者是依法律规定以当事人一方的意思表示所作的抵销(《合同法》第 99 条),例如以定金充抵货款。

[①] 参见郑玉波著,陈荣隆修订:《民法债编总论》(修订二版),中国政法大学出版社 2004 年版,第 498—499 页。

[②] 同上书,第 486—487 页。

就抵销发生的规范基础而言,又可分为民法上的抵销和破产法上的抵销,后者因仅依一方的意思表示而发生,故也属法定抵销。这里仅介绍民法上的法定抵销。

抵销可以产生债的消灭的法律后果,当事人之间只需抵销的意思表示,就可产生债务清偿的法律效果。因此,是一种特殊的债的消灭的方式。抵销的意义,首先在于方便当事人。抵销使当事人本应履行的债务不再履行,从而简便了债权满足的方式,节省了费用。其次,抵销还有保护债权人权利的作用。这一点在破产程序中表现得尤为突出。当债务人破产时,债权人可向债务人主张抵销,以避免破产清算时按比例分配给自己带来的不利。最后,抵销具有避险功能。抵销降低了债权实现的风险,也降低了债权罹于诉讼时效的风险。

二、抵销的要件

根据我国《合同法》第99条的规定,抵销的要件有以下四个方面:

(一)须双方互负债务、互享债权

抵销是以在对等数额内使双方债权消灭为目的,故以双方互享债权、互负债务为必要前提。只有债务而无债权,或者只有债权而无债务,均不发生抵销问题。

(二)须双方债务均至清偿期

可供抵销的债权,原则上是能够请求履行的债权,未届清偿期的债权,债权人尚不能请求履行,故不能请求抵销,否则等于强迫债务人抛弃期限利益而提前履行。但是,如果债务人主张以自己的未届清偿期的债务与对方当事人已届清偿期的债务抵销,则系主动放弃自己的期限利益,应允许抵销。

作为例外,在破产程序中,破产人与对其负有债务的债权人不论债务是否到期,均可主张抵销,但应扣除期限利益。

此外,对于罹于时效的债权,债权人不能主张抵销;而债务人则可以主张抵销,此时可以看成是债务人放弃了时效利益。

(三)双方债的标的种类相同

如果双方所负债务的标的的种类不同,而允许双方抵销的话,则不免使一方或双方当事人的目的难以实现,与债的目的相悖。但根据《合同法》第100条的规定,经双方协商一致的,不同种类的债也可抵销。此外,在破产法上,因所有债权在申报时,均以金钱计算,故可以抵销。

(四)债务依其性质或法律规定属于可抵销的范围

有些债务,根据其性质,不能抵销,如不作为债务、提供劳务的债务或依双方约定不得抵销的债务等,双方必须互相清偿,不得抵销,如互相抵销,则违反债务成立的本旨。此外,与人身不可分离的债务,如抚恤金、退休金、抚养费债务等,也不得抵销。法律规定不得抵销的债务,主要是指禁止强制执行的债务、因侵权行为所生的债务等。

对于可以抵销的债权,如果当事人在合同中约定不得抵销,这种约定是有法律效力的,当事人不得再行使抵销权。最高人民法院《合同法司法解释》(二)第23条对此有明确的规定。而这也充分尊重了合同当事人的意志:当事人可以通过协商成立合意抵销(《合同法》第99条),也可通过协商排除法定抵销的适用(《合同法司法解释》(二)第23条)。

(五) 形成行为

《合同法》第99条第2款规定:"当事人主张抵销的,应当通知对方。通知自到达对方时生效。抵销不得附条件或者附期限。"

法定抵销权属于形成权,出于法律关系的稳定计,形成权的行使不得附条件。而附期限的抵销一方面使得抵销所导致的债的消灭的法律效果仅系于一定的期限,这与抵销永久消灭债务的制度价值相违背;另一方面附有期限使得抵销的溯及效力失去意义。[①] 需要探讨的是,"附条件或期限"的抵销的效力如何?是不发生抵销的法律效果?还是仅仅使得所附条件或期限无效而抵销的法律效果照样发生?本书认为,附条件或期限的抵销仅仅使得所附条件或期限无效,而同样发生抵销的法律效果。这样可以同时实现抵销的制度价值,也能避免当事人在行使法定抵销权时因附条件或期限而使债权人和债务人之间的法律关系无法稳定下来。

三、抵销的方式

关于抵销的方式,各国和地区民法规定并不相同。有的国家采取当然抵销主义,认为抵销无须当事人的意思表示,只要有双方债权对立的事实,便当然发生抵销。如《法国民法典》第1290条规定:"债务双方虽均无所知,根据法律的效力仍可发生抵销;两个债务自其共同存在起,在同等的数额范围内相互消灭。"有的国家采取单方行为说,认为抵销权的产生虽然基于债权相互对立的事实,但债的消灭的效果并不当然发生,须有抵销权的行使,即一方当事人的意思表示。如《德国民法典》第388条第1款规定:"抵销应以意思表示向他方当事人为之。"《瑞士债务法》、《日本民法典》及我国台湾地区"民法典"等也均采此说。我国《合同法》也采单方行为说,该法第99条规定:"当事人互负到期债务,该债务的标的物种类、品质相同的,任何一方可以将自己的债务与对方的债务抵销,但依照法律规定或者按照合同性质不得抵销的除外。"这就是说,单方可以抵销,但有条件。第99条第2款接着规定:"当事人主张抵销的,应当通知对方。通知自到达对方时生效。抵销不得附条件或者附期限。

[①] 参见韩世远:《合同法总论》(第2版),法律出版社2008年版,第493页。

如果对方对抵销有异议,不同意合同对方当事人提出的抵销主张,则应当在接到对方当事人的抵销通知后及时提出该异议。如果当事人在合同中约定了提出该等异议的期限,则应当在该约定的期限内提出,否则,一旦超出该期限,当事人便不能再提出异议,即使当事人有事实依据向法院提起诉讼,法院也不能支持。如果合同中并未约定清楚提出异议的期限,则接到抵销通知的一方当事人应当在合理期限内提出异议。依照最高人民法院《合同法司法解释》(二)第24条的规定,该合理期限为3个月,亦即若当事人没有约定异议期间,则在抵销通知到达之日起3个月后才向法院起诉的,法院不予支持。

四、抵销的效力

第一,双方互负的债务在对等的数额内消灭。抵销为债的绝对消灭,故抵销成立后不得撤回。

第二,双方债务等额时,全部债权债务关系归于消灭;双方债务额不等时,债务额较大的一方仍就超出的部分负继续履行的责任。债权人对尚未抵销的部分仍有受领清偿的权利。

第三,债的关系溯及最初得为抵销时消灭。最初得为抵销时,指抵销权生效之时,亦即抵销的通知到达对方之时。因此,双方债务的清偿期有先后的,以在后的清偿期届至时为准。如债务未届清偿期而主张抵销的,应认为其已放弃期限利益,在此期限下,以抛弃期限利益之时为准,债的关系归于消灭。

第四,抵销的抵充。抵销抵充是指债权人债务人一方有数个债权处于适宜抵销的状态,而主张抵销的另一方的债权不足以抵销其全部,则应先抵销何债权的问题。比如,甲对乙享有两项债权:借款100元和租金100元,而乙对甲享有债权100元,所有债权均已经到期而处于适宜抵销的状态。此时,乙提出抵销100元的债务。此时,究竟是先抵销借款债务,还是先抵销租金债务,便产生了抵充的顺序问题。对此,我国立法并无明确规定,属于法律漏洞,可以类推适用于《合同法司法解释》(二)第20条的规定。稍有不同的是,抵销的抵充中所有的债务都已届履行期,而清偿的抵充中并非所有的债务都已届履行期,因此首先要考虑债务是否已届履行期。

第五,不同履行地的抵销。前述关于抵销的构成要件中,并不要求债务的履行地要相同。为此,应当允许不同履行地的债务之间进行抵销。但抵销之人应赔偿他方因抵销所生之损害。

第六,诉讼时效的中断。根据最高人民法院《关于审理民事案件适用诉讼时效制度若干问题的规定》第13条第8项的规定,当事人在诉讼中主张抵销的,人民法院应当认定与提起诉讼具有同等诉讼时效中断的效力。换言之,假设甲欠乙100元借款,乙欠甲80元货款,双方债务均已届履行期。乙提出抵销80元债权。此时,甲乙之间的债务在 80 元的范围内消灭,同时乙对甲的另外 20 元的债权发生诉讼时效中断的效力。

第四节 提　　存

一、提存概述

(一) 提存的概念

提存,指由于债权人的原因而无法向其交付债的标的物时,债务人得将该标的物提交给一定的机关保存,从而消灭债权债务关系的一种法律制度。

《提存公证规则》(司法部 1995 年 6 月 2 日颁布)第 2 条称之"提存公证"。该《规则》第 3 条第 1 款规定,以清偿为目的的提存公证具有债的消灭和债之标的物风险责任转移的法律效力。

债权人对于债务人的给付负有协助和受领的义务。当债权人无正当理由拒不受领时,虽负有迟延责任,但债务人的债务却不能消灭,其要时刻处于准备履行状态,对债务人有失公平。法律为结束这一状态,特设提存制度作为解决这一问题的方法。《合同法》对提存作了较为详细的规定(第 101 条至 104 条)。

(二) 提存的主体与客体

1. 提存的主体

提存涉及三方面主体:

(1) 提存人。在一般情况下,提存人为债务人,但是,得为清偿的第三人也可作为提存人。我国《提存公证规则》第 2 条规定提存人为"履行清偿义务"的人。自然包括第三人。

(2) 提存受领人。提存受领人一般为债权人或其代理人。

(3) 提存机关。提存机关,是指国家设立的接收提存物而为保管的机关。一般为债务清偿地的法院或仲裁机关指定的提存场所,例如银行、商会、仓库等,也可由法院自己保管。在我国,目前公证处是主要的提存机关。

2. 提存的客体

提存的客体,即提存的标的,原则上应为依债务的规定应当交付的标的物。提存的标的物以适于提存者为限。根据《提存公证规则》第 7 条的规定,货币、有价证券、票据、提单、权利证书、贵重物品、不动产及其他适宜提存的标的物,均为可提存的客体。

标的物不适于提存或有毁损灭失的危险,以及提存费用过多的,提存人可申请法院拍卖而提存其价金。该标的物有市价者,法院也可允许提存人按照市价出卖而提存价金。

（三）提存的性质①

1. 公法关系说

该说主张提存体现了提存机关所参与之公法上的法律关系。

2. 涉他契约说

该说认为提存是提存人和提存机关之间所成立的以受领人为第三人的契约。

3. 私法契约说

该说认为提存是提存人提存机关间私法上之契约，该契约是含有寄托及为第三人契约的一种特殊契约。

前述论述，学者多数主张私法契约说。② 事实上，提存涉及三方法律关系：债务人、提存机关和债权人，如果忽略提存机关的公权力色彩，则很难解释为何债务人和提存机关之间的契约的履行可以消灭债务人和债权人之间的债务。对此，一种解释途径是可以假设债务人和债权人之前在成立契约时已经认可了提存的相关规则，提存的相关规则已经成为契约的组成部分；另一种解释途径是认为提存产生的法律效果属于法律的直接规定。需要明确的是，尽管学者对提存的性质有不同的主张，但对于提存的效力内容则主张大体一致。为此，关于提存的法律性质的探讨有何具体意义便也值得思考。

（四）提存的原因

1. 我国的规定

《提存公证规则》第 5 条规定，债务清偿期限届至，有下列情况之一使债务人无法按时给付的，公证处可以根据债务人申请依法办理提存：债权人无正当理由拒绝或延迟受领债之标的的；债权人不在债务履行地又不能够到履行地受领的；债权人不清、地址不详，或失踪、死亡（消灭）其继承人不清，或无行为能力其法定代理人不清的。《合同法》第 101 条第 1 款规定了债务人可以将标的物提存的四种情形：债权人无正当理由拒绝受领；债权人下落不明；债权人死亡未确定继承人或者丧失民事行为能力未确定监护人；法律规定的其他情形。

根据前述两个规范文本关于提存原因的不同规定可以看出，《合同法》第 101 条规定的提存原因较《提存公证规则》第 5 条规定的提存原因少，比如就第 1 项原因来看，前者的规定是"债权人无正当理由拒绝受领"，而后者的规定是"债权人无正当理由拒绝或延迟受领债之标的的"。鉴于《合同法》出台的时间较晚，可见我国立法对提存作为债的消灭原因逐渐采限制立场。同时，若对《合

---

① 参见史尚宽：《债法总论》，中国政法大学出版社 2000 年版，第 835 页。
② 参见史尚宽：《债法总论》，中国政法大学出版社 2000 年版，第 835 页；林诚二：《民法债编总论：体系化解说》，中国人民大学出版社 2003 年版，第 552—553 页。

同法》第 101 条第 1 款第 4 项的"法律"进行狭义解释,则《提存公证规定》第 5 条的规定中与《合同法》的规定相矛盾之处便无适用之余地。

2. 各国和地区立法例

我国台湾地区"民法典"第 326 条对提存的原因作出了规定:债权人受领迟延,或不能确知孰为债权人而难为给付者,清偿人得将其给付物,为债权人提存之。① 根据《德国民法典》第 372 条的规定,提存的原因包括:债权人受领迟延;债务人因债权人身上的其他事由而不能或者不能够确实地实行清偿;非因债务人的过失而不能确知债权人。② 由此可见,其他国家在提存原因上也是进行限制的。

各立法例之所以在提存原因上进行限制,可能的原因之一是提存涉及三方民事主体的法律关系(债务人、提存机关、债权人),而该三方主体的法律关系却仅仅取决于债务人和提存机关之间的合意。从债权人的角度观之,这似乎不符合私法自治之理念,因为债权人的法律地位在自己没有参与的情况下发生了变动。同时,提存可能引发债务对全面履行债务原则的规避,比如债务人发觉履行地比较远、履行费用很高,便以各种理由通过提存消灭债务。

此外,值得注意的是,《德国民法典》第 372 条第 1 款对因债权人受领迟延而得为提存的标的物进行了严格限制,即仅仅局限于金钱、有价证券、其他证券及贵重物品。③ 与此形成天壤之别的是,我国《合同法》第 101 条第 2 款规定,标的物不适于提存或者提存费用过高的,债务人依法可以拍卖或者变卖标的物,提存所得的价款。《合同法司法解释》(二)第 25 条进一步认可了《合同法》第 101 条第 2 款的主张,规定债务人将合同标的物拍卖、变卖所得价款交付提存部分时,提存成立。提存成立的,视为债务人在其提存范围内已经履行债务。而我国立法的前述态度,无疑使得提存作为债的消灭原因变得"具有普遍适用性"。

二、提存的方法

根据我国《提存公证规则》的规定,提存的方法如下:

1. 提存人应向提存机关提出申请

提存人应填写提存申请表并提交有关材料,如提存人的身份证明,债权债务关系的有关证据。申请书应载明提存的原因、标的以及标的受领人或不知谁为标的受领人的理由。

---

① 参见郑玉波著,陈荣隆修订:《民法债编总论》(修订二版),中国政法大学出版社 2004 年版,第 502—503 页。

② 参见〔德〕迪特尔·梅迪库斯:《德国债法总论》,杜景林、卢谌译,法律出版社 2004 年版,第 202 页。

③ 同上书,第 201 页。

2. 受理与提存

提存机关接到申请人的申请后,经审查认为符合法定条件的,应当受理。受理后,经审查符合法定的实质条件,应当予以提存并对提存人提交之物进行验收并登记。

3. 制作提存公证书

公证处自提存之日起 3 日内出具公证书。提存之债从提存之日起即告清偿。

4. 通知提存受领人

提存人应将提存的事实及时通知提存受领人。以清偿为目的的提存或提存人通知有困难的,公证处应自提存之日起 7 日内,以书面形式通知提存受领人,告知其领取提存物的时间、地点、期限及方法。提存受领人不清或不明的,应以公告的方式为之。

三、提存的效力

提存成立后,发生以下三方面的效力:

(一) 在债务人与债权人之间的效力

1. 债的关系消灭。提存与清偿发生同等消灭债的效力,债权人对债务人的给付请求权因此消灭。最高人民法院《合同法司法解释》(二)第 25 条规定:"依照合同法第 101 条的规定,债务人将合同标的物或者标的物拍卖、变卖所得价款交付提存部门时,人民法院应当认定提存成立。提存成立的,视为债务人在其提存范围内已经履行债务。"这是提存最主要的效力。

需要指出的是,关于提存的主效力,德国的规则略有不同:提存的主效力为何,由债务人是否还享有取回权决定,若债务人根据《德国民法典》第 376 条的规定还享有取回权,则其仅可提请债权人就提存物受清偿(《德国民法典》第 379 条),亦即其仅对债权人的清偿请求享有抗辩权;若其取回权被排除,则提存溯及既往地导致债的消灭(《德国民法典》第 378 条)。取回权的规定,无疑是赋予了债务人反悔的机会,也意味着债务人享有更多的自由。

2. 债务人的通知义务。《合同法》第 102 条规定,标的物提存后,除债权人下落不明的以外,债务人应当及时通知债权人或者债权人的继承人、监护人。

3. 标的物风险移转。根据《合同法》第 103 条前段的规定,在提存期间,提存物的毁损灭失风险发生转移,债务人不再承担,而由债权人负担。

与此相关的是标的物的所有权的归属问题。此时应视提存物的具体情形而定,若提存物是种类物,比如金钱,则提存物的所有权归属于提存机关,而若提存物是特定物,则提存物的所有权归属于债权人。

4. 孳息享有与费用负担。根据《合同法》第 103 条后段的规定,提存期间,标的物的孳息归债权人所有。提存费用由债权人负担。

（二）在提存人与提存机关之间的效力

1. 提存机关的保管义务。提存人依法将标的物提交于提存机关后，提存机关依法负有保管提存物的义务。提存人和提存机关的其他法律关系适用保管合同的有关规定。

2. 提存人提存物取回权的限制。债的标的物提存后，提存人除以下情况外，不得取回提存物：(1) 可以凭法院生效的判决、裁定或者提存之债已经清偿的公证证明而取回提存物；(2) 债权人以书面方式向提存机关表示抛弃提存受领权的，提存人可取回提存物。

（三）在债权人与提存机关之间的效力

1. 债权人的提存物交付请求权。对此《合同法》第104条进行了明确的规定，债权人有权随时要求提存机关交付提存物，并承担必要的费用。但债权人的该项权利受到两个限制：(1) 债权人对债务人负有到期债务的，在债权人未履行债务或者提供担保之前，提存部门根据债务人的要求应当拒绝其领取提存物；(2) 债权人领取提存物的权利，自提存之日起5年内不行使而消灭，提存物扣除提存费用后归国家所有

2. 债权人支付提存费用的义务。《提存公证规则》第25条规定，除当事人另有约定外，提存费用由提存受领人（即债权人）承担。提存费用包括：提存公证费、公告费、邮电费、保管费、评估鉴定费、代管费、拍卖变卖费、保险费，以及为保管、处理、运输提存标的物所支出的其他费用。提存受领人未支付提存费用前，公证处有权留置价值相当的提存标的物。

3. 提存机关的保管义务。提存机关有妥善保管提存物的义务，若提存物因提存机关的过错而毁损的，提存机关应负赔偿责任。从提存之日起，超过20年无人受领的提存物，视为无主财产，在提存机关扣除必要费用后，将余额上缴国库。对不宜保存的提存物品，提存人可以拍卖而提存其价款，因此而支出的费用由债权人负担。

这里值得探讨的是，若提存机关违反提存标的物的保管义务导致标的物毁损的，提存机关对债权人还是债务人承担损害赔偿责任？此时，标的物的所有权归属于债权人，债权人享有基于物权保护的侵权损害赔偿请求权，而债务人享有基于保管合同的违约损害赔偿请求权。鉴于债务人的损害赔偿请求权是为满足债权人的利益的，故而债务人的损害赔偿请求权因债权人的损害赔偿请求权的行使而受阻、实现而消灭。倘若债权人不行使损害赔偿请求权或者债权人的损害赔偿请求权即将罹于诉讼时效，债务人可以行使其损害赔偿请求权。但此时债务人是否有义务行使该项损害赔偿权利，是值得思考的。还值得思考的是，提存物因债权人5年内未认领而归国家后，此时提存机关的损害赔偿义务对谁承担？

第五节 混　　同

一、混同概述

混同,是指债权和债务同归于一人的法律事实。债的关系必须有两个以上的主体,当债权人和债务人为同一主体时,债的关系就当然消灭。所以混同也是债消灭的原因之一。混同可因债的概括承受和特定承受而发生。前者主要是指企业的合并、债权债务的概括继承等;后者是指债权人承受债务人对自己的债务,或者债务人受让债权人对自己的债权,都可能发生混同。

混同为一种法律事实,无须有任何意思表示,只要有债权债务同归一人的事实,即发生债的消灭的效果。

广义的混同包括三种情形:所有权与他物权的混同,此时他物权消灭;主债务与保证债务的混同,此时保证债务消灭;债权与债务的混同,此时消灭债务。[①]本书所称之混同,是指债权与债务的混同。

二、作为债的消灭原因的混同

混同作为债的消灭原因之一种,对此并未争议。有争议的是,混同为何是债的消灭原因。对此,有不同的主张。[②]

（一）履行不能说

该说认为,混同不生债权债务消灭之效力,而仅仅发生履行不能。履行不能预设的是债务人和债权人两者间的关系,履行不能是债务不履行的一种,其本身说明债的关系还有效存在。但混同发生后,债的主体就只有一方,此时已经不符合债的主体包括债权人和债务人两方的基本结构,很难说此时债的关系还存在。

（二）继承说

该说认为,混同之所以能产生债的消灭,主要是债权人继承债务人时,已经从债务人的遗产中获得清偿。

（三）目的达成说

该说主张,债权之所以因混同而消灭,是因为债的目的已经达到,换言之,债的目的已经获得满足。

（四）债的关系不复存在说

该说认为,债的关系要求必须具备债权人和债务人双方主体,而混同发生

---

① 参见林诚二:《民法债编总论:体系化解说》,中国人民大学出版社2003年版,第566页。
② 参见史尚宽:《债法总论》,中国政法大学出版社2000年版,第879—880页。

后,并不存在双方当事人,故而不满足债的主体要件,债的关系不复存在。

前述学说都试图对混同之所以为债的消灭原因作出解释,但鉴于各个学说(履行不能说除外)的共识是混同导致债的消灭,故而各学说的分歧在法律效果的区分上并不显著。

三、混同的原因

混同的原因有二:一为债权债务的概括承受,如甲乙两个企业合并,原来甲欠乙10万元,现在该债权债务关系因甲乙的合并而归于消灭;二为特定承受,即债权人承受债务人对自己的债务,或者债务人受让债权人对自己的债权。

四、混同的效力

混同的主要效力是导致债的关系消灭。根据《合同法》第106条前段的规定,债权和债务同归于一人的,合同的权利义务终止。可见,混同产生债的关系消灭的效力。由债的关系所生的从债权和从债务也一并消灭。

但是,有一种情况例外,即当债权为他人权利的标的时,纵然发生混同,债的关系也不消灭。例如,债权为他人质权的标的时,债的关系不应因混同而消灭,如果债权因混同而消灭,则有害于质权人的利益。再如,为保证票据的流通性,票据债权亦不因混同而发生消灭。《合同法》第106条后段的但书部分("但涉及第三人利益的除外")对此进行了规定。当然,作为原则的例外,在适用《合同法》第106条的但书规定时,不能进行扩张解释。

第六节 债务免除

一、债务免除概述

免除,是指债权人以债的消灭为目的而抛弃债权的意思表示。因债权人抛弃债权,债务人得以免除清偿义务,所以免除是债的消灭的一种原因。

免除是债权人抛弃债权的行为,因而属单方法律行为,依债权人一方的意思表示即可。

免除具有如下法律特征:

1. 免除为无因行为。

就免除本身来说必有一定原因,但此原因无效或不成立时,不影响免除的效力。

2. 免除为无偿行为。

3. 免除为非要式行为。

免除的意思表示无须特定的方式,书面或口头,明示或默示均可。

4. 免除人须具有行为能力及对债权的处分权。

二、债务免除的方式

1. 免除人须为免除的意思表示。

关于免除的意思表示,应适用民法关于意思表示的规定。免除应由债权人或其代理人为之。债权人被宣告破产时,不得任意处分其债权,故不得为免除的意思表示。

2. 免除的意思表示应向债务人为之。

因免除是有相对人的单独行为,因而须向债务人或其代理人为之。债权人向任何第三人所为的意思表示对债务人不生效力。

3. 免除的意思表示一经作出即不得撤回。

免除的意思表示自债权人向债务人或其代理人表示后,即发生法律效力。故一旦债权人作出免除的意思表示,即不得撤回。否则有违诚实信用原则,还可能损及债务人的利益。

三、债务免除的性质

1. 单方行为说

《日本民法典》第519条规定,债权人对债务人表示免除债务的意思时,其债务消灭。我国台湾地区"民法典"第343条规定,债权人向债务人表示免除其债务之意思者,债之关系消灭。

主张单方行为说的逻辑起点是"权利可以抛弃",其具体的理由是:债权和物权都是财产利益,债权之免除有利于债务人,他物权之抛弃有利于物权人,物权可以权利人之一人意思而抛弃[1],债权故也可以权利人一人之意思而抛弃;债务人对于债的关系中的期限利益,比如罹于诉讼时效之抗辩,可以依单方行为而抛弃,故而债权之抛弃也可依单方行为而抛弃。[2]

2. 契约行为说

《德国民法典》第397条第1款规定:债权人以合同向债务人免除债务的,债务关系消灭。据此可见,免除是双方法律行为,是债权人与债务人之间订立的

---

[1] 要说明的是,本部分论述所涉及的免除和抛弃,是同一事物之两面,就权利人观之,是权利的抛弃,而就义务人观之,则是义务的免除。

[2] 此为日本学者梅谦次郎的观点,参见张谷:"论债务免除的性质",载《法律科学》2003年第2期。

(不要式)合同。① 《法国民法典》和《瑞士债法典》也将免除作为一种契约。②

主张契约行为说的主要理由是：债权和物权两者的权利客体不同，债权是人和人间的关系，物权是人对物的关系，故而并非物权可以单方抛弃就意味着债权可以单方免除；此外，债权之免除有不同于物权之抛弃的特殊之处，即在物权抛弃中，受利益之一方仍有维持原初地位之方法（比如地役权人抛弃其权利的，受益人即承役地所有权人仍可就通行道路对地役权人保持畅通，而不受有利益），而若依单方法律行为说，在债务免除中，债权人的免除和债务人的受益是同时的，债务人纵不愿受此利益，在法律上亦没有维持原初法律地位的方法；同时，采双方行为说，是对债务人法律人格的一种尊重。③

《合同法》第105条规定："债权人免除债务人部分或者全部债务的，合同的权利义务部分或者全部终止。"就此而言，有学者认为我国采的是单方行为说。④ 也有学者认为该条文对免除未有任何限制，故采契约行为说。⑤ 要认识到的是，根据私法自治原则，主张单方行为说的，亦承认债权人和债务人可以通过成立免除合同来消灭债务。而两说的区别在于：若仅有债权人单方面的意思表示，是否发生债务免除的效果？若依契约行为说，此时不发生债的消灭的法律效果。采取契约行为说，意味着债务人可以不接受债权人所给的恩惠，在无法一刀切地认定该种恩惠是绝对有利于债务人的情况下（尽管通常情况下免除对债务人是有利益的），将免除看成是契约，无疑更符合私法自治的理念。

当然，如果在采单方行为说的同时，赋予债务人相对应的权利（比如拒绝权），以适当兼顾和斟酌债务人的意思，则也未尝不可。同时也要看到，采契约行为说也可能导致对债务人不利的结果。比如：甲和乙有长期的经贸来往，甲长期提供材料 A 给乙。一日，甲很高兴地给发了一封函，称免除乙的债务 5000 元。乙那阶段非常繁忙，忘记了对来函进行回复。之后不就，甲和乙因某事而其闹翻。随后不久，甲便起诉乙，要求乙返还材料货款 30000 元（包括免除的 5000 元）。乙内心希望支付给甲的货款能尽量少点。此时，若采双方行为说，则由于乙未对甲的免除要约作出任何表示，故而甲所为的免除尚未生效，甲仍可向其主张 5000 元。同时，双方行为说意味着债务人若要想获得债务免除的利益，则要拨出一定的时间和精力（哪怕一点点）来参与免除合同的成立。

---

① 参见〔德〕迪特尔·梅迪库斯：《德国债法总论》，杜景林、卢谌译，法律出版社 2004 年版，第 216 页。
② 参见《法国民法典》第 1285 条、《瑞士债法典》第 115 条。
③ 参见张谷："论债务免除的性质"，载《法律科学》2003 年第 2 期。
④ 参见韩世远：《合同法总论》（第 2 版），法律出版社 2008 年版，第 512—513 页。
⑤ 参见张谷："论债务免除的性质"，载《法律科学》2003 年第 2 期。

四、债务免除的效力

1. 债的关系绝对消灭。债务全部免除时,债的关系全部归于消灭;一部分免除时,债的关系部分归于消灭。

2. 从债务免除。主债务消灭时,从债务当然也随之消灭。但免除人仅免除从债务时,主债务并不消灭。

3. 法律禁止抛弃的债权不得为免除。法律规定禁止抛弃的债权不能以免除的方式抛弃。例如,受雇人对雇佣人的工伤事故赔偿请求权不得预先抛弃。

4. 免除的限制。免除是债权人权利处分的一种形式。然而,在一些特定的情况下,债权人的处分权要受到限制。比如对于已经提起代位权的债权,则债权人不得再为免除。对此,可参见本书第四章第二节关于代位权的效力的介绍。

第七节 债之消灭的其他原因

前述债的消灭事由中,适用于各种债之关系,包括意定之债和法定之债。其中,抵销属于单方法律行为,免除属于双方(或单方)法律行为,代物清偿、新债清偿、债的更新属于双方法律行为,提存也被多数学者认为是兼具寄托契约和涉他契约属性的双方法律行为;清偿多被认为是准法律行为;混同则属于一种法律事实。

除此之外,尚有其他事由可以引起债的消灭的法律效果,而这些事由并不具备前述五种债的消灭事由广泛适用于各种债的关系的属性。

一、形成权的行使

在意定之债中,立法往往规定在具备一些特定的情形时赋予契约一方以单方契约解除权。该种权利是属于形成权。比如《合同法》第94条、第164条、167条和219条等。合同解除后,合同的权利义务终止(《合同法》第91条),换言之,意定之债消灭。再比如,《合同法》第54条和55条规定的对于可撤销法律行为的撤销权,在当事人行使撤销权之后,法律行为自始不存在,原先基于法律行为而产生的债权债务归于消灭。

二、债的担保的实现

债权的实现往往具有各种各样的风险,而债务人为了减少债权的实现风险,通常会要求债务人提供一定的担保(人的担保和物的担保)。人的担保主要是指保证,包括一般保证和连带保证;在债权人因债务人不履行债务而转而从保证人处实行债权时,债权人和债务人之间的债便发生消灭。再比如,物的担保中的抵押权;当债务人不履行到期债务或者发生当事人约定的实现抵押权的情形,债权人有权就抵押的财产优先受偿(《物权法》第179条),债权人可以与抵押人协议以抵押财产折价或者以拍卖、变卖该抵押财产所得的价款优先受偿(《物权法》第195条),进而实现债权。此时,债权人和债务人之间的债发生消灭。

三、请求权的竞合

当发生请求权竞合时,其中一个债权因另一个债权的实现而消灭。比如《合同法》第122条规定的基于违约的损害赔偿请求权和基于侵权行为的损害赔偿请求权的竞合,在其中一种请求权行使并获得实现时,另一个请求权(债权)便随之消灭。与此相类似的是,在不真正连带债务中,其中一个债务的履行会导致其他所有债务的消灭。

四、法律行为的附条件和附期限

法律行为可以附条件和附期限(《民法通则》第62条)。对于附解除条件的债,若所附条件成就,则债归于消灭;对于附终期的债,若所附期限届至,则债归于消灭。《合同法》第46条也规定,当事人对合同的效力可以约定附期限。附生效期限的合同,自期限届至时生效。附终止期限的合同,自期限届满时失效。

五、债的主体的死亡或丧失行为能力

比如《合同法》第411条规定,在委托合同中,委托人或者受托人死亡、丧失民事行为能力或者破产的,委托合同终止,但当事人另有约定或者根据委托事务的性质不宜终止的除外。

第六章 多数人之债

第一节 多数人之债概述

一、多数人之债的意义

多数人之债是指其内容或目的为同一给付，且至少一方当事人为复数的债。多数人之债是单一债之关系还是复数债之关系，取决于债的单复数性质的判断标准。学者关于债的单复数性质的判断标准有三：第一，主体说。该说认为债乃特定人间之关系，主体不同则债之关系亦不同。依该说，则多数人之债为复数之债。第二，标的说。该说主张以债的标的是否同一来定债之关系的单复数性质。若依该说，则多数人之债为单数债之关系。第三，效力说。该说主张以各主体能否独立地发生其为债权人或债务人之全部效力为标准来判断，若可以则是复数债之关系。依该说，则多数人之债是复数债之关系。[①] 台湾地区的学者以效力说为通说。[②]

多数人之债具有如下三个特征：至少一方债的主体为复数、债的关系也为复数、因具有同一内容或目的之给付而发生结合。该三个特征，使得多数人之债区别于准共有之债及公同共有之债。[③]

诚如孟德斯鸠所言："在民法的慈母般的眼里，每一个个人就是整个的国家"。[④] 依照私法自治的理念，各个民事主体是相互独立的。债的关系作为民事主体之间经济往来的媒介，原则上应以单个主体之债为主。但纵观各国民法典，都规定有多数人之债。[⑤] 我国《民法通则》第86条规定了按份之债、第87条规

---

① 前述三种学说参见史尚宽：《债法总论》，中国政法大学出版社2000年版，第634—635页。
② 参见郑玉波著，陈荣隆修订：《民法债编总论》（修订二版），中国政法大学出版社2004年版，第381页。
③ 我国台湾地区"民法典"对准共有之债和公同共有之债进行了规定。参见郑玉波著，陈荣隆修订：《民法债编总论》（修订二版），2004年版，第420—425页。这里的准共有之债包括准共有债权和准共有债务，前者是指"数人按其应有部分，共享有一债权，而其效力，应准用共有之规定者也"；后者是指"数人按其应有部分共负之债务，而可以准于共有之规定以定其效力者也"。公同共有债权也叫做共同债权，"乃数人基于公同关系而共同享有之债权是也"，共同债务是指数人基于公同关系而共同负担之债务。这里的"公同关系"包括合伙、共同财产制下夫妻之共同财产和数继承人未分割之遗产。
④ 〔法〕孟德斯鸠：《论法的精神》（下册），张雁深译，商务印书馆2005年版，第212页。
⑤ 各国规定的多数人之债的种类有所不同：比如《德国民法典》第二编第七章规定了可分之债、连带之债和不可分之债；《瑞士债法典》规定了连带债务和连带债权；《日本民法典》规定了第三编债权第一章总则第三节规定可分之债、不可分之债、连带债务和保证债务四种类型。

定了连带之债。但是，并不能一刀切地认为多数人之债的存在是对私法自治理念的违反。事实上，多数人之债，特别是基于民事主体自愿结合的多数人之债，有时甚至是实现私法自治的一种方式。比如，农人甲、乙、丙三人，若只凭自己的资力，尚不足以购买一头耕种的牛，此时其可以约定三人共同购买该牛，然后三人按照各1/3的份额承受该债务，形成按份债务。然而，非基于民事主体自由意志之多数人之债的设立，特别是连带债务之设立，则要慎之又慎。

要注意的是，本章的论述是从解释论的立场出发。若从立法论来看，属于本章范畴的多数人之债，是指狭义范畴上的多数人之债。该概念排除以下情形：第一，利他合同。① 比如，甲和乙订立了书架买卖合同，约定债务人乙向丙给付书架。此时，尽管甲对乙有履行请求权（请求乙向丙为给付），是乙的债权人，丙对乙也有独立的履行请求权（请求乙向自己为给付），也是乙的债权人。但并不认为此时甲和丙两人同乙之间存在多数人之债的关系。这是因为甲和丙之间的法律关系已经由双方之间存在的对价关系所规范而无须再借助多数人之债的规则来解决。除此之外，在利他合同中，尽管甲和丙同是债权人，但给付仅向丙移转，甲和丙的地位不完全一样；而在多数人债权中，各个债权人的地位通常是一样的。第二，共有关系。比如夫妻共有关系、家庭共有关系、遗产共有关系、合伙关系。② 基于共有关系而产生的连带之债③，在共有人的外部关系上适用连带之债的外部效力规则，而在共有人的内部关系上，则适用共有关系的规则，此问题属于物权法的领域。

二、多数人之债的类型

多数人之债依据不同的标准，有不同的类型，而各个不同类型的多数人之债，各有其存在的意义。

（一）意定多数人之债和法定多数人之债

如同前述债的发生原因一样，多数人之债的发生原因亦包括意定多数人之债和法定多数人之债。前者比如甲乙两人一块向丙借钱100元，双方约定甲和乙对丙的债权的实现承担连带责任。后者比如在共同侵权责任中，共同侵权人之间对受害人承担连带责任。意定多数人之债同私法自治的理念是相契的。而根据私法自治理念要求，法定多数人之债是在没有当事人参与的情况下规定了当事人之间的关系，故而其设立必须有所节制。比如我国《侵权责任法》对连带

---

① 关于利他合同，参见本书第四章第四节。
② 共有关系的确定，立法上采取"类型强制原则"。对此可参见张双根："共有中的两个问题——兼谈对《物权法（草案）》'共有'章的一点看法"，载《比较法研究》2006年第2期。
③ 也有学者主张应区分基于共同之债和连带之债。参见张玉敏："论我国多数人之债制度的完善"，载《现代法学》1999年8月第21卷第4期。

责任的承担采取谨慎的态度,并从立法上予以限制。①

此外,有学者也认为,"在当事人没有约定、法律也没有规定的情况下,如果适用按份责任有可能会产生对债权人很不公平的结果,此时,根据意思表示解释理论,认定上述的债务人之间存在默示的、要承担连带责任的意思"。② 比如甲乙丙三人到餐馆就餐,他们之间说好甲和乙两人请客。但甲乙吃完后陆续先走。待丙要离开餐馆时,被服务员拦住。丙抗辩说是甲和乙要请客的;而且就算其该结账,也只需结清自己的 1/3。对于该案,本书认为:首先甲乙丙三人间关于由谁请客的约定属于内部约定,不能用之来对抗第三人餐馆,否则意味着餐馆有义务在顾客就餐前询问由谁结账。其次,甲乙丙三人一块到餐馆就餐,则甲乙丙三人作为债务人一方同餐馆成立债权债务关系,若甲乙丙没有明确向餐馆表示其间是按份债务时,就应承担连带责任。当然,这并不意味着连带债务的成立可以被推定,前述案例中甲乙丙三人之所以要承担连带责任,不是因为甲乙丙之间成立了连带债务,而是因为甲乙丙所接受的餐馆的服务、所进行的消费是不可分的,其作为一个整体和餐馆间成立不可分债务,不可分债务类推适用连带债务的规定。③

(二) 多数债权人之债和多数债务人之债

多数人之债中,若债权人为多数而债务人为单一,则是多数债权人之债。若债务人为多数而债权人为单一,则是多数债务人之债。当然,也存在债权人和债务人同时为多数的情形,此时债权人和债务人之间的权利义务关系共同依据多数债权人之债和多数债务人之债的规则进行处理。

该种分类考虑的仅仅是债权人和债务人的数量,每种分类中都包括可分之债、不可分之债、按份之债或连带之债,故而该种分类并没有表达债的法律关系主体之间的特殊权利义务联系。

(三) 可分之债和不可分之债

依据给付或其标的物是否可分,多数人之债有可分之债和不可分之债的区分。我国民事立法并没有出现可分之债和不可分之债的分类。有学者将给付或其标的物之不可分划分为性质之不可分和意思上之不可分。前者比如两个债务人负有给付一头牛的义务,牛在客观性质上是不可分的;后者比如甲和乙各欠丙100元,但甲乙丙三人约定,甲和乙都要向丙偿还200元,否则构成债务不履行,此时根据当事人之间的合意,使得金钱给付变得不可分。给付的意思不可分,实质效果是通过当事人之间的意思而强化对债权人的担保。在判断给付的可分性

---

① 详见奚晓明主编:《中华人民共和国侵权责任法条文理解与适用》,人民法院出版社 2010 年版,第 97—98 页。
② 参见赵廉慧:《债法总论要义》,中国法制出版社 2009 年版,第 79 页。
③ 参见本章第三节。

时,首先要查询是否有当事人之间的特别约定,若无,再依给付的客观性质进行判断;而给付的客观性质,需要以社会上一般交易之通常观念为准。可见,在判断可分性时,不仅要考虑给付本身,而且也要考虑债权人和债务人、债权人和债权人之间以及债务人和债务人之间的关系,并且后者常常是比较重要的。

需要注意的是,给付或其标的物是否可分具有相对性。这里的相对性一方面是指当事人主观意思的合致可以决定给付的可分性;另一方面是指就性质而言,可分的给付与不可分的给付之间可以发生转换。比如甲和乙负有向丙给付一头牛之义务,该牛是不可分的,此时成立不可分债务;后甲和乙不慎将牛弄丢,造成给付不能,给丙造成损害1000元,此时甲和乙对丙的给付变为违约损害赔偿,此时成立可分的金钱债务。但丙和甲乙又达成协议,甲和乙都要向丙给付1000元,否则构成损害赔偿之债的债务不履行,此时又变为不可分之债务。

在法律适用过程中,为了贯彻私法自治的理念,在对给付的可分性进行判断有疑义时,原则上应认为是可分之债。同时也要注意到,可分之债和债的部分履行之间的关系。可分之债是多数人之债的一种类型,其关注的是给付或其标的物之可分性。而债的部分履行是指在债的履行过程中,债务人分多次履行给付而非一次性履行完给付。债的部分履行之存于可分之债中,且在债权人和债务人都为单数的单一之债中也可能存在债的部分履行。我国《民法通则》第72条第1款规定,债权人可以拒绝债务人部分履行债务,但部分履行不损害债权人利益的除外。可见在我国,债务人原则上不可以部分履行,但若部分履行不损害债权人的利益的,债务人可以部分履行。由于部分履行可能给债权人带来不便,故原则上应禁止之。但我国的立法规定,也导致了法律适用上的困难:这里的是否损害债权人利益是需要法官自由裁量的。

(四)按份之债和连带之债

1. 含义

多数人之债,根据各方各自享有的权利或承担的义务以及相互间的关系,可分为按份之债和连带之债。

按份之债,是指债的一方主体为多数人,各自按照一定的份额享有权利或承担义务的债。按份之债又可分为按份债权和按份债务。债权人一方为多数人,各债权人按一定份额分享权利的,为按份债权;债务人一方为多数人,各债务人按一定份额分担义务的,为按份债务。《民法通则》第86条规定:"债权人为二人以上的,按照确定的份额分享权利。债务人为二人以上的,按照确定的份额分担义务。""按份之债"的表述方式,在其他国家十分鲜见。

按份债权的各个债权人能够、也只能就自己享有的份额请求债务人履行和接受履行,无权请求和接受债务人的全部给付。按份债务的各债务人只对自己分担的债务份额负清偿责任,债权人无权请求各债务人清偿全部债务。

连带之债,是指债的一方或双方主体是多数人,各债权人得请求全部之给付或各债务人负有履行全部之给付的义务,且因一次给付的完成,而使债权人和债务人间的债的关系消灭的债权债务关系。连带之债也包括连带债权和连带债务。债权主体一方为多数人的连带之债,为连带债权;债务主体一方为多数人的连带之债,为连带债务。民事实践中以连带债务居多,如共同侵权中数个侵权人之间对受害人承担的债务、合伙人之间对外承担的债务等,均为连带债务。《民法通则》第87条规定:"债权人或者债务人一方人数为2人以上的,依照法律的规定或者当事人的约定,享有连带权利的每个债权人,都有权要求债务人履行义务,负有连带义务的每个债务人,都负有清偿全部债务的义务,履行了义务的人,有权要求其他负有连带义务的人偿付他应当承担的份额。"按照这一规定,连带之债既可因法律的直接规定发生,也可因当事人的约定而发生。

2. 区分意义

区分按份之债和连带之债的法律意义主要在于:按份之债的多数债权人或债务人的债权或债务各自是独立的,相互间没有连带关系;而连带之债的债权人或债务人的权利或义务是连带的。在按份之债中,任一债权人接受了其应受份额的履行或者任一债务人履行了自己应负担份额的义务后,与其他债权人或债务人均不发生任何权利、义务关系。在连带之债中,连带债权人的任何一人接受了全部履行,或者连带债务人的任何一人清偿了全部债务时,虽然原债归于消灭,但连带债权人或连带债务人之间则会产生新的按份之债。

需要指出的是,由于按份之债体现了自己责任并且彰显了私法自治,故而除非法律明确规定或当事人约定,则不构成连带之债;在当事人对是否约定连带之债有疑义时,应认定成立按份之债。

3. 两种分类的关系

值得一提的是,可分之债和不可分之债区分的依据是债的标的的可分性,而按份之债与连带之债区分的标准是各个债的主体之间的关系。标准的不同导致两种分类不可能一一对应。换言之,从逻辑上来讲,可分之债可能成为按份之债,也可能成为连带之债。但一般认为,不可分之债可以准用连带之债的规定①,而按份之债的标的要求是可分的。② 有争议的是:第一,关于连带之债的标的是否必须是可分的?第二,我国法上的按份之债和其他国家立法例上的可分之债是什么关系?关于第一个问题,本书认为,连带之债侧重规范的是法律关系主体债权人之间、债务人之间和债权人与债务人之间的关系,而并不涉及债的标

---

① 比如我国台湾地区"民法典"第292条规定,数人负同一债务,而其给付不可分者,准用关于连带债务之规定。类似规定参见《德国民法典》第431条、《日本民法典》第430条、《法国民法典》第1222条。

② 参见赵廉慧:《债法总论要义》,中国法制出版社2009年版,第76页。

的可分性的考量,因此连带之债的标的并不要求是可分的。关于第二个问题,本书认为,按份之债意味着标的是可分的,亦即按份之债都是可分之债。但由于两者分类标准存在的差异,故而不宜认为按份之债与可分之债相同。有鉴于我国多数学者将《民法通则》第86条表述成按份之债[1],故而本书后文都只阐述按份之债而不阐述可分之债。

此外,从私法自治的角度来观察,可分之债和按份之债都以标的的客观可分性为前提,故与私法自治的关系不那么显著。但由于当事人之间的自主意思可以决定是否将客观上具可分性的标的视为主观上不可分的标的,并且可以直接决定成立连带关系,故而不可分之债和连带之债同民事主体的私法自治的关系较显著,所以其成立或设立要非常慎重。

三、连带关系

(一)连带关系的含义

所谓的连带关系是指债务或债权各具有共同之目的,在债之效力上及消灭上互有牵涉之法律关系。[2] 连带关系包括连带债权关系和连带债务关系。在连带债权关系中,债务人和各个债权人之间的所有个别债权债务关系都是平行的。在连带债务关系中,各个债务人和债权人之间的所有个别的债权债务关系也是平行的。这里的平行特性区别存在于保证债务中的从属性,亦即在保证债务中,债权人对保证人的债权取决于债权人对债务人的债权,保证人债务的范围和主张会受债务人债务的影响。[3]

连带关系最主要的特点是债务或债权具有共同的目的。正是因为该共同目的的存在,使得连带之债中债权人或债务人所为的涉及债的效力和消灭的事项可能对其他债权人或债务人产生一定的影响。当然,效力方面的该种影响只是在个别情形时才产生。原则上,连带之债中的各项效力事由只具有相对效力。在立法例上,我国台湾地区"民法典"第279条规定对在连带债务中之一人所生之事项,原则上对其他债务人不生效力;同时第275、276、277和278条规定的总括效力,也仅仅是限制的总括效力。第290条对在连带债权中之一人所生之事项,原则上对其他债权人不生效力。该效力相对性原则的规定,体现了私法自治理念。

---

[1] 参见张广兴:《债法总论》,法律出版社1997年版,第140—157页;方志平、李淑明:《债法总论》,北京大学出版社2007年版,第292页;李诚:"谈谈按份之债与连带之债",载《法律适用》1988年第1期。

[2] 参见郑玉波著,陈荣隆修订:《民法债编总论》(修订二版),中国政法大学出版社2004年版,第388页。

[3] 参见〔德〕迪特尔·梅迪库斯:《德国债法总论》,杜景林、卢谌译,法律出版社2004年版,第610—611页。

(二) 我国立法规定的连带关系

1. 民法领域的连带关系

《民法通则》第 35 条规定了个人合伙中合伙人对合伙债务的承担连带责任,第 65 条第 3 款、66 条第 3 和 4 款、第 67 条规定了代理中的连带责任,第 87 条规定了连带债务和连带债权,第 89 条第 1 项规定了保证人和债务人的连带债务,第 130 条规定了共同侵权人的连带责任。

《民通意见》第 22 条规定被委托人和监护人对被监护人的侵权行为承担连带责任;第 47、48、53 也规定了合伙人在对外关系上的连带责任;第 81 条规定了转托代理人对其过错承担连带责任;第 110 条规定除保证人与债权人约定按份承担保证责任的以外,二人以上的保证人承担连带保证责任;第 148 条规定了教唆帮助他人实施侵权行为的共同侵权人的连带责任。《合同法》第 90 条规定,法人或其他组织分立后形成的对合同的连带债权和连带债务。第 267 条规定除当事人另有约定,共同承揽人对定作人承担连带责任。第 272 条规定承包人将自己承包的部分工作交由第三人完成的,承包人与第三人向发包人承担连带责任。第 313 条规定两个以上承运人以同一运输方式联运的,与托运人订立合同的承运人应当对全程运输承担责任;损失发生在某一运输区段的,与托运人订立合同的承运人和该区段的承运人承担连带责任。第 409 条规定两个以上的受托人共同处理委托事务的,对委托人承担连带责任。

《担保法》第 12 条规定对于没有约定保证份额的两个以上保证人对债权人承担连带责任;《担保法解释》第 19 条的规定内容与此相同。《担保法》第 18 条规定了连带保证中保证人与债务人对债务承担连带责任,且在第 19 条规定当事人对保证方式没有约定或者约定不明确的,按照连带责任保证承担保证责任。《担保法解释》第 4 条规定董事、经理以公司资产为本公司的股东或者其他个人债务承担担保的,担保合同无效;除债权人知道或者应当知道的外,债务人、担保人应当对债权人的损失承担连带赔偿责任。

《物权法》第 102 条规定因共有的不动产或者动产产生的债权债务,在对外关系上,共有人享有连带债权、承担连带债务,但法律另有规定或者第三人知道共有人不具有连带债权债务关系的除外;在共有人内部关系上,除共有人另有约定外,按份共有人按照份额享有债权、承担债务,共同共有人共同享有债权、承担债务。偿还债务超过自己应当承担份额的按份共有人,有权向其他共有人追偿。

《侵权责任法》第 8 条规定共同侵权行为人的连带责任。第 9 条规定教唆帮助他人实施侵权行为的人与行为人的连带责任。第 10 条规定共同危险行为中对于不能确定具体侵权人的,行为人承担连带责任。第 11 条规定二人以上分别实施侵权行为造成同一损害,每个人的侵权行为都足以造成全部损害的,行为人承担连带责任。第 13、14 条规定了连带责任的具体实现。第 36 条第 2 款规定网络服务提供者因为未采取必要措施而使得损害扩大的,就该扩大部分与网络用户承担连带责任。第 36 条第 3 款规定网络服务提供者知道网络用户利用其网络服务侵害他人民事权益,未采取必要措施的,与该网络用户承担连带责任。第 43 条也规定了缺陷产品的生产者和销售者承担连带责任。第 51 条规定以买卖等方式转让拼装或者已达到报废标准的机动车,发生交通事故造成损害的,由转让人和受让人承担连带责任。第 74 条规定遗失、抛弃高度危险物造成他人损害的,由所有人承担侵权责任;所有人将高度危险物交由他人管理的,由管理人承担侵权责任;所有人有过错的,与管理人承担连带责任。第 75 条规定非法占有高度危险物造成他人损害的,由非法占有人承担侵权责任。所有人、管理人不能证明对防止他人非法占有尽到高度注意义务的,与非法占有人承担连带责任。第 86 条第 1 款规定建筑物、构筑物或者其他设施倒塌造成他人损害的,由建设单位与施工单位承担连带责任。

2. 商法领域的连带关系

《合伙企业法》第 2 条第 2 款规定,普通合伙企业的合伙人对合伙企业债务承担无限连带责任;第 38 条、39 条规定合伙企业对其债务应先以其全部财产进行清偿,合伙企业不能清偿到期债务的,合伙人承担无限连带责任;第 44 条规定新合伙人对入伙前合伙企业的债务承担无限连带责任;第 53 条规定退伙人对基于其退伙前的原因发生的合伙企业债务承担无限连带责任,一个合伙人或者数个合伙人在执业活动中因故意或者重大过失造成合伙企业债务的,应当承担无限责任或者无限连带责任,其他合伙人以其在合伙企业中的财产份额为限承担责任;第 57 条规定合伙人在执业活动中非因故意或者重大过失造成的合伙企业债务以及合伙企业的其他债务,由全体合伙人承担无限连带责任;第 91 条、92 条规定合伙企业注销和被宣告破产后,(原)普通合伙人对合伙企业债务承担无限连带责任。

《公司法》第 20 条第 3 款规定公司股东滥用公司法人独立地位和股东有限责任,逃避债务,严重损害公司债权人利益的,应当对公司债务承担连带责任。第 31 条规定有限责任公司成立后,发现作为设立公司出资的非货币财产的实际价额显著低于公司章程所定价额的,应当由交付该出资的股东补足其差额;公司设立时的其他股东承担连带责任。第 64 条规定一人有限责任公司的股东不能证明公司财产独立于股东自己的财产的,应当对公司债务承担连带责任。第 94 条规定股份有限公司成立后,发起人未按照公司章程的规定缴足出资的,应当补缴;其他发起人承担连带责任;股份有限公司成立后,发现作为设立公司出资的非货币财产的实际价额显著低于公司章程所定价额的,应当由交付该出资的发起人补足其差额;其他发起人承担连带责任。第 95 条第 1、2 项规定股份有限公司的发起人在公司不能成立时对设立行为所产生的债务和费用以及对认股人已缴纳的股款承担连带责任。第 177 条规定除非公司分立前与债权人另有约定，否则分立后的公司对分立前的公司债务承担连带责任。

《产品质量法》第 43 条规定了产品的生产者和销售者对缺陷产品造成的人身和他人财产损害承担连带责任。第 57 条第 2 款规定产品质量认证机构的连带责任：即对不符合认证标准而使用认证标志的产品，未依法要求其改正或者取消其使用认证标志资格的，对因产品不符合认证标准给消费者造成的损失，与产品的生产者、销售者承担连带责任。第 58 条规定，社会团体、社会中介机构对产品质量作出承诺、保证，而该产品又不符合其承诺、保证的质量要求，给消费者造成损失的，与产品的生产者、销售者承担连带责任。

《消费者权益保护法》第 35 条第 2 款规定消费者或者其他受害人因商品缺陷造成人身、财产损害的，可以向销售者要求赔偿，也可以向生产者要求赔偿。属于生产者责任的，销售者赔偿后，有权向生产者追偿。属于销售者责任的，生产者赔偿后，有权向销售者追偿。

《票据法》第 50 条前段规定被保证的汇票，保证人应当与被保证人对持票人承担连带责任。第 51 条规定保证人为二人以上的，保证人之间承担连带责任。第 68 条第 1 款规定汇票的出票人、背书人、承兑人和保证人对持票人承担连带责任。

《海商法》第 63 条和第 123 条规定承运人和实际承运人的连带责任。第 163 条规定在海上拖航过程中，由于承拖方或者被拖方的过失，造成第三人人身伤亡或者财产损失的，承拖方和被拖方对第三人负连带赔偿责任。除合同另有约定外，一方连带支付的赔偿超过其应当承担的比例的，对另一方有追偿权。第 169 条第 3 款规定发生碰撞的船舶互有过失的，对造成的第三人的人身伤亡，负连带赔偿责任。第 229 条规定海上货物运输保险合同可以由被保险人背书或者以其他方式转让，合同的权利、义务随之转移；合同转让时尚未支付保险费的，被保险人和合同受让人负连带支付责任。

3. 评析

（1）民法领域的连带关系

民法领域的连带之债主要存在于下列主体中：合伙人、代理人（委托书授权不明、与第三人串通损害被代理人利益、知道代理事项违法而代理）、保证人（保证人与债务人、连带保证人之间）、共同承揽人、共同受托人、将部分工作分包给第三人的承包人、承运人和实际承运人、建设单位与施工单位；共同侵权行为人、教唆帮助他人侵权的行为人、共同危险行为人；共同物权人；网络服务提供者与网络用户、将高度危险物交由他人管理并存在过错的所有人（与管理人）、未尽到高度注意义务的高度危险物的所有人和管理人（与非法占有人）。

据此可以发现，首先，我国立法规定的连带之债，绝大多数是法定连带债务。

我国立法对"连带债权"的规定,主要体现在《民法通则》第87条前段、《物权法》第102条、《企业破产法》第49和50条、《合同法》第90条和《最高人民法院关于审理民事案件适用诉讼时效制度若干问题的规定》第17条。同时,立法也对意定连带之债进行了承认,比如连带保证人的连带责任。

其次,立法之所以规定连带之债,原因主要有:(1)民事主体间的特殊关系:比如合伙人之间的信赖关系、共同侵权行为人间存在的主观合意关系、共同物权人间存在的共有关系、共同承揽人和共同受托人间同为契约一方的关系等;(2)民事主体的过错行为:比如教唆帮助他人侵权的行为人、与第三人串通损害被代理人利益的代理人、将高度危险物交由他人管理并存在过错的所有人(与管理人)、未尽到高度注意义务的高度危险物的所有人和管理人(与非法占有人)等;(3)民事主体自身的变化:第一,将自己的工作委托给第三人,比如将部分工作分包给第三人的承包人、承运人和实际承运人;第二,民事主体的分立和合并,比如法人或其他组织分立后形成的对合同的连带债权和连带债务;(4)考虑债权人的利益保护:比如建设单位与施工单位之间的连带责任是为了更好地保证侵权损害赔偿权利人的利益、缺陷产品中生产者和销售者的连带责任是为了更好地保护消费者的利益。值得一提的是,不管立法基于前述何种原因规定连带之债务,最终都有利于债权人的利益。这里想说明的主要是为何立法对某些民事主体规定了连带之债,同时考察的是承担连带债务的民事主体内部关系和债权人利益的保护。

最后,我国立法大多将连带之债表述为"连带责任",有学者认为立法的这种做法,混淆了连带债务和连带责任两种不同的概念和制度,是不科学的。①

(2)商法领域的连带关系

商法领域的连带之债主要存在于下列主体中:合伙企业中的合伙人(1)②、滥用公司法人独立地位和股东有限责任的股东(4)、不能证明公司财产独立于股东自己的财产的一人公司股东(4)、公司出资不足时的各发起人(1)、公司不成立时的各发起人(1)、分立后的公司(3)、缺陷产品的生产者和销售者(4)、票据保证人(意定连带之债)、海上拖航过程中有过失的承拖方和被拖方(2)。此外,在商法领域规定连带关系,有时是为了特殊的目的。比如《票据法》第68条第1款规定汇票的出票人、背书人、承兑人和保证人对持票人承担连带责任。之所以如此规定,是为了保障票据的流通性。商法领域关于连带关系的规定也主要是连带债务的规定,并且立法设立连带债务的原因也大体和民法领域设立连带债务的原因一致。

---

① 参见邱业伟:"连带债务与连带责任研究",载《现代法学》1998年第5期。
② (1)表示的是上段所提到的立法规定连带之债的原因之(1)。下文相同。

值得一提的是,《合同法》第 90 条后段规定,当事人订立合同后分立的,除债权人和债务人另有约定的以外,由分立的法人或者其他组织对合同的权利义务享有连带债权,承担连带债务。该款规定受到了学者的质疑,学者认为:法人分立后,分立之前的债务由分立后的法人承担连带债务是正确的,合理的;但是,由于法定连带债权的一个重要特点是数个债权有共同目的,任何一个债权人获得全部给付,债权的目的即可实现。一个法人分立成数个法人后,数个新法人各有独立的利益,分配给各个新法人的债权便成为无共同目的的数个债权,将这样的数个债权规定为连带债权,显然是不合适的。①

四、本章的体例安排

本章冠之以多数人之债的章名,并将之置于全书第六章,是考虑了从单一主体之债到复数主体之债、从简单到复杂的认识和思维过程。本书前面章节关于债的发生、债的效力和债的消灭之一般规定,原则上都适用于多数人之债。但多数人之债因其主体的复数属性,这导致了其在发生、效力和消灭的相关事项上有其特殊性。这也是本章论述之重点。

有学者主张,我国应该在债法中规定可分之债、不可分之债和连带之债,而在物权法的共有部分中规定共同之债,即规定物权法关于按份共有和共同共有的规定适用于所有权以外之其他财产权。② 也有学者在论述多数债务人之债时,将补充责任也纳入多数人之债中进行阐述。③ 本书认为,目前立法并没有独立规定共同之债,且共同之债涉及物权法领域共有关系的规则;同时补充债务是侵权责任承担的一种特殊形式。故而本章接下来对多数人之债的讨论,只限于按份之债、连带之债和不可分之债。

第二节 多数债权人之债

一、按份债权

(一) 按份债权之意义

按份之债是指各个债权人只有权请求债务人向自己履行自己拥有的部分给付,债务人只能向各个债权人履行其拥有的部分给付。按份之债意味着给付或其标的物是可分的,就此而言,可以将之视为可分之债。按份之债之发生,主要

---

① 参见张玉敏:"论我国多数人之债制度的完善",载《现代法学》1999 年第 4 期。
② 同上。
③ 参见杨立新:《债法总则研究》(第 1 版),中国人民大学出版社 2006 年版,第 197—199、215—217 页。参见赵廉慧:《债法总论要义》,中国法制出版社 2009 年版,第 100—104 页。

是法律行为。比如甲、乙、丙三人约好一起到丁的商店购买大米三包,三人同丁只签订一个合同并说明三人之间是按份关系,此时三人分别对丁享有请求交付一包米的债权。此外,依法律行为而发生按份债权者,典型的是债权之一部让与。可见,按份债权的成立,可能是基于各债权人一起和债务人之间的法律行为,此时按份债权的成立有债务人意志的参与;也可能仅仅是由于债权人单方的行为,比如债权之一部让与,此时没有债务人意志的参与。

没有债务人意志参与而成立的按份债权对债务人特别不利,主要表现在:首先,债务人往往要分部分履行债务,而这无疑增加履行费用和时间;其次,债务人必须了解债权人的内部份额关系,以便正确履行债务。[1] 值得一提的是,在债权让与中,法律规定债权让与之构成要件包括通知债务人,该种通知尚不能看成是体现了债务人的意志参与。但通知的功用在全部让与时是让债务人了解债权人的变化,而在债权之部分让与中,则使债务人了解了债权人的内部份额关系,便于债务履行。

(二)按份债权之外部效力

按份债权,可以看成是数个债权人之间与同一个债务人之间的数个债权债务关系之并列存在,换言之,可以将之理解成是数个独立的债权债务关系之并列存在,但因债务人是同一个人故而形成按份债权。其实从广义上来看,每个民事主体的所有债权人都形成"按份债权"[2],作为债务人的民事主体对各个债权人分别负有相同或不同的给付义务,各该给付分别独立,效力互不影响。

需要指出的是,本章所阐述的效力,关注的一个重点是单一债权人或债务人所为之具法律效力的事项,是否对其他债权人或其他债务人也产生效力,若只对特定债权人或特定债务人生效,则谓个别效力,而若对全部债权人或全部债务人生效,则谓总括效力。[3] 个别效力符合自己行为自己责任的私法自治理念,故而应是原则。而总括效力则意味着自己的法律关系和地位会受他人行为之影响,此情境同私法自治理念相抵牾,故总括效力只宜成为一种例外,应限制总括效力事项的范围。

1. 债权人的角度

按份之债中,各个债权人只能按照确定的份额分享权利,其无权要求债务人向其履行全部给付。债务人对其中部分债权人所生之关于债务不履行,诉讼时

---

[1] 参见〔德〕迪特尔·梅迪库斯:《德国债法总论》,杜景林、卢谌译,法律出版社2004年版,第599页。

[2] 这里仅仅是为理解上方便而进行的一种说明,其实,在市民社会中,同一民事主体的不同债权人可能互不认识,没有任何法律或事实联系,而这里所讲的按份债权,则各个债权人之间存在一定的法律关系或事实联系,比如共同签署一个合同。

[3] 郑玉波先生称之为"个别效力"和"总括效力"。参见郑玉波著,陈荣隆修订:《民法债编总论》(修订二版),中国政法大学出版社2004年版,第393页以下。

效完成,债务消灭等事项,均只有个别效力而不影响其他债权人。

值得一提的是,关于契约的效力瑕疵事项(无效或撤销)、契约解除和履行抗辩之效力问题。比如,在前述甲乙丙同丁签署的买卖大米的合同中,若事后发现丙乃是无民事行为能力人,其无权参与法律行为。此时,可以适用法律行为部分无效之规则,即法律行为部分无效不影响其他部分的效力(《民法通则》第60条、《合同法》第56条后段),故而关于契约的效力瑕疵事项只有个别效力。

而对于契约解除和履行抗辩之效力,有认为因按份债权系基于一个契约而生,故该由全体债权人共同行使的①,也有认为法律已明确规定契约之解除是不可分的,应共同行使,而至于同时履行抗辩,因为"可分之债以各债务、各债权各自独立为其特色,从而其发生原因纵为一个契约,但除非其一方之对待给付系不可分者外",同时履行抗辩以独立行使为妥。② 本书认为,按份债权之成立原因各异,故该问题的探讨应考虑其成立原因。比如若各债权人同债务人之间存在一个共同的契约,且契约之解除和同时履行抗辩产生的原因系基于各债权人共同之原因,则契约之解除和同时履行抗辩应共同行使,否则,为更好地贯彻私法自治,似应以独立行使和发生个别效力为佳。

2. 债务人的角度

按份之债中,债务人有权拒绝部分债权人的全部清偿之请求,若债务人主动对部分债权人履行全部给付,则该部分债权人构成不当得利,债务人可以要求返还。有疑问的是,此时债务人丙若仅有100元,其分别欠按份债权人甲和乙各50元,若其将100元都给付给甲,乙可否直接向甲请求50元之给付,若可以,在何种条件下乙可向甲请求50元之给付。此时,可以适用代位权制度。③

(三) 按份债权之内部效力

按份债权之内部效力,是指各债权人之间的关系,我国台湾地区"民法典"第271条规定,按份债权之内部效力准用按份债权之外部关系,即各债权人互相独立,其所为之具法律效力之事项原则上只生个别效力。

二、连带债权

(一) 连带债权之意义

连带债权是指各个债权人有权请求债务人向自己履行全部给付,债务人可以向任意部分债权人履行全部给付。此时,"债务人可以随意向任何一个债权

---

① 参见史尚宽:《债法总论》,中国政法大学出版社2000年版,第638页。
② 参见郑玉波著,陈荣隆修订:《民法债编总论》(修订二版),中国政法大学出版社2004年版,第386页。
③ 参见本书第四章第二节。

人给付,并且可以不向请求自己给付,甚至起诉自己给付的人给付,而向另外的人给付"。① 可见,该类型之多数人债权相较于按份债权而言更加有利于债务人的利益,因为债务人免于多次给付的麻烦。但同时也要看到,由于连带债权之债务人可以选择任意债权人为给付,而任意债权人都可以受领全部之给付,故债权人便要承担部分债权人受领全部给付而不分配全部给付之风险。

我国立法对规定的连带债务的数量远远超过连带债权的数量。立法对连带债权之规定,比较有意义的是《破产法》第 49 条规定的债务人破产时,申报的债权是连带债权的,应当说明以及第 50 条规定的连带债权人可以由其中一人代表全体连带债权人申报债权,也可以共同申报债权。

(二) 连带债权之外部效力

首先要指出的是,连带债权人可以向债务人请求全部之给付。根据我国台湾地区"民法典"第 290 条的规定,在连带债权中,就债权人一人所生之事项,以个别效力为原则,总括效力为例外。② 下面介绍台湾地区立法规定之发生总括效力的事项。

1. 债权人角度

(1) 请求

我国台湾地区"民法典"第 285 条规定,请求具有总括效力。这是因为"连带债权对债权人本属不利,故特强化其请求之效力,以资调剂"。③ 规定请求具有总括效力,则可能产生"搭便车"的现象,即部分债权人会认为既然他人之请求自己也可以获得满足,而请求却要付出一定的成本并且可能造成同债务人私人关系的禁止,因此其缺乏请求债务人履行债务的动力。同时由于债务人甚至可以不向请求或起诉其给付的债权人履行给付④,这样一来就使得债权人想通过首先请求债务人向自己履行,而达到先获得给付进而避免因其他债权人先受领全部给付而却拒绝按照内部关系分配内部份额的风险的打算不可能实现。

此外,就债务人的履行而言,这里的疑问是:若债权人向债务人请求履行全部给付,若给付是可分的,则债务人可否只履行部分而向其他债权人履行部分?该种情形同部分履行的差异在于,债务人分别向各债权人履行部分给付,可能刚

---

① 参见〔德〕迪特尔·梅迪库斯:《德国债法总论》,杜景林、卢谌译,法律出版社 2004 年版,第 600 页。
② 参见郑玉波著,陈荣隆修订:《民法债编总论》(修订二版),中国政法大学出版社 2004 年版,第 410 页。
③ 同上书,第 408 页。
④ 参见〔德〕迪特尔·梅迪库斯:《德国债法总论》,杜景林、卢谌译,法律出版社 2004 年版,第 600 页。根据我国台湾地区"民法典"284 条和《德国民法典》第 428 条的规定,债务人对于债权人之一人已受应为履行之判决后,仍可以向他债权人为履行。参见史尚宽:《债法总论》,中国政法大学出版社 2000 年版,第 678—679 页。

好符合债权人的份额而使得债权人内部免于再分配份额的麻烦,并且债务人向不同的债权人履行部分给付,意味着债权人承担着受领超过自己份额给付的其他债权人不分配所受超过自己份额给付的风险。总之,该种部分履行对债权人是有一定好处的。因此在讨论部分履行的限制时,该考虑到前述情形。

(2) 免除

这里的免除是指部分连带债权人向债务人免除自己份额之债务。该种免除,同时涉及其他债权人的利益和债务人的利益,故为兼顾作出免除的债权人的意愿、债务人和其他债权人的利益,免除发生的是限制的总括效力。亦即免除只在依据债权人的内部关系而属于作出免除的债权人的份额的范围内发生总括效力。将免除规定为总括效力,同时也是简化法律关系的需要。比如甲乙丙作为连带债权人对丁享有 90 元的债权,内部份额是各享有 30 元,而若甲对丁作出免除其份额 30 元的意思表示,此时若认为仅发生个别效力,则乙和丙仍可要求丁偿还 90 元,而同时甲可分到 30 元,但由于其对丁作出了免除 30 元的意思表示,故而若要实现其免除丁债务的目的,其还得将 30 元给丁。当然,若甲对丙作出免除 60 元的债务,则对于超过其自己份额(30 元)的部分属于无权处分。此外也要看到,这种限制的总括效力其实是有不利于其他债权人,比如丁在甲对丁作出免除 30 元债务之后被宣告破产,由于该项免除具有总括效力,所有乙和丙在进行债权申报时,只能申报 60 元(而非 90 元),则意味着其获得清偿的概率较低。

(3) 时效

这里考察的是连带债权人中的一人发生诉讼时效完成或中断,对其他债权人是否也发生诉讼时效完成或中断的效力。对此,我国台湾地区"民法典"规定,就该时效完成之债权人之应享有部分,发生总括效力,债务人就该部分,对于其他债权人亦得拒绝给付。[①] 如此规定之原因,是为了保证债务人享有的时效完成之利益。

我国立法没有规定时效完成之效力,但《最高人民法院关于审理民事案件适用诉讼时效制度若干问题的规定》第 17 条第 1 款规定,对于连带债权人中的一人发生诉讼时效中断效力的事由,应当认定对其他连带债权人也发生诉讼时效中断的效力。据此可见在诉讼时效中断的效力上,我国采取的也是总括效力的立场。而对于时效完成的效力,我国立法未规定,是一个法律漏洞,可以采用类推适用立法关于诉讼时效中断的效力之规定。

同时要注意的是,由于请求可以发生时效中断的效果,故而我国规定时效中

---

① 参见郑玉波著,陈荣隆修订:《民法债编总论》(修订二版),中国政法大学出版社 2004 年版,第 410 页。

断具有总括效力,则意味着请求也具有总括效力。

(4) 受领迟延

该事项发生总括效力。之所以如此规定,是因为在连带债权中,债务人有选择向谁给付的权利,若受领迟延只具个别效力,则债务人的该选择利益便没有实现;同时,既然为了全体债权人之请求事项发生总括效力,则紧接着请求之后而可能发生的受领迟延也该具有总括效力。①

2. 债务人角度

连带债权之中,债务人享有极大的自由,其可以选择向任何一个债权人履行全部给付。债务人向任何一个债权人履行了全部给付,对所有债权人都发生债的消灭的效力。

(1) 清偿或代物清偿、提存、抵销、混同

该些事项是债的消灭原因,此时连带之债已经消灭,剩下的问题是连带债权人内部的关系,故该些事项具有总括效力。

(2) 确定判决

根据我国台湾地区"民法典"第287条第1项之规定,其区分是利益判决还是不利益判决:若是对债权人有利之判决,则发生总括效力;若是对债权人不利之判决,则只有在判决不是基于债权人之个人关系时,才发生总括效力。② 就此而言,显示了对连带债权人的保护。

(三) 连带债权之内部效力

连带债权之内部关系,除法律另有规定或当事人另有约定外,各债权人应平均分享利益。唯需注意的是,部分债权人受领代物清偿的,可以不交出其所受领之物,仅按照内部份额偿还原定之给付即可。

三、不可分债权

(一) 不可分债权之意义

在不可分债权中,由于其给付不可分,故任何一个或多个债权人有权请求债务人向全体债权人履行全部给付,债务人只能向全体债权人履行全部给付。

史尚宽先生认为,"不可分债权实具有几分可分债权、几分连带债权及几分公同共有债权之性质"。③ 将之放入我国语境中,详细言之,不可分债权和按份债权之相似之处,在于除为全体给付外,其他各项事由均仅发生个别效力;其和连带债权之相似之处,在于任一债权人均有权要求债务人履行全部给付,债务人

---

① 参见郑玉波著,陈荣隆修订:《民法债编总论》(修订二版),中国政法大学出版社2004年版,第410页。

② 同上书,第409页。

③ 参见史尚宽:《债法总论》,中国政法大学出版社2000年版,第685页。

履行一次给付,债务即向全体债权人消灭;其和公同共有债权之相似之处在于债权人仅能请求债务人向债权人全体履行给付。

同时,也要看到,不可分之债同前述多数人之债的类型的不同之处。其同按份债权的不同之处在于,因为给付是不可分的,故要向全体债权人为全体给付;其同连带债权的不同之处在于,连带债权发生总括效力的事由比不可分债权多,且连带债权之给付可能可分也可能不可分,但不可分债权之给付定为不可分;其同公同共有债权之不同之处在于公同共有债权是单数之债,而不可分债权是复数之债。

（二）不可分债权之外部效力

1. 债权人的角度

各债权人只能请求债务人向全体债权人而非向自己为给付。根据我国台湾地区"民法典"第293条的规定,发生总括效力的事项主要限于一债权人为全体债权人之请求以及同该请求相关的受领迟延和给付迟延。可见其发生总括效力的事项比连带债权还少。

2. 债务人的角度

债务人必须向全体债权人为给付,而丧失了给付对象的选择权。

（三）不可分债权之内部效力

不可分债权之内部关系,除法律另有规定或当事人另有约定外,各债权人应平均分享利益。此点与连带债权相似。

第三节　多数债务人之债

一、按份债务

按份债务是指债务人中的任何一人都只对自己的债务份额承担清偿义务,而不承担清偿全部债务的义务;对债权人只能向个别债务人请求该债务人承担的债务份额,而无权要求其履行全部债务。

为理解按份债务,可以做如下类比:市民社会中的每一个民事主体作为债权人,可能同时拥有若干债务人,其与各个债务人之间所形成之关系类似于按份债务。当然,按份债务人之间可能存在某种事实或法律上的联系,一般而言,同一民事主体的各债务人之间并不存在特定的联系。

按份债务和按份债权都是按份之债,各债权债务关系主体高度独立,单个主体所为之事项都只发生个别效力而对其他主体不产生任何影响。按份债务之成立和效力（内部效力和外部效力）都可以参照按份债权,在此不赘。值得一提的是,按份债权对债务人较为不利前已述及,而按份债权的债权人亦可免于承担连带债权中部分债权人受领全部给付后不依据内部关系进行分配的风险;按份债务中,债权人的债权之担保财产,因债务人数量的增加而增加,债权人的债务不能实现的风险也越来越低,但债务人越多,意味着其要受领给付的次数也越多,如果受领给付会产生不便和麻烦的话,则债务人越多,债权人就越不便。按份债务的该项不便,如同部分履行对债权人的不便一样,但部分履行中由于债务人的数量未增加,担保债权实现的总资力未增加,故而对债权人来说利益较少。

二、连带债务

(一) 连带债务之意义

在连带债务中,债权人有权要求债务人履行全部或一部之给付,各个债务人负有履行全部给付之义务。连带债务的实质是各债务人之间对债权人承担连带保证义务。就此意义而言,连带关系实则是一种债的保证。债权人可以向部分或全部之债务人,同时或先后请求全部或一部之给付,可见连带债务之债权人享有广泛的自由。且由于各个债务人负有履行全部给付的义务,故而担保债权人债权实现的财产随着债务人的增多而增加,其也对债权人越来越有利。可见,连带债务对债权人十分有利。同时也要看到,连带债务对债务人不利的地方主要表现在履行全部给付之债务人,要承担其他债务人不履行债务之风险,且债务人越多,履行了全部给付的债务人的风险越大。

连带债务之成立,主要有法律行为和法律规定两种原因。通过法律行为而成立之连带债务,比如连带保证,此时有连带债务人的参与,故而并不违背私法自治。而法律规定的连带债务,则是越过当事人的私法自治而直接安排当事人间的法律关系,故而应充分说理。且在对是否构成连带有疑义时,应该认定连带之不存在。

(二) 连带债务之外部效力

这里主要论述的是各个连带债务人与债权人间之事项,对于其他债务人是否亦有效力。换言之,该事项是具有个别效力还是总括效力。

我国台湾地区"民法典"第279条规定:就连带债务人中之一人,所生之事项,除前五条规定或契约另有订定者外,其利益或不利益,对他债务人不生效力。据此可窥知,其是以个别效力为原则,以总括效力为例外。

1. 债权人的角度

(1) 请求

对此,我国台湾地区"民法典"第273条第1项之规定:"连带债务人之债权人,得对于债务人中之一人或数人,或其全体,同时或先后请求全部或一部之给付"。据此可见,请求在我国台湾地区"民法典"中是具有个别效力之事项,否则向一个人请求便是向债务人之全体请求,则前述之规定便属多余。① 法国和日本立法例将该事项之效力规定为总括效力。②

我国立法未有直接关于请求的效力之规定,但《最高人民法院关于审理民事案件适用诉讼时效制度若干问题的规定》第 17 条第 2 款规定,对于连带债务人中的一人发生诉讼时效中断效力的事由,应当认定对其他连带债务人也发生诉讼时效中断的效力。此采取的是总括效力的立法例。由于请求系属诉讼时效中断事由之一,故而请求在我国应认为是有总括效力的。

(2) 免除

这里的免除,包括对全部连带债务人之债务的免除、部分连带债务人之债务的免除、全部连带债务人之连带的免除以及部分连带债务人之连带的免除四种。对于全部连带债务人之债务的免除,因已实现债的目的,债务消灭。对于全部连带债务人之连带的免除,意味着债权人放弃债务人之间的债务担保,此时若债的标的是可分的,则变成按份债务。

关于对部分连带债务人之债务的免除。为避免循环求偿和简化法律关系,我国台湾地区"民法典"将之规定为具有限制的总括效力。③ 比如甲乙丙对丁负有连带债务 90 元,内部份额是每人 30 元,丁对丙作出免除丙 30 元债务的意思表示。此时,若规定丁对丙之免除是个别效力,则丁仍得对甲乙请求 90 元之债权,但由于该 90 元包括其已免除的丙的份额 30 元在内,故其还应返还丙 30 元。但若规定为总括效力,则丁只能向甲乙请求 60 元,如此一来法律关系较为简单。这里的问题是债权人得对何人为免除的意思表示以及在不知丙之内部份额时所为之免除的意思表示是否有效。盖由于连带债务中各债务人间是连带关系,每一债务人都对债权人承担债务之全部履行的责任,故而债权人对债务人之任何一人或数人为免除之意思表示都发生总括的法律效力,比如前例中丁可对甲为免除丙的 30 元债务的意思表示,也可对甲乙为免除丙的 30 元债务的意思表示。同时,丁在为免除的意思表示时,并不以知道丙的内部份额为前提,因为若要求丁需对丙之内部份额时才可为免除之意思表示,则无疑通过课与丁之举证责任而限制了丁之私法自治,并且该种限制也不利于债务之消灭。

关于对部分连带债务人之连带的免除。仍以前述例子为例,设丁免除丙之连带,此时可认为是债权人丁免除丙之承担连带保证的义务,亦即此时丙只需对丁承担其 30 元的份额的债务。此时,甲和乙仍需对丁承担 90 元的连带债务。也就是说,对部分债务人之连带的免除,只发生个别效力。

---

① 参见郑玉波著,陈荣隆修订:《民法债编总论》(修订二版),中国政法大学出版社 2004 年版,第 399 页。
② 参见史尚宽:《债法总论》,中国政法大学出版社 2000 年版,第 659 页。
③ 同上书,第 654 页—655 页。

就我国而言,《最高人民法院关于审理人身损害赔偿案件适用法律若干问题的解释》第 5 条前段规定:赔偿权利人起诉部分共同侵权人的,人民法院应当追加其他共同侵权人作为共同被告。赔偿权利人在诉讼中放弃对部分共同侵权人的诉讼请求的,其他共同侵权人对被放弃诉讼请求的被告应当承担的赔偿份额不承担连带责任。若可以把在程序法中的"放弃"看成是权利人对部分共同侵权人连带义务的免除,则可以看出我国在该问题上采的是总括效力的立场。

(3) 时效

关于时效完成的效力,我国台湾地区"民法典"出于简化法律关系计而规定准用于免除而具有总括效力①,即前例中丁对丙的权利已经过了诉讼时效,则甲和乙亦可在丙的债务份额免其责任,此时丁只能向甲和乙请求给付 60 元。《德国民法典》将时效之完成规定为具有个别效力之事项②,即在丁对丙的权利已过诉讼时效后,丁仍可向甲或乙请求履行 90 元,而至于丙之时效利益则可再通过向丁请求给付而实现。关于时效中断的效力,我国台湾地区"民法典"规定为具有个别效力,此同其规定连带债务之请求事项具有个别效力相一致。③

我国立法没有规定连带债务的时效完成之效力,但《最高人民法院关于审理民事案件适用诉讼时效制度若干问题的规定》第 17 条第 2 款规定,对于连带债务人中的一人发生诉讼时效中断效力的事由,应当认定对其他连带债务人也发生诉讼时效中断的效力。据此可见在诉讼时效中断的效力上,我国采取的也是总括效力的立场。而对于时效完成的效力,我国立法未规定,是一个法律漏洞,可以采用类推适用立法关于诉讼时效中断的效力之规定。

(4) 受领迟延

由于连带债务的题中应有之义是债务人可因其他债务人的清偿而免除,并且部分债务人的清偿可以免除各债务人之间的连带关系,故而债权人的受领迟延实则阻碍了债权的清偿和消灭,也阻碍了债务人间的连带关系之消除。为此,该赋予其总括效力,以兼顾债务人之利益。况且此时若还允许只发生个别效力,则无疑意味着债权人对某一个债务人的受领迟延无须承担任何不利益,此与民法之公平理念和过错责任之原则似有相冲突之处。

2. 债务人的角度

(1) 清偿或代物清偿、提存、抵销、混同

清偿或代物清偿、提存、抵销和混同都是债的消灭原因,该些事项发生的是总括效力。值得一提的是,部分连带债务人是否可以以其他连带债务人对连带

---

① 参见郑玉波著,陈荣隆修订:《民法债编总论》(修订二版),中国政法大学出版社 2004 年版,第 397 页。

② 同上书,第 398 页。

③ 同上书,第 400 页。

债权人所享有之债权而主张抵销。我国台湾地区"民法典"出于简化法律关系计,而认为债务人可以以其他债务人之债权主张抵销。① 《德国民法典》第422条第2款明确规定,连带债务人中之一人所享有的债权,不得由其余的债务人用来抵销。如此规定,主要是由于抵销乃涉及他人债权之处分,以他人债权为处分,自属不妥。

(2) 确定判决

确定判决的效力如何,应结合确定判决所基于的原因进行考量。若确定判决基于前述原因而产生,则其效力同其原因事项的效力一致。比如关于受领迟延之确定判决,若判决认定债权人构成受领迟延,则该判决的效力同受领迟延之效力一致,即具有总括效力;若判决认定债权人不构成受领迟延,则该判决同样也具有总括效力,但此时探讨判决的效力范围,意义已经不那么明显。

总之,有关债的履行、债的履行抗辩、债的消灭之各事项的效力,在法律没有明文规定之情形下,应考虑债的目的的实现情况和法律关系的繁简程度。若是债的目的已经实现,比如清偿或代物清偿、提存、抵销、混同,则认定该事项具有总括效力。而若认定为个别效力会导致法律关系的复杂,则也以认定为总括效力为宜,典型的情形便是债的免除。

(三) 连带债务之内部效力

1. 求偿权的依据

根据《民法通则》第87条后段的规定:"负有连带义务的每个债务人,都负有清偿全部债务的义务,履行了义务的人,有权要求其他负有连带义务的人偿付他应当承担的份额"。可见在我国,清偿全部连带债务的债务人依据法律规定享有向其他债务人求偿的权利。

有学者认为,由于清偿了连带债务的债务人本身有义务承担清偿全部债务,故而不构成无因管理;其他债务人因部分债务人的清偿而免责,乃具有法律原因,故而该免责不构成不当得利。② 前述学说,无疑都是以连带债权人和债务人之间的关系来论证债务人之间的内部关系,似有不妥。史尚宽先生认为,求偿权之发生是法律出于各债务人公平负担的政策考量的结果。③

值得一提的是,由于连带之债中的债务人之间的连带关系,是(也仅仅是)为保证连带债权人的债权之实现,也就是说债务人之间的连带关系是相对于债权人来说的。为此,清偿了全部连带债务的部分债务人,其对其他债务人所享有的求偿权,实则是一种按份债务,因为连带债务人间的连带关系是一种对外的关

---

① 参见郑玉波著,陈荣隆修订:《民法债编总论》(修订二版),中国政法大学出版社2004年版,第395页。
② 参见史尚宽:《债法总论》,中国政法大学出版社2000年版,第664页。
③ 同上。

系。这也意味着先为清偿的部分连带债务人应当承担其他连带债务人不能清偿债权而求偿权不能实现之风险。

很值得探讨的是,若有两个债务人完成了债务清偿,各连带债务人之间的法律关系如何?比如甲乙丙丁四人欠连带债权人戊80元,内部份额为每个人20元,若甲和乙同时清偿了连带债务,甲支付30元,乙支付50元。此时,甲对超过其份额的10元对丙丁享有求偿权,乙对超过其份额的30元对丙丁享有求偿权应无疑义;有疑义的是,此时甲和乙之间是否存在求偿关系。为简化法律关系计,应认为甲和乙之间不存在求偿关系,若连带债务人在连带债务消灭时已支付了其份额,则其便同时从连带债务的内部关系和外部关系中退出。

2. 求偿权的成立

求偿权的成立,需要具备部分连带债务人有财产上给付之行为,而使其他债务人同免责任。这里有疑义的是:第一,若甲只向戊支付了10元,其他连带债务人未清偿债务,其是否拥有对其他连带债务人的求偿权?第二,若甲向戊支付了50元而没有清偿全部债务,则其对其他债务人乙丙丁的求偿权和连带债权人戊对连带债务人的请求权发生冲突时怎么办?比如甲向乙请求支付10元,戊也向乙请求支付10元,此时若乙只有10元,其对谁履行?

对于第一个问题,学界有不同的主张:积极说认为部分债务人之清偿要超过自己之份额,始享有求偿权;而消极说则认为只要债务人之财产上给付产生共同免责之效果,则债务人就享有求偿权。① 本书认为,为简化内部法律关系,宜认为债务人之清偿部分超过其负担份额才享有求偿权。当然,在判断清偿部分是否超过负担份额时,应以免责时应为清偿之额为标准,且若清偿部分一开始未超过负担份额,因事后之原因(比如发生免除)而超过负担份额,则也认定为清偿部分超过负担份额。②

对于第二个问题,本书认为,连带关系意味着连带债务人首先应保障连带债权人利益的实现,故而在前例中甲和戊同时向乙请求支付10元时,乙应先将10元支付给戊,连带债权人对个别连带债务人之债权优先于已部分清偿连带债务的连带债务人对其他未为清偿的个别连带债务人之请求权。

此外,需要说明的是,在内部关系中,若其他债务人不能偿还其应承担份额,则该风险由谁承担?比如连带债务人甲乙丙丁欠戊80元,甲向戊清偿了80元,之后在对乙丙丁的求偿权实现前,丁宣告破产且经过破产清算无法清偿20元,此时该20元的损失由谁承担?有观点认为,基于公平理念之考虑,此时由求偿

---

① 参见史尚宽:《债法总论》,中国政法大学出版社2000年版,第666—667页。
② 同上书,第667页。

权人和其他债务人,按其各自分担部分比例分担。① 该主张有利于鼓励连带债务人积极履行债务,值得赞同。

3. 求偿权的范围

这里主要探讨两个问题:第一,存在多个清偿连带债务的债务人时,未清偿连带债务的各债务人同清偿了连带债务的债务人之间是什么关系?比如在前文所举甲乙丙丁四人欠连带债权人戊 80 元的例子中,若甲对丙请求支付 10 元时,丙可否主张其对甲只有 5 元之份额(另外 5 元应由丁承担)? 第二,甲对丙丁的求偿权和乙对丙丁的求偿权发生冲突时该如何处理,比如若甲向丙请求支付 10 元,乙向丙请求支付 20 元,丙该如何履行?

对于第一个问题,若允许甲只能向丙请求支付 5 元,则无疑增加了清偿连带债务之债务人求偿权实现的风险,从而不利于鼓励连带债务人积极履行债务,于是应允许甲可对丙请求支付 10 元。当然,甲也可以选择向丁要求支付 10 元,但其不能同时向丙和丁分别请求支付 10 元,否则无异于丙丁对甲承担连带债务。

对于第二个问题,宜认为此时丙享有向甲或(和)乙履行总量不超过自己承担份额的自由,即丙只要向甲和乙支付的总量达到 20 元,则其便退出内部关系。这里存在的关系是两个债权人分别对同一个债务人享有不同或相同份额的债权,债务人对外负债总额是固定的,只要债务人对其中一个债权人或两个债权人清偿了其负债总额,则其债务便消失。此种关系,同不真正连带债务②相对,或可称之为不真正连带债权。

(四) 连带债务规则的司法适用

这里主要探讨司法解释的一条规定。《最高人民法院关于审理人身损害赔偿案件适用法律若干问题的解释》第 5 条规定:赔偿权利人起诉部分共同侵权人的,人民法院应当追加其他共同侵权人作为共同被告。赔偿权利人在诉讼中放弃对部分共同侵权人的诉讼请求的,其他共同侵权人对被放弃诉讼请求的被告应当承担的赔偿份额不承担连带责任。责任范围难以确定的,推定各共同侵权人承担同等责任。人民法院应当将放弃诉讼请求的法律后果告知赔偿权利人,并将放弃诉讼请求的情况在法律文书中叙明。

有学者指出,该条司法解释规定债权人(原告)只起诉部分连带债务人的,法院应追加其他连带债务人作为共同被告。其结果在于否定连带债务以及连带债务的债权人的请求选择权③,因为根据司法解释,若"赔偿权利人不同意追加或者不追加其他共同侵权行为人的,就是放弃对该共同侵权行为人的诉讼请求"④。

---

① 参见史尚宽:《债法总论》,中国政法大学出版社 2000 年版,第 671 页。
② 详见下文。
③ 参见杨立新:《债法总则研究》(第 1 版),中国人民大学出版社 2006 年版,第 204—207 页。
④ 同上书,第 206 页。

本书认为,前文在探讨连带债务的效力等规则时,预设的一个前提是连带债务关系的成立。亦即在司法实践中,我们适用连带债务规则的一个前提是要先确认连带债务的成立。在共同侵权诉讼中,人民法院在赔偿权利人只起诉部分共同侵权人时,要追究其他共同侵权人作为共同被告,此举主要是出于查明共同侵权的事实、提高诉讼效率和避免诉讼资源浪费的考虑。只有待共同侵权责任经裁判而被认定成立时,才有赔偿权利人在实体上是否放弃赔偿份额的问题。对于赔偿权利人在诉讼中放弃对部分共同侵权人的请求权的,人民法院可以在裁判书的事实查明部分叙明,同时在赔偿总额中扣除被放弃请求权的该部分共同侵权人应当承担的赔偿份额。假若赔偿权利人没有在诉讼中放弃对部分共同侵权人的请求权,则判决会要求所有共同侵权人对赔偿权利人承担连带责任。但这并不意味着赔偿权利人的请求选择权受到了侵害,赔偿权利人依然可以只依据判决书而向部分共同侵权人主张赔偿请求权。

　　从诉讼法关于诉的理论来看,诉的类型包括确认之诉、给付之诉和变更之诉。在赔偿权利人只提起确定共同侵权成立的诉讼时,该诉讼是确认之诉,人民法院在该诉讼中追加其他共同侵权行为人为共同被告,不涉及赔偿权利人作为连带债权人的选择权的行使。在赔偿权利人提起要求共同侵权人支付共同侵权损害赔偿金的诉讼时,该诉讼兼具确认之诉和给付之诉的性质,且认定共同侵权成立的确认之诉是给付之诉的前提。而只有在给付之诉中,才涉及赔偿权利人(连带债务的债权人)请求哪个或哪些连带债务人承担连带债务的选择权的行使问题。

　　总之,即使人民法院是在给付之诉中追加其他共同侵权人为共同被告,但由于共同侵权行为的确认之诉是给付之诉的前提和基础,因此若将司法解释规定的追究共同被告的意义限定在确认之诉上,则司法解释的规定是合理的。并且,赔偿权利人完全可以在给付之诉的诉讼中放弃对部分共同侵权人的请求权;就算赔偿权利人在给付之诉的诉讼中没有放弃对部分共同侵权人的请求权,其仍然可以在执行阶段行使该项权利。可见,前述司法解释的规定,并没有违背连带债务的相关规则。

　　(五) 不真正连带债务

　　1. 不真正连带债务的含义

　　不真正连带债务是指"多数债务人就同一内容之给付,各负全部履行之义务,而因一债务人之履行,则全体债务消灭之债务也"。[①] 其同连带债务之最大的不同在于债务人间并无主观之联系,故而在债务消灭后各债务人间并不存在

---

① 参见郑玉波著,陈荣隆修订:《民法债编总论》(修订二版),中国政法大学出版社2004年版,第425页。

内部的求偿关系;也正因为各债务人间无求偿关系,因此在连带债务中为避免求偿循环所设之生总括效力事项,比如对债务人一人之免除、混同、时效完成、受领迟延等,在不真正连带债务中仅生个别效力。①

不真正连带债务与连带债务有诸多类似之处:债务人均为多数;给付均为同一内容;各债务人均负全部给付义务;均可因同一债务人的全部履行而使全体债务归于消灭。债务人的多数可以成为不真正连带债务(债务人是多人)同狭义的请求权竞合(债务人为一人,债权人对同一债务人同时享有多项请求权)的一个标准。比如,甲将一辆轿车租给乙,乙随意将之停靠在路边,丙(甲的仇人)见是甲的车,便砸坏车玻璃。此案中,甲既可基于租赁合同要求乙承担违约赔偿责任,也可基于侵权行为要求丙承担侵权损害赔偿责任,此时成立不真正连带债务。上例中,若乙故意毁损轿车玻璃,则甲对乙同时有基于租赁合同的违约损害赔偿请求权和基于侵权行为的侵权损害赔偿请求权,此为请求权的竞合。

关于不真正连带债务的形态,学者论述较多。② 概言之,由于损害赔偿主要由侵权行为和不履行合同之债而产生,故而数个侵权行为、数个不履行合同之债的行为或者侵权行为和不履行合同之债的行为之间都可能构成不真正连带之债。

2. 不真正连带债务的效力

为说明不真正连带之债的效力,这里举一个例子:丁和戊签订买卖加工材料的合同,约定丁将符合质量要求的材料交付给戊;同时,戊和庚签订承揽合同,约定庚将戊买的材料加工成一个大型工艺品。丁交付的材料质量不符合要求,庚在承揽时也违反了承揽合同的约定,结果导致戊损失100元。此时,戊作为不真正连带之债的债权人,可以同时或先后向丁和庚请求部分或全部债务之履行。丁若清偿、提存或抵销100元之后,则戊和庚之间的债权债务关系也因目的之达到而消灭。债权人戊对于债务人丁之履行请求、免除、混同或时效之完成,对于债务人戊不生效力,反之亦然。

这里的疑问是:第一,若丁赔偿了戊,则庚便无须再为其债务不履行而承担责任,此时也意味着庚不履行债务却实际上无须承担责任。这似乎有违自己责任原则,同时这可能造成的情况是丁可能引诱庚违约,因为若庚赔偿了戊的损失后,其便可以免责;同时,也可能意味着丁和庚都可能拖着不赔偿,因为谁后赔偿则意味着可能无须再承担自己的责任。债务人不但没有积极履行债务的积极性反而有了不履行债务的动力。凡此种种,似乎意味着不真正连带债务在制度设

---

① 参见郑玉波著,陈荣隆修订:《民法债编总论》(修订二版),中国政法大学出版社2004年版,第425—427页。

② 参见史尚宽:《债法总论》,中国政法大学出版社2000年版,第673—675页。

计中仍须考虑一些问题。第二,从逻辑上来看,由于戊可向丁请求100元的损害赔偿,也可向庚请求100元的损害赔偿,而若丁和庚同时向戊给付100元,此时戊拥有200元,则该如何处理?戊成立不当得利吗?第三,若戊向丁请求100元,丁给了80元,则此时戊可以向庚主张100元还是只能主张20元;若此时庚进行了破产宣告,则戊可以申报的债权是100元还是20元?

此外,值得一提的是,如果存在着某个债务人应终局负责的情况[1],在其他债务人清偿后,为维护公平,就应当允许已清偿的债务人向终局责任人追偿。比如前设租车之例,乙在赔偿甲的损失之后,应允许其对丙有追偿的权利。对于该追偿权的存在依据,有两种立法例主张:让与请求权型立法例和赔偿代位型立法例。前者是指已履行债务之人得向债权人请求让与其对于第三人之请求权;后者是指不需经当事人的意思表示,法律直接规定履行了债务的债务人当然地取得债权人对于终局责任人的请求权。[2] 这里的疑问是,让与请求权型立法例中,债权人在获得赔偿之后,是否仍有权拒绝让与?并且按照不真正连带之债的制度设计,因债务人中一人的全部履行,其他债务人的债务也随同消灭[3],亦即在债权人获得赔偿之时,其对其他债务人的损害赔偿请求权便已消失,此时其又如何能让与?而若在让与请求权性立法例中,债权人无权拒绝让与其对其他债务人的请求权,则此与赔偿代位型立法例所差无几。

三、不可分债务

(一) 不可分债务之意义

在不可分债务中,由于给付不可分,个别债务人不能单独给付,而只能履行全部给付。

不可分债务与连带债务相似,均具有担保之机能,但不可分债务,因就债务人一人所生事项中,发生总括效力的事项较少,故其担保力较强。[4] 比较我国台湾地区"民法典"的规定,则在连带债务中发生总括效力或限制的总括效力的债

---

[1] 学者所阐述的不真正连带债务的类型,同史尚宽先生所做的类型化处理大同小异。有学者指出,不真正连带债务依其发生原因的不同而可以划分为诸多不同的类型,可见其是通过把握规范间的关联而形成的一个抽象程度较高的编纂概念,其构成要件和法律效果都过度抽象化,这种抽象化使得不真正连带债务的制度设置很难平衡各种不同类型的不真正连带债务之下各债务人之间的关系,为此在解决个案纠纷时要引入以价值导向为基础的类型化思考。参见刘克毅:"论不真正连带债务——一种方法论的思考",载《法律科学》2003年第6期。

[2] 参见蒋万来、王良珍:"不真正连带债务研究",载《法学》1997年第2期。

[3] 参见孔祥俊:《论不真正连带债务》,载《中外法学》1994年第3期(总第33期);李敬从:《论不真正连带债务》,载《北京大学学报》(哲学社会科学版)2002年第S1期。

[4] 参见郑玉波著,陈荣隆修订:《民法债编总论》(修订二版),中国政法大学出版社2004年版,第418页。

务免除和时效完成,在不可分之债中发生的是个别效力。①

如此规定的原因是不可分债务之标的具有不可分性。故而对于不可分债务来说,在债务免除中,若债权人"免除"部分不可分债务人之债务,则同连带债务不一样的是,其他债务人仍有义务履行全部给付,而债权人之免除的意义在于债权人无权向该债务人主张全部给付(一般情况下,债权人既已免除其债务也不会要求其履行债务),被免除的债务人不能以此为依据来处理内部关系。可见,债权人若要免除部分不可分债务人之债务,由于不可分债务给付之不可分性,故其很难通过减少给付数量的方式来实现。但需要指出的是,"不可分债务之给付,除性质上为不可分者外,得依一债务人与债权人间之契约为不可分之免除"②,故而债权人若要免除部分不可分债务人之债务,则应先免除标的的不可分性质。

(二)不可分债务之外部效力

1. 债权人的角度

不可分债务的债权人,得对于债务人之一人或数人,或其全体,同时或先后请求全部之给付。③ 可见不可分债务同连带债务的区别之一是不可分债务由于给付不可分所有排除了部分履行的可能。

2. 债务人的角度

不可分债务的债务人只能履行全部给付。此也是因为受给付标的的性质所限制。因此,若给付标的转为可分,则不可分之债变成可分之债,各债务人之间形成按份债务。

(三)不可分债务之内部效力

我国台湾地区"民法典"规定不可分债务之内部效力,应依其性质,准用连带债务之规定。④ 故而前文关于连带债务之内部求偿权的规则,亦可酌情适用于不可分债务之内部效力。

第四节 多数人之债的类型选择

如前所述,多数人之债的种类至少包括按份债权、按份债务、连带债权、连带债务、不可分债权和不可分债务六种。该六种多数人之债,都可以依法律规定和

---

① 参见郑玉波著,陈荣隆修订:《民法债编总论》(修订二版),中国政法大学出版社2004年版,第396—397、419页。
② 参见史尚宽:《债法总论》,中国政法大学出版社2000年版,第692页。
③ 参见郑玉波著,陈荣隆修订:《民法债编总论》(修订二版),中国政法大学出版社2004年版,第418—419页。
④ 同上书,第420页。

当事人约定而存在;并且六种多数人之债中,债权人和债务人之间的权利义务、债权人之间的权利义务以及债务人之间的权利义务都有很大的差异。为此,为方便民事主体在为法律行为时选择符合自己利益的多数人之债的类型,特将各多数人之债对债权人和债务人之利弊列表对比如下:

多数人之债的形态		利	弊
按份债权	债权人	1. 每个债权人只能向债务人请求享有自己份额之给付,债务人也只能向各个债权人给付其享有之份额,为此各债权人无须承担部分债权人受领了全部债权后不分配份额的风险;2. 同单数人之债相比,债权人并无明显的利。	1. 同单数人之债相比,债权人并无明显的弊。
	债务人		1. 债务人往往要分部分履行债务,而这无疑增加履行费用和时间;2. 债务人必须了解债权人的内部份额关系,以便正确履行债务。
按份债务	债权人	1. 债务人越多,则担保其债权实现的总财产越多,其债权实现的风险越小。	1. 债务人越多,则意味着其要接受多次履行,而如果受领给付会产生不便和麻烦,则此对之而言是不利的。
	债务人	1. 如同债务人与债权人之间成立单数之债一样,无明显的利。	1. 如同债务人与债权人之间成立单数之债一样,无明显的弊。
连带债权	债权人		1. 债务人可以选择任意债权人为全部给付,而任意债权人都可以受领全部之给付,故债权人要承担部分债权人受领全部给付而不分配全部给付之风险。
	债务人	1. 债务人免去了按份债权中多次给付的繁琐;2. 债务人在给付对象的选择上享有广泛的自由。	

（续表）

多数人之债的形态		利	弊
连带债务	债权人	1. 担保债权实现的总财产增加,债权实现的风险较低;2. 债权人在给付对象和给付方式的选择上有广泛的自由;3. 债权人免去按份债务中必须接受多次给付的可能麻烦和不便。	
	债务人	1. 由于有人的连带保证之效果,可能无须另外为债权提供担保。	1. 若先清除完全部连带债务,则可能要承担基于内部关系的求偿权不能实现的风险;2. 连带债务的债务人之间的内部关系即是以已清偿连带债务的债务人为债权人的按份债权,故而其要面临前述按份债权中债权人所面对的不利之处。
不可分债权①	债权人	1. 由于给付是向债权人全体为之的,故债权人可以免去承担连带债权中部分债权人受领全部给付而不按内部关系分配之风险。	1. 债权人只能向债务人请求其向债权人全体为全部给付,而不能请求向其自己为给付,也不能请求债务人为部分给付。
	债务人		1. 债务人丧失了给付对象的选择权。
不可分债务	债权人	1. 同连带债务相比,其总括效力之事项较少,故其担保力最强。	
	债务人		1. 不可分债权要求给付之履行必须全部履行,这意味着债权人在免除部分债务人之债务上略有不便;2. 债务人只能履行全部给付,没有部分履行的机会。

---

① 如前文所述,不可分包括性质不可分和意思不可分,性质不可分乃是标的的性质所决定,当事人对此没有私法自治的空间。而意思不可分则完全取决于当事人之私法自治。故本节中所比较的不可分债权和不可分债务,仅限于指意思不可分。

第七章 债务不履行

第一节 债务不履行概述

一、债务不履行的意义

债务不履行又称债务违反,是指债务人未依债务的内容履行给付的行为。债一经有效成立,债务人应全面适当地履行债务,这是债的效力的最重要的表现,也是债务人最主要的义务。违反此义务,即构成债务违反,债务人要承担相应的民事责任。

债务不履行系指债务人之违反债之本旨的行为,而从债权人一方看来,法律必须对债权人进行债的救济(详见本书第八章)。如果债务人不履行债务无须承担任何法律后果,则债的效力便无从说起。可见,债务不履行和债的救济是实现债权的效力保证。而从义务和责任的角度来看,债务不履行是债务到责任过渡的行为方式。如果从广义上来讲,债务不履行以及由此引发的债的救济的实现,是债的消灭的另一方式。

债务不履行,首先预设了债务的存在。比如在合同之债中,债务不履行的前提是合同义务的存在,而合同义务的存在则预设着合同的成立并且生效。

二、债务不履行的形态

债务不履行有五种形态:给付不能、给付迟延、不完全给付、给付拒绝和受领迟延。给付不能和给付迟延属于消极之债务不履行(也称消极侵害债权),不完全给付属于积极之债务不履行(也称积极侵害债权)。[①] 这里的"给付",可以看成是"(债务)履行"的同义词,其在债权人方所对应的行为是"受领"[②]。

给付义务的履行要求履行主体、履行标的(数量和质量)、履行期限、履行地点和履行方式五方面内容都是完全和适当的。因此一般来说,债务不履行则是对前述内容之部分或全部的违反。其中,给付迟延和受领迟延是对履行期限的违反,不完全给付是对履行标的(质量)的违反,给付拒绝和给付不能体现了对履行主体的违反。而关于履行地点和履行方式,并没有发展成为独立的债务不

---

① 参见黄茂荣:《债法总论》(第2册),中国政法大学出版社2003年版,第86页。
② 同上书,第92页。

履行形态。

我国《合同法》第107条、第110条、第112条、第113条等所规定的"不履行合同义务"和"履行合同义务不符合约定",一般认为,不履行合同义务包括给付不能和给付拒绝,履行合同义务不符合约定主要是指不完全给付。而对于给付迟延来说,就合同是否履行的事实判断,它属于未履行合同,同不履行合同义务所呈现的事实是一样的。但给付迟延中,债务人可能想给付和能给付,只是未在履行期限届满前为给付;而从另一方面来看,给付迟延由于不符合债的履行中有关履行期限的规定,故而也可将之看成是履行合同义务不符合约定,但给付迟延中,给付迟延的债务人并未履行合同。各国立法将给付迟延作为一种独立的债务不履行来进行规定,体现了特别重视履行期限的法律意义和经济价值;但它其实不属于不履行合同义务,也不属于履行合同义务不符合约定,而是未履行合同义务。下文分别阐述该五种形态。

第二节 给 付 不 能

一、给付不能的概念

给付不能,也称履行不能,是指债务人由于某种原因,事实上已不可能履行债务。因而给付不能发生不履行债务的效力。我国《合同法》第110条第1项、第117条和第118条等涉及了给付不能的规定。

履行不能的原因多种多样,有的因标的物已灭失,无法交付;有的因法律上没有处分权而不能交付;有的因债务人自身的原因,丧失提供原定劳务的能力,等等。

要注意的是,不作为债务仍可以成立给付不能,比如甲和乙约定甲在晚上12点后不得发出大的噪音,一天甲为正当防卫同一入室盗窃犯发生打斗,发出了巨大的声响。同时,给付不能同债的种类有很大的关系,比如金钱之债和种类之债的标的是种类物,原则上不发生给付不能。为此,给付不能的规则原则上只适用于合同之债,因为基于侵权行为、不当得利和无因管理而产生的请求权,或者自始或者最后都是以金钱为给付内容的,故而无给付不能的问题。[1] 此外,债务人发生给付困难或缺乏资力都不属于给付不能的范畴。[2]

---

[1] 参见黄茂荣:《债法总论》(第2册),中国政法大学出版社2003年版,第159页。
[2] 参见张广兴:《债法总论》,法律出版社1997年版,第174页。

二、给付不能的类型

（一）事实不能和法律不能

事实不能是指因自然法则而使给付成为不能，例如洪水冲毁铁路而不能运送，相声演员因喉咙受伤而不能表演。法律不能是指因法律上的原因而使给付成不能，例如出卖他人之物，该物已被所有人取回。

我国《合同法》第110条第1项区分了法律不能和事实不能。一般而言，法律不能属于不可归责于债务人的事由，而事实不能则可能属于可归责于债务人的事由，也可能属于不可归责于债务人的事由。这是区分两者的原因。

（二）自始不能和嗣后不能

该分类主要是针对意定之债，特别是合同之债而言的。其区分标准是履行不能的事实存在于债务成立前还是存在债务成立后（合同成立说）。自始不能又称原始不能，是指在债成立之时给付即为不能。嗣后不能是债成立后发生的履行不能。

也有学者主张自始不能和嗣后不能之另一种区分标准是以合同生效时为准（合同生效说）。① 合同成立说和合同生效说之间的差异主要体现在附生效条件的法律行为中。比如，甲和乙于8月8日成立买卖玫瑰的合同，约定若8月18日之前不下雨，则合同生效。在8月12日，乙的玫瑰被丙毁损导致乙对甲给付不能。此时，若依合同成立说，是属嗣后不能，而依合同生效说，则属自始不能。若不能事由发生在8月19日，则两说的主张并无不同。

自始不能和嗣后不能的分类意义，已经逐渐消失。原先的《德国民法典》第306条规定自始客观不能的合同无效，但德国债法修订后，专设第275条，规定"在给付对债务人或对任何人来说是不可能的范围内，排除给付请求权"。该条文用"是(ist)不可能"的修改了旧债法中的"变成(wird)不可能"的，以此表达了不再区分自始不能和嗣后不能的意图。②

（三）客观不能与主观不能

关于客观不能和主观不能的区分标准，学界有不同的学说③：第一，根据主体的范围。即若是仅对债务人而言是给付不能时，为主观不能；若是对任何人而言都是给付不能，则谓客观不能。第二，根据不能的原因。若给付不能是债务人自身的原因造成的，为主观不能；若给付不能是因债务人以外的原因造成的，

---

① 但多数学者主张以合同成立时（债成立时）为准。参见史尚宽：《债法总论》，中国政法大学出版社2000年版，第382页。

② 参见齐晓锟：《德国新、旧债法比较研究——观念的转变和立法技术的提升》（第1版），法律出版社2006年版，第121—122页。

③ 参见史尚宽：《债法总论》，中国政法大学出版社2000年版，第380—381页。

客观不能。也有另外一种观点（第三说）也是根据不能之原因而进行的划分，但其分类标准是：若债务人的原因而导致给付不能的，为主观不能；若依事物之原因而导致给付不能的，为客观不能。第三说同第二说的区别在于客观不能的范围，第二说的客观不能的范围较大，因为"债务人以外的原因"包括事物之原因，也包括其他人之原因。

鉴于给付不能中债务人的主观状态对于给付不能的法律效果的影响甚巨，故本书采第二说。为此，客观不能是指因债务人以外的原因而使给付不能；主观不能是指因债务人的原因而使给付不能。

值得注意的是，《德国新债法》第275条，通过"对债务人或者任何人来说"的表述，表达了不再区分客观不能与主观不能的意图。而这主要是因为在出现给付不能时，无论是否可归责于债务人，债务人都免除给付义务。同时，就1964年的《关于国际货物买卖统一法公约》和1980年的《联合国国际货物买卖合同公约》都放弃了履行不能关于自始不能和嗣后不能、客观不能和主观不能的分类，也未明确将自始客观不能规定为合同无效的原因。① 这样一来，自始不能和嗣后不能、客观不能和主观不能的分类便更显得没有意义。

（四）全部不能与部分不能

全部不能是指给付义务的全部不能履行，部分不能是指给付义务的一部分不能履行。部分不能所产生的法律效果，立法未有明确之规定。本书认为可以类推适用《民法通则》第60条和《合同法》第56条后段关于法律行为部分无效不影响其他部分的效力的规定。当然，如果部分不能直接导致合同目的落空或者债务人的履行对债权人而言没有任何意义，则债权人可以不受领其他债务人能履行的给付。

（五）永久不能与一时不能

永久不能是指债务人已无履行的任何可能性；一时不能是指因暂时性的障碍不能履行，但仍有可能履行。

值得一提的是，这里探讨的是债务不履行的问题而非法律行为的效力问题，而债务不履行之预设前提是债务的存在，表现在合同之债中是合同有效成立。故而，且不说"自始客观不能导致合同无效"的规则设置是否合理②，当前学者将该问题的论述置于债务不履行之体例下，似乎忽略了前述预设。或者，根据前述的假设可以推知，前述分类的存在本身就表明我国并不当然认为"自始客观不能导致合同无效"；为此，如果我国肯认"自始客观不能导致合同无效"的主张，

---

① 参见张广兴：《债法总论》，法律出版社1997年版，第173—174页。
② 有很多学者对此提出批评。参见韩世远：《合同法总论》（第2版），法律出版社2008年版，第359—365页；王利明："论履行不能"，载《法商研究》1995年第3期。

则这里便没有客观不能和主观不能、自始不能和嗣后不能的区分,因为合同无效产生法律行为无效的法律效果,而不会发生履行问题。事实上,我国《民法通则》第55条也没有将给付的可能与否列为影响法律行为效力的情形。

本书认为,前述履行不能的分类,很多都是混淆了法律行为效力判断问题和法律行为有效后的债务履行问题的结果,故而实益不是很大。而意义较大的分类是,可归责的给付不能与不可归责的给付不能。前者指因有可归责于债务人或债权人的事由的给付不能,后者指因不可归责于债务人或债务人的事由的给付不能。下文以该分类为基础,阐述给付不能的法律效果问题。

三、给付不能的法律效果

(一)因可归责于债务人的事由而致给付不能

第一,债务人免除给付义务。如果为一部不能,债务人免除该不能部分的履行义务。如为一时不能,除非以后的履行对债权人已无利益,债务人仍不能免除履行义务,并承担履行迟延的责任。

第二,债务人应承担债务不履行的违约金或者损害赔偿责任。该项法律后果是由原债务转化而来的。在一部不能时,债权人仅可请求不能部分的违约金或者损害赔偿金,对其他部分只能请求继续履行。但可能部分的履行对债权人已无利益的,债权人可拒绝该部分的履行,而请求全部不履行的违约金或者损害赔偿。

第三,债权人可以解除合同。在合同之债,债权人可因债务人的给付不能解除合同,并请求损害赔偿。当然,这是根据《合同法》第94条第1项或第4项的规定,需要满足解除合同的要件。

当然,若给付不能同时可以归责于债务人和债权人双方的事由,则可以考虑适用过失相抵制度。关于过失相抵制度,参见本书第八章,在此不赘。

(二)因不可归责于债务人的事由而致给付不能

第一,债务人免除给付义务,且不承担不履行债务的责任。履行不能后,债务人无法继续履行,故而免除债务人的给付义务。由于债务不履行是债权人之原因造成的,其无须为债权人的过错承担责任,此乃民法过错责任原因之要求。一部不能时,债务人在不能的范围内免除履行义务。一时不能时,债务人于履行障碍消灭前不负履行迟延的责任。我国《合同法》第117条第1款前段规定,"因不可抗力不能履行合同的,根据不可抗力的影响,部分或者全部免除责任,但法律另有规定的除外"。这里的不可抗力,便属不可归责于债务人的事由而致给付不能之一种。

第二,当事人可以解除合同。在合同之债中,给付不能若符合《合同法》第94条规定的法定解除合同的要件时,当事人都可以解除合同。

第三,债务人因不履行债务的事由而对第三人有损害赔偿请求权时,债权人得请求债务人让与该请求权或交付其所受领的赔偿物。

第四,债务人的通知义务。根据我国《合同法》第118条的规定,在合同之债中,债务人若因不可抗力导致给付不能的,负有及时通知对方的义务,以减轻可能给债权人造成的损失。

不可归责于债务人的事由可以进一步细化为可归责于债权人的事由和不可归责于债权人的事由。下面就该两种情形分别说明。

(1) 因可归责于债权人的事由而致履行不能

第一,债务人仍可向债权人请求对待给付。债务人给付不能是由于可归责于债权人的事由导致的,尽管债务人免除给付义务,但若债权人的给付仍为可能,则其仍有义务向债务人为给付。但根据损益相抵的法理,此时债务人"因免给付义务所得之利益,或应得之利益,均应由其所得请求之对待给付中扣除"。①

第二,不会发生代位求偿权。此时由于给付不能是债权人的原因造成的,故而债权人没有对其他人的请求权,故而也就没有存在代位求偿权的空间。

(2) 因不可归责于债权人的事由而致履行不能

第一,债权人免除给付义务。此乃基于公平原则的要求,如果此时仍要求债权人为对待给付,则有违公平之理念。

第二,可能发生代位求偿权。给付不能发生时,若债务人对第三人有请求权,则债权人有权向债务人请求让与该请求权。

第三,在选择之债的场合,给付不能发生时,选择之债存在于余存给付中;若余存给付只剩一宗则选择之债特定。

由此可见,债务人给付义务的免除是给付不能共同的法律效果。

四、给付不能的体系价值

(一) 给付不能与代偿请求权

不可归责于债务人同时亦不可归责于债权人的事由而致的给付不能中,债权人享有代偿请求权,已如前述。所谓的代偿请求权,是"债权人于债务人因该给付不能之事由对第三人有请求权时,得向债务人请求让与其损害赔偿请求权或交付其所受之赔偿物之权利"②。有学者认为,代偿请求权制度是对给付不能制度的一个体系性的补充。③

该项制度之设计,是为防止债务人因给付不能免除给付义务而又同时获得

---

① 参见林诚二:《民法债编总论:体系化解说》,中国人民大学出版社2003年版,第344页。
② 同上书,第343—344页。
③ 参见王洪亮:"我国给付不能制度体系之考察",载《法律科学》2007年第5期。

对第三人的请求权的双项利益。同时,也兼顾了债权人的利益。但对债权人产生的影响是其债权实现的风险担保财产因债务人变化而发生变化。

代偿请求权需具备一定的构成要件。其中较为重要的是:须债务人获得代偿利益,且该代偿利益与给付不能的原因事由之间具有因果关系,同时要债务人取得之利益需具有可转让性;债权人请求让与的代偿请求权应以原有债权价额的范围为限。①

代偿请求权以债权人的主张为必要,而非当然代位。此点是出于对债权人利益的考虑。关于代偿请求权和原来债权的关系,有学者认为是"原来的债权之继续","其时效之起算点,亦应就原来之债权定之"②;也有学者认为代偿请求权是新生之债,时效重新起算。③

(二) 给付不能与权利瑕疵担保

在无权处分的场合,比如甲将乙的一块宝石卖给丙,此时丙若是善意的,则可依不当得利制度(《物权法》第 106 条)获得保护,此时甲便不可再主张给付不能。换言之,不当得利的效力排除了给付不能的适用。但此时,若丙不适用不当得利制度保护自己,而是径直依买卖合同向甲主张权利瑕疵担保责任(《合同法》第 150 条),则给付不能和权利瑕疵担保责任发生竞合。

此时,若依给付不能,则根据前述给付不能的法律效果,只有在因可归责于债务人之事由而致给付不能时,债务人才承担损害赔偿责任;但是若根据权利瑕疵担保责任,则不问是否可归责于债务人,都由债务人承担责任。对此冲突的解决,学者有不同的看法:有认为在履行不能和权利瑕疵担保竞合的情况下,为确保瑕疵担保制度的独立性,应该适用权利瑕疵担保归责④;也有认为权利瑕疵担保规则之适用应限于自始存在之权利瑕疵,其适用范围在此限度内应受目的性限缩。⑤ 对此,本书认为权利瑕疵担保规则存在于买卖合同中,属特别规定,而给付不能则属于一般规定,故而应优先适用权利瑕疵担保规则的规定。

(三) 给付不能与风险承担规则

根据我国《合同法》第 142 条和第 145 条的规定,在标的物交付之前,标的物毁损、灭失的风险由出卖人承担。根据《合同法》第 144 条的规定,出卖在途标的物的,标的物毁损灭失的风险自合同成立时起由买受人承担;《合同法》第 146 条也规定了买受人受领迟延时由其承担标的物毁损灭失的风险。于是,这

---

① 参见史尚宽:《债法总论》,中国政法大学出版社 2000 年版,第 388—389 页。
② 同上书,第 390—391 页。
③ 参见郑玉波著、陈荣隆修订:《民法债编总论》(修订二版),中国政法大学出版社 2004 年版,第 266 页。林诚二:《民法债编总论:体系化解说》,中国人民大学出版社 2003 年版,第 344 页。
④ 参见王洪亮:"我国给付不能制度体系之考察",载《法律科学》2007 年第 5 期。
⑤ 参见黄茂荣:《债法总论》(第 2 册),中国政法大学出版社 2003 年版,第 175 页。

里的问题是：标的物在因不可归责于债权人和债务人的事由而毁损灭失时,此时,债务人给付不能,并且满足法律规定的风险承担规则所设定的情形。换言之,在给付不能制度和风险承担规则发生竞合时,如何适用？有学者主张在给付不能和风险负担规则发生交叉时,《合同法》规定的风险负担规则是特别规则,应优先适用之。① 从解释论来看,风险负担规则是《合同法》第117条规定的"但法律另有规定的除外"中的法律。

此外,有学者指出,《合同法》第117条规定的不可抗力作为免责事由,意味着债务人给付不能所带来的债权人期待利益的风险,是由债权人自己负担的。② 本书认为,给付不能意味着债务人并没有为给付,故而与《合同法》第146条关于受领迟延的风险承担的规定并不矛盾。而《合同法》第142条和第145条的规定,说明标的物交付之前,标的物因不可抗力而毁损灭失的,债务人承担该风险。在不可抗力导致标的物毁损灭失的情形中,根据给付不能制度,此时债务人免除给付标的物的义务且无须承担损害赔偿责任;而按风险承担规则,此时债务人的风险承担的方式便是承担损害赔偿责任。此时,两个制度是矛盾的。但两个制度也可能存在一致的地方,比如因可归责于债务人的原因而导致标的物在交付前毁损灭失的,此时根据给付不能制度,债务人虽免除给付标的物的义务但仍要承担损害赔偿责任;而此时根据风险承担规则,债务人也要承担损害赔偿责任。而这对债权人而言,都是损害赔偿请求权。

第三节 给付迟延

一、给付迟延的概念

给付迟延,又称履行迟延,是指因可归责于债务人之事由,对于已届履行期的债务,能给付而未给付的情况。给付迟延是实践中十分常见的债务不履行的形态。给付迟延并不意味着债务永远不履行。在许多情况下,债务人迟延一段时间后仍会履行债务。因此,它既不同于给付拒绝,也不同于给付不能。

给付迟延的前提是违反关于清偿期的约定。给付迟延主要适用于意定之债,因为"在法定之债,原则上规定于其发生时,债务人即已陷于给付迟延"③。

---

① 参见王洪亮:"我国给付不能制度体系之考察",载《法律科学》2007年第5期。
② 参见王轶:"论买卖合同中债务履行不能风险的分配——以基于法律行为的物权变动模式的立法选择为考察背景",载《中外法学》1999年第5期(总第65期)。
③ 参见黄茂荣:《债法总论》(第2册),中国政法大学出版社2003年版,第98页。

二、给付迟延的构成要件

(一) 债务履行期已届满

履行有确定期限的,债务人自期限届满之时起,负给付迟延的责任;履行无确定期限的,债权人可随时要求履行,但应给对方必要的准备时间。法律规定或当事人约定有催告期的,自催告期限满时起负给付迟延责任。

需要说明的是,这里的债务包括哪些范围。有学者认为,迟延的规定仅适用于主要给付义务和附随给付义务,而不适用于来源于诚信原则、不具有独立性之附随义务,附随义务的违反适用积极侵害债权的规定。[①]

此外,是关于抗辩权同给付迟延的成立的关系。抗辩权是法律赋予当事人之权利,故而若当事人援引抗辩权,则可以排除给付迟延的成立。有疑问的是,抗辩权能否具有溯及既往之效力而排除已经发生的给付迟延的成立。对此,有学者认为,此时取决于各项不同抗辩权规范的具体规定[②]:比如债务人若援引诉讼时效之抗辩,则可排除给付迟延的成立;而债务人若援引留置权之抗辩,则因为留置权的功用在于建立债权人的债权和债务人的债权之间的关系,而非直接针对债权人的债权,同时债权人可以通过提供担保排除留置权的存在,故而债务人对于其提出抗辩之前所发生的给付迟延的后果仍应承担责任。同时,还要意识到,抗辩权有不同的类别,比如法律行为无效、已撤销、合同已解除或债务已履行之抗辩,由于是否定了债权,故而其具有溯及既往的效力。而诸如双务合同之中的同时履行抗辩权(《合同法》第 66 条)、先履行抗辩权(《合同法》第 67 条)和不安抗辩权(《合同法》第 68 条),以及诉讼时效的抗辩,则要债务人积极行使能排除给付迟延的权利。

(二) 给付须可能

迟延的给付须是能为的给付,这是给付迟延与给付不能的区别。给付在迟延后,发生给付不能的,应自即时起,改依给付不能处理。换言之,给付不能的存在排除了给付迟延的成立。当然,这里的给付可能,盖指债权债务关系有效存在之后没有发生给付不能的情形,应将之与债权债务关系(特别是意定之债)成立时判断合同之债的效力状况所涉及的给付可能性问题相区别。

(三) 须有可归责于债务人的事由

因不可归责于债务人的事由而造成给付迟延的,债务人不负迟延责任。例如,因不可抗力而发生的履行迟延、因债权人未履行协助义务而发生的履行迟

---

① 参见黄茂荣:《债法总论》(第 2 册),中国政法大学出版社 2003 年版,第 97—98 页。
② 参见〔德〕迪特尔·梅迪库斯著:《德国债法总论》,杜景林、卢谌译,法律出版社 2004 年版,第 299—300 页。

延等。

关于不可归责于债务人的事由，各国立法并无明确规定。一般认为包括各种客观的履行障碍、债务人关于义务状况之主观认识错误（包括事实错误和法律错误）或债权人管领范围内的障碍事由。①

关于不可归责于债务人的事由的举证责任，原则上应由债务人主张，因为这是其主张给付不能不成立的要件之一；但涉及债权人管领范围之事项，比如债权人未尽协力义务，则此时应由债权人承担其已尽协力义务的举证责任。

（四）债务人没有给付

这里的给付，是指给付效果而非给付行为而言。换言之，如果债务人为给付行为，但尚不足以促成给付效果的发生，则债务人仍可能陷于给付迟延。

值得注意的是，若无法律特别规定或当事人约定，债务人单方面无权利决定部分履行，故而债务人若只给付部分而导致部分给付之迟延，构成全部给付迟延。②但根据我国《合同法》第72条的规定，在部分履行不损害债权人的利益的情况下，债权人不能拒绝债务人的部分履行；故若债务人只履行部分给付而其他给付构成给付迟延，则债务人仅构成部分给付迟延。③

三、给付迟延的法律效果

（一）债务人方面

1. 债务人仍有给付义务。给付迟延发生后，债务人并不免除给付义务。此乃给付迟延同给付不能在法律效果的区别之一。

2. 债务人要承担违约责任。债务人给付迟延，在性质上属于违约，因此，债务人应承担违约责任，债务人应向债权人支付违约金和损害赔偿金。对此，我国《合同法》第114条第3款明确规定，当事人就迟延给付约定违约金的，违约方支付违约金后，还应当履行债务。

3. 债务人的责任加重。根据《合同法》第117条第1款后段的规定，当事人迟延履行后发生不可抗力的，不能免除责任。可见，给付迟延后，债务人的免责事由被限制，其对债权实现的担保责任加重。值得注意的是，我国台湾地区"民法典"对该规则进行了限制，规定若债务人能证明纵不迟延给付，也会发生损害的，其仍可援引不可抗力而免责。④

---

① 参见黄茂荣：《债法总论》（第2册），中国政法大学出版社2003年版，第106—109页。
② 同上书，第117页。
③ 我国也有学者认为，给付迟延可区分为全部给付迟延和部分给付迟延。参见韩世远：《合同法总论》（第2版），法律出版社2008年版，第351页。
④ 参见郑玉波著，陈荣隆修订：《民法债编总论》（修订二版），中国政法大学出版社2004年版，第277页。

（二）债权人方面

1. 债权人仍可请求支付原来给付，并且有权请求因给付迟延而产生的损害赔偿。债务人的给付迟延并不使债权人的履行请求权受到任何障碍。债权人认为有必要要求债务人继续履行的，债务人在可能的范围内应当继续履行。债务人不履行的，由法院强制其履行。

2. 债权人有拒绝受领的权利。债务人给付迟延后，若给付对债权人再无意义，则债权人有权拒绝受领债务人于迟延后所为的给付，并且有权请求因迟延所生的损害。同时，债权人的拒绝不构成受领迟延。

3. 债权人有解除合同的权利。在合同之债，当债务人在债权人催告后在合理期间仍未履行债务（《合同法》第94条第3项），或者迟延履行后合同目的无法实现（《合同法》第94条第4项）时，债权人可拒绝原定给付并解除合同，并可请求赔偿不履行原定给付的损失。

4. 债权人可以行使担保物权。根据《物权法》第170条、179条、第208条和第230条的规定，在债务人不履行债务（包括迟延履行）时，债权人可以行使担保物权（如果有），就担保财产优先受偿。

5. 债权人可能享有代位权。在意定之债中，根据《合同法》第73条的规定，债权人在债务人怠于行使债务人自己的到期债权而对债权人造成损害时，债权人可以行使其代位权以保全其债权。债权人代位权的行使的要件之一是债务人陷于给付迟延（《合同法司法解释》（一）第11条第3项），故而债务人若陷于迟延给付，则债权人在符合代位权的其他构成要件时，可以行使代位权。

值得一提的是，由于金钱债务属于种类之债的特殊性，故而一般不存在金钱债务迟延后债权人因给付对之没有利益而拒绝受领的情形，同时，金钱债务一般不发生履行不能，故而前述有关不可抗力的规则与金钱债务之迟延履行无关。

四、给付迟延的结束

给付迟延发生后，债务人若提出给付，则给付迟延的状态便告结束；或者债权人行使了解除契约的权利，由于契约解除导致债务消灭，故而给付迟延的状态便也结束；此外，若给付迟延后债务人最终为给付前发生了给付不能之事由，则按给付不能来处理，给付迟延的状态结束。但值得强调的是，前述导致给付迟延状态结束的事由发生时，虽然给付迟延的状态已经结束，但之前因债务人的迟延所产生的效力，比如债权人的损害赔偿请求权并不因此而消灭。

第四节 不完全给付

一、不完全给付的概念

不完全给付,亦称不良给付或瑕疵履行,指债务人虽已为给付,但其给付有瑕疵或者给债权人造成其他损害的情况。

不完全给付在德国法表达为积极侵害债权。① 其是由德国学者施陶布(H. Staub)首先提出并被德国立法所采纳的,被德勒(Hans Dölle)称为法学上的发现。② 根据我国《合同法》第107条、第112条和第113条等规定的"不履行合同义务或者履行合同义务不符合约定",第111条规定质量不符合约定时承担的违约责任,以及第122条规定的违约责任和侵权责任的竞合,可见我国是将不完全给付作为债务不履行的一个独立类型的。

二、不完全给付的构成要件

(一)须有给付行为

没有给付行为,不构成不完全给付,只能构成给付不能,或者给付拒绝,或者给付迟延。这里着眼的是给付行为而对给付效果却无规定,而不完全给付恰恰是对给付效果的违反而应承担债务不履行责任。

(二)须债务人的给付不完全

给付不完全,是指没有完全按照债的本旨和债务的内容进行。具体而言,根据不同的标准,可以把给付不完全分成不同的类型。

1. 根据违反的债务类型

相对于债权是种"权利束"而言,债务是"义务群"。如前所述,债务包括给付义务和附随义务,故而给付不完全可能因违反给付义务而致,也可能因违反附随义务而致。违反给付义务的给付不完全,是给付不完全最为主要的类型。

2. 根据不完全之内容

给付义务的履行,包括以下几个要素:履行主体、履行标的、履行时间、履行地点和履行方式五个方面。且由于给付不完全中,履行主体仍是债务人,于是也就称不上违反了履行主体。故而对于违反给付义务的给付不完全,还可细分为

---

① 有学者认为,由于债务人的积极行为也会引起给付不能或给付迟延,比如债务人打碎花瓶;且债务人的消极行为(即不作为)也会引起不完全给付,比如债务人不阐明交付的物的危险。故此,"积极侵害债权"的称谓并不准确。参见〔德〕迪特尔·梅迪库斯:《德国债法总论》,杜景林、卢谌译,法律出版社2004年版,第312页。

② 参见王泽鉴:《民法学说与判例研究》(第4册),中国政法大学出版社2005年版,第15页。

履行标的之瑕疵（数量和质量）、履行时间之瑕疵、履行地点的瑕疵和履行方式的瑕疵四种。要区分的是，这里的履行时间之瑕疵同迟延履行中的超过履行期而未履行不同。迟延履行中履行期只是作为判断的标准或基点，而这里的履行时间之瑕疵是指债务人履行债务的时间不符合约定或法定。比如甲和乙双方约定在乙的生日（12月25日）当天交付蛋糕，但甲却于12月24日交付蛋糕。

3. 根据不完全侵害的利益

依该标准，区分为瑕疵给付和加害给付。前者是指给付中不完全的内容只是侵害债权人对完全给付所具有之利益（即履行利益）；后者是指债务人给付中不完全的内容在造成履行利益损害的前提下，也造成固有利益之损害。① 比如甲卖给乙饲料，甲所给付的饲料是过期的，导致了乙的马食后出现问题。固有利益的损害，是不完全给付同其他债务不履行类型的一个很重要的区别。

4. 依不完全之程度

分为可补正之不完全给付和不可补正之不完全给付。该种分类所导致的不完全给付的法律效果差别较大，下文在探讨不完全给付的法律效果时，亦区分该两者。

（三）须可归责于债务人

这是指不完全给付的发生是因可归责于债务人之事由而致。对于非因可归责于债务人之事由而致之不完全给付，债务人不承担债务不履行的责任。

三、不完全给付的法律效果

（一）可补正之不完全给付

1. 债权人的权利：债权人未受领不完全给付的，有权拒绝受领。已经受领的，有权返还瑕疵之给付，而要求债务人补正给付（《合同法》第111条）。倘若债务人的补正在债的履行期限届满后才结束，债权人有权要求债务人承担给付迟延而产生的责任。此外，如果不完全给付造成了债权人固有利益之损害，债权人有权要求债务人承担损害赔偿责任。

2. 债权人的义务：债权人对于不完全给付负有通知的义务（《合同法》第158条）。债权人对不完全给付负有举证责任。

（二）不可补正之不完全给付

此时学者主张应类推适用给付不能之规则。有所差别的是，此时债权人有权向债务人主张损害赔偿请求权，这里的损害包括履行利益和固有利益。

同时，根据《合同法》第122条的规定，这里的固有利益包括财产利益和人身利益。值得说明的是，当事人在请求权竞合时，选择何种请求权需要考虑多种

---

① 参见林诚二：《民法债编总论：体系化解说》，中国人民大学出版社2003年版，第359—360页。

因素。比如若选择基于合同之损害赔偿请求权,则无须证明加害人的过错;而若选择侵权损害赔偿请求权,则要举证证明加害人的过错。

四、不完全给付与买卖合同中的瑕疵担保

我国《合同法》第 153 条、154 条、第 155 条规定了买卖合同的物的瑕疵担保,第 150 条规定了权利瑕疵担保。关于不完全给付是否会和瑕疵担保产生竞合,学界有不同主张。有认为,不完全给付中的瑕疵发生时间是契约成立后,而瑕疵担保中的瑕疵在契约成立前就已经存在,故而两者不会发生竞合。[①] 王泽鉴先生对之提出质疑,认为同样是可归责于债务人之事由,不能因为瑕疵产生或存在的时间不同而产生不同的责任。[②] 本书认为,在因可归责于债务人事由而产生或存在的瑕疵,则瑕疵担保责任和不完全给付会发生请求权竞合,此时应根据请求权竞合理论,赋予债权人选择权。而在瑕疵是非可归责于债务人的事由而产生时,此时不构成不完全给付,故也无竞合之说。

第五节 给付拒绝

一、给付拒绝的概念

给付拒绝,亦称拒绝给付,指债务人能够履行而故意不履行。从客观方面看,给付拒绝属于一种违法事实,即有合法债务存在,但债务人到期拒不履行。从主观方面看,给付拒绝基于债务人的故意,即明知自己负有债务且能够给付却故意不给付。拒绝给付的表示,可以在履行期到来之前为之,也可以在履行期届至或者发生迟延以后为之;可以是明示的也可以是默示的。

在德国,给付拒绝不是独立的债务不履行的类型,而是属于积极侵害债权的一种。[③] 我国《合同法》第 108 条是对给付拒绝的规定。根据该条规定,债权人"可以在履行期限届满之前要求其承担违约责任",表明我国将给付拒绝作为独立的债务不履行类型的原因是基于契约经济的考虑,即如果债务人表示不履行债务,则债权人无须等到履行期届满才能有所作为,而是可以直接根据债务人的表示而主张违约责任,从而同时在市场上寻找其他合作对象。

---

① 参见林诚二:《民法债编总论:体系化解说》,中国人民大学出版社 2003 年版,第 371—372 页。
② 参见王泽鉴:《民法学说与判例研究》(六),中国政法大学出版社 2005 年版,第 105 页。
③ 参见〔德〕迪特尔·梅迪库斯:《德国债法总论》,杜景林、卢谌译,法律出版社 2004 年版,第 314—315 页。

二、给付拒绝的构成要件

（一）债务人能履行债务

给付拒绝的前提是债务人能履行债务。假如其不能履行债务,则属于给付不能。

（二）不履行债务的表示

根据《合同法》第 108 条的规定,要构成给付拒绝,需要债务人为不履行债务的表示,包括明确的表示或者以自己的行为表示。这里的表示,性质是意思通知,可通过明示也可通过默示为之。①

这里要注意的是,这里的"不履行债务的表示"是债务人要对给付拒绝承担债务不履行责任的原因。② 这里的表示,是指债务人认识到自己有债务但表示不履行债务,应将之区别于债务人和债权人对债务的存在和数额有争议,债务人因未对债务是否存在和数额多寡达成协议而暂时拒绝履行合同。换言之,对这里的不履行债务的表示不能进行过于宽泛的解释。

（三）债务人拒绝履行债务没有合法依据

这是给付拒绝的消极构成要件。倘若债务人的拒绝履行是有合理的抗辩之依据,则不构成给付拒绝。

三、给付拒绝的法律效果

（一）履行期限届满之前的给付拒绝

1. 债权人的合同解除权。根据《合同法》第 94 条第 2 项的规定,在履行期限届满之前,当事人一方明确表示或者以自己的行为表明不履行主要债务的,当事人可以解除合同。当然,债权人解除合同的,应通知债务人(《合同法》第 96 条)。债权人解除合同的,同时可请求因债务人的给付拒绝而造成的损害赔偿。

2. 债权人的受领拒绝权。债务人给付拒绝后,若债权人因信赖债务人不履行债务的意思通知,而同其他民事主体签订同一标的之契约;但之后若债务人又为愿意给付的意思通知并且实际履行了给付,则债权人对债务人的给付有受领拒绝的权利而不构成受领迟延。有疑问的是,若债务人在 4 月 20 日表示不履行债务,4 月 24 日是债务履行期届满之日,但债务人在 4 月 23 日又表示愿意向债权人进行给付并且在 4 月 24 日向债权人进行了给付。此时,债权人是否有受领拒绝权,取决于具体的情形。若其在接到债务人 4 月 20 日不履行债务的意思通

---

① 参见郑玉波著,陈荣隆修订:《民法债编总论》(修订二版),中国政法大学出版社 2004 年版,第 268 页。

② 参见黄茂荣:《债法总论》(第 2 册),中国政法大学出版社 2003 年版,第 216—217 页。

知后,没有进行任何反应,而是想等履行期限的届满后再向债务人主张给付迟延的债务不履行责任,则双方的合同仍然有效,债权人有受领的义务。当然,债权人若因为信赖债务人4月20日不履行债务的通知、筹划另外签订合同并做了准备工作,则对于债权人的相关损失(包括债权人对第三人承担的因契约不成立而导致缔约过错责任),债务人都有赔偿的义务。

3. 债权人可通过债的担保满足债权。在有担保的债务,当债务人明确拒绝履行时债权人即可请求保证人履行债务,或者拍卖担保物,实现债权。本书将违约金定位为债的担保的一种方式,故而债权人拥有违约金请求权。

4. 债务人的契约权利的减损。在契约之债中,债务人拒绝履行的,其不得再以同时履行抗辩权为抗辩[①],这是因为同时履行抗辩权的前提是债务人想履行。同时,债务人拒绝给付的,也免除了债权人的先给付义务,亦即债务人不再有先履行抗辩权。

5. 债务人的债务不履行责任。债务人拒绝给付的,债权人可要求债务人承担债务不履行责任,在契约之债中,债权人可要求债务人继续履行、采取补救措施或损害赔偿(《合同法》第107条)。债务人的债务不履行责任,从债权人的角度来看,是对债权人进行债的救济。此乃所有债务不履行的形态的共通效力,将在本书的第八章进行论述,在此不赘。

(二)履行期限届满之后的给付拒绝

履行期限届满之后债务人给付拒绝的,原则上不能因为债务人为给付拒绝的时间不同而异其效力。但由于履行期限届满,便已意味着债务人陷于给付迟延,债务人给付拒绝和给付迟延产生竞合。对此,有学者主张给付拒绝被给付迟延所吸收,适用给付迟延的相关法律效果。[②] 对此,本章第七节也将涉及。

第六节　受领迟延

一、受领迟延的概念

(一)受领

受领,是指债权人接受债务人履行的行为。债权人利益的实现,除了主要依赖于债务人履行义务外,还必须以自己的行为接受债务人的履行。

债权人的受领只有在债务人依债的内容完全、适当履行时,才具有必要与可能。债务人的履行不符合法定的或约定的债的内容时,不发生履行的效力,债权

[①] 参见张广兴:《债法总论》,法律出版社1997年版,第179页。
[②] 参见林诚二:《民法债编总论:体系化解说》,中国人民大学出版社2003年版,第391页。

人有权拒绝受领。

关于受领的性质,有不同的学说①:第一,义务说。该说认为受领是债权人的义务,故而债权人受领迟延的,产生债务不履行的法律效果。第二,权利说。该说认为受领是债权人的权利,债权人不受领的,是其放弃自己权利的表现,故不构成债务不履行。而其之所以要承担一定的法律效果,是法律为了平衡债权人和债务人之间的利益而规定的一种法定义务。

本书认为,受领既是债权人的义务,也是债权人的权利,但更主要的是债权人的一种权利,具言之,是债权的效力的体现。所以当债权人不为受领时,只能视为债权人放弃其利益,原则上不得强制债权人接受债务人的履行。只有在特别场合,受领可因法律的规定或者当事人的约定而成为一种义务,如承揽合同、买卖合同等。在一般情况下,债权人虽无受领的义务,但在受领上也应遵循诚实信用原则。例如,债务人本应一次全部给付,但如果分数次履行对债权人并无不利和不便时,债权人不得拒绝受领。

(二)受领迟延

受领迟延,又称债权人迟延,指债权人对于债务人的履行应当且能够受领而不为受领或客观上不能受领。例如,债权人收到债务人履行的通知后,不及时清理出存放货物的场地,而未及时接收货物。

二、受领迟延的构成要件

受领迟延应符合以下构成要件:

(一)债务的履行需要债权人协助

某些债务不须债权人的协助,债务人即可自行完成债务的履行,如不作为债务,在此种情况下,不可能成立受领迟延。典型的需要债权人协助的债务是承揽契约,《合同法》第259条规定,承揽工作需要定作人协助的,定作人有协助的义务。定作人不履行协助义务致使承揽工作不能完成的,承揽人可以催告定作人在合理期限内履行义务,并可以顺延履行期限;定作人逾期不履行的,承揽人可以解除合同。

关于债权人的协助方式,有事实行为,比如债权人站在固定的位置配合债务人完成素描;也有法律行为,这主要体现在采纳物权行为理论的国家,债权人的受领包含着接受物权移转的意思表示。

(二)债务已届履行期

在有期限的债务,履行期届至前,债务人原则上不得提前履行。如果履行,

---

① 参见张广兴:《债法总论》,法律出版社1997年版,第188—191页。韩世远:《合同法总论》(第2版),法律出版社2008年版,第383—388页。

债权人有权拒绝,并不成立受领迟延。

(三) 债务人已提出履行或已实际履行

债务人已提出履行,是指债务人已经向债权人发出可以履行的通知,如债务人通知债权人前往领取标的物。债务人已实际履行,是指债务人已经将履行标的提交给债权人,如运送人已将货物运到。需要注意的是,债务人所提出的给付必须依债务本旨,否则债权人之拒绝受领不构成受领迟延。①

(四) 债权人不为或者不能受领

债权人不为受领,指债权人拒绝受领或不提供协助义务。不能受领,是指基于债权人自己的原因,客观上无法受领,例如债权人失踪、存放货物的仓库毁于火灾等。

三、受领迟延的法律效果

受领迟延的法律效果,主要是减轻或免除债务人的责任,如债务人可通过提存(《合同法》第101条第1款第1项)或拍卖(《合同法》第101条第2款)以消灭债务(《合同法》第91条第4款);由于债权人受领迟延而致履行不能的,债务人免除履行义务。债务人义务的减轻,在受领迟延中,债务人仅就故意或重大过失负其责任。② 若债务人因债权人的受领迟延而发生费用增加或受到其他损害的,可以要求债权人予以赔偿。在买卖合同中,债权人受领迟延的,自迟延之日起承担标的物毁损、灭失的风险(《合同法》第143条)。

需要注意的是,受领迟延意味着债权人对自己义务的违反,故即使债权人对之并没有过错时,一样产生受领迟延的效力,此与给付迟延有异。③

第七节 债务不履行各形态的关系

前述债务不履行的形态,在债务不履行中所占有的比重因情况不同而有所变化。就德国来说,随着时间的推移,现实生活中债务不履行常见的形态已变为给付迟延和不完全给付,而给付不能反而成了一种较为少见的特例。④ 而就我国来说,在买卖合同中,质(数)量和价金问题引起的违约一直占据主导地位⑤;由此可见,债务不履行的形态在我国是以不完全履行(质量、数量)和给付迟延

---

① 参见黄茂荣:《债法总论》(第2册),中国政法大学出版社2003年版,第141页。
② 参见韩世远:《合同法总论》(第2版),法律出版社2008年版,第393页。
③ 参见黄茂荣:《债法总论》(第2册),中国政法大学出版社2003年版,第92页。
④ 参见齐晓琨:《德国新、旧债法比较研究——观念的转变和立法技术的提升》,法律出版社2006年版,第120页。
⑤ 参见刘凯湘:"我国合同违约状况分析",载刘凯湘:《权利的期盼》,法律出版社2003年版,第238页。

为主导的。在实践中,各种债务不履行形态之间的区分并不像它们的概念所彰显的那样具有明确的区分标准和界限。以下就债务不履行各形态的关系做些简要说明。

一、给付不能和给付迟延

给付迟延是以履行期为标准,但给付不能同履行期之间是何种关系,学界有不同学说。有认为给付不能仅发生于履行期届满之前,履行期过后再无给付不能之问题。也有学者认为在债之关系成立后履行期届满之前,可能发生给付不能的问题,在履行期届满后(已发生给付迟延)也可能发生给付不能的问题。[1]

本书认为,给付不能所蕴含的是债务人不能依债的目的而为给付,至于债务人不能以债的目的而为给付发生的时间则并非给付不能的构成要件。因此,给付不能可能发生于履行期届满(给付迟延)之后。换言之,发生给付迟延后可能发生给付不能,但由于给付迟延是以"能给付"为前提,故而给付不能之后不会发生给付迟延的问题。紧接着面临的问题是,应如何处理给付迟延和给付不能这两种同时存在的债务不履行形态。对此,有学者主张,这种情况下应该按给付不能处理而不必按给付迟延解决。[2] 有学者表述得更详细,认为这种情况下由给付迟延转为给付不能,但于迟延中所受之损害,仍须负迟延责任。[3]

二、给付迟延与给付拒绝

给付迟延和给付拒绝的前提都是能为给付,这是两者同给付不能的差异之处。给付迟延是以履行期为判断基准的,且给付迟延有因可归责于债务人事由和因不可归责于债务人事由的区分,这是其同给付拒绝的差异之处。由于给付拒绝只关注债务人对债务履行的主观态度和行动,故而其可能发生于履行期届满之前或之后。故而给付迟延和给付拒绝发生的竞合是:在债务人陷于给付迟延时,又拒绝给付的。此时的债务不履行应选择何种形态? 同时若结合前述给付迟延后可能发生给付不能的情形,则情况会更加复杂。比如,甲卖给乙一个清朝的花瓶,约定4月22日交付,甲到4月25日仍未交付(此时甲已陷于给付迟延),4月27日甲明确拒绝不交付花瓶(此时甲构成拒绝给付),4月29日丙故意打算花瓶(此时甲是给付不能)。

对此,有学者认为,履行期届满前后都能发生给付拒绝,但履行期届满后发生给付拒绝,实际已经构成给付迟延,应为给付迟延所吸收;若给付迟延之后又

---

[1] 参见郑玉波著,陈荣隆修订:《民法债编总论》(修订二版),中国政法大学出版社2004年版,第268页。

[2] 同上。

[3] 参见林诚二:《民法债编总论:体系化解说》,中国人民大学出版社2003年版,第350页。

发生给付不能,则给付迟延又被给付不能所吸收。①

三、给付迟延与不完全给付

债务人于迟延后的履行有瑕疵的,分别成立给付迟延和不完全给付。债务人既要承担给付迟延的责任,又要承担不完全给付的责任。此时两者并不存在竞合关系,而是债务人因超过履行期而发生了迟延,故要承担给付迟延的债务不履行责任;因为其履行同时又构成不完全给付,故要承担不完全给付之债务不履行责任。但尽管如此,由于不完全给付发生在给付迟延之后,实则表明此时债务人已经为给付,故而该情形下给付迟延责任的法律效果将因债务人的给付行为而发生变化,比如债权人不能再要求债务人为给付。且由于给付迟延和不完全给付在法律效果上有重叠之处,比如继续履行和损害赔偿,故而对于重叠之法律效果,债权人只能主张一次。

---

① 参见林诚二:《民法债编总论:体系化解说》,中国人民大学出版社2003年版,第391页。

第八章 债的救济

第一节 债的救济概述

本书将侵权行为列为独立的债的发生原因,因此这里的债的救济,是指因不履行合同之债、不当得利之债、无因管理之债、侵权行为之债、缔约过错之债而产生的救济问题。简言之,是在发生债务不履行行为时对债权人进行的救济。债的救济是债权的诉请履行力和强制执行力的表现,也体现了国家强制力在民事关系中的后盾作用。事实上,不仅仅债务不履行时存在债的救济,在债务全面履行的情况下,其实也少不了债的救济。债的救济制度的存在,一定程度上也督促着债务人积极履行债务。若从债的消灭来看,债的救济的完成在某种程度上也可被认为是债的消灭方式之一。

值得说明的是,本章所阐述的债的救济,其他大多数教材是在"损害赔偿"部分进行介绍。这些教材在介绍"损害赔偿"这一部分时,往往区分因契约关系而发生的损害赔偿、因侵权行为而发生的损害赔偿和因法律之特别规定而发生的损害赔偿等。[①] 实际上,前述所谓的因契约关系而发生之损害赔偿,是指因不履行合同之债而产生的合同责任;而因侵权行为而发生之损害赔偿是指侵权行为所引起的双方当事人的债权债务关系。换言之,因契约关系而发生之损害赔偿是在责任的层面上进行论说的,而因侵权行为而发生之损害赔偿是在义务的层面上进行论说的。[②] 因此,若严格按照逻辑来,则债的救济包括对不履行合同之债(意定义务)的救济和对不履行侵权行为之债(法定义务,即损害赔偿的义务)的救济。

然而,鉴于我国《民法通则》在第六章民事责任中,将"侵权的民事责任"和"违反合同的民事责任"规定于同一位阶,2010年7月1日起正式实施的关于侵权行为的立法也将名称定为《侵权责任法》。因此,本书沿袭习惯做法,将因侵权行为所生之损害赔偿义务纳入该章和债务不履行之救济一并进行介绍。本章之所以选用"债的救济"作为章名而非损害赔偿,是凸显本章所论述对象的责任

[①] 参见曾世雄:《损害赔偿法原理》,中国政法大学出版社2001年版,第9页以下。
[②] 当然,也有学者认为,法律义务包括作为义务和不作为义务,侵权行为通常是对不作为义务的违反,应承担侵权责任,故而侵权行为是一种法定责任而非法定义务。参见魏振瀛:"论债与责任的融合与分离——兼论民法典体系之革新",载《中国法学》1998年第1期。

(而非义务)色彩。①

第二节 债的救济之成立

一、损害

债的救济之主要目的,在于损害之填补,故若无损害则也就没有债的救济的必要。当然,在损害之前是造成损害的行为,此行为便是前一章所述之债务不履行的各种形态,于此不赘。根据不同的分类标准,损害有不同的类别。

(一)财产上损害和非财产上损害

财产上的损害是指权利人财产上的损失,包括财产的积极损害和消极损害。前者意指财产之积极减少,比如购买的自行车因债务人过错而灭失,侵权行为的受害人因治疗而支出医疗费。后者意指财产之消极不增加,比如因债务人的债务不履行而失去原本可以获得的利润,侵权行为的受害人因受伤未能参加工作而无法获得工资。非财产上的损害是指财产外之损失。比如生命权、健康权、人格权受到的损害。

我国的民事立法兼涉及财产上损害和非财产损害。《物权法》第37条规定的"侵害物权,造成权利人损害的,权利人可以请求损害赔偿,也可以请求承担其他民事责任",这里的损害,是指财产上损害;《侵权责任法》第22条规定的"侵害他人人身权益,造成他人严重精神损害的,被侵权人可以请求精神损害赔偿",这里的损害是指非财产上的损害;《侵权责任法》第16条的规定,是指由非财产上的人身损害所引起的财产上损害。

我国《合同法》第107条规定当事人一方不履行合同义务或者履行合同义务不符合约定的,应当承担继续履行、采取补救措施或者赔偿损失等违约责任。根据《合同法》第122条的规定,因当事人一方的违约行为,侵害对方人身、财产权益,受损害方有权选择依照《合同法》要求其承担违约责任或者依照其他法律要求其承担侵权责任。由此字面和体系解释观之,我国《合同法》上的损害,同时包括财产上损害和非财产上损害。

饶有趣味的是,学界和司法实践对债务不履行所导致的非财产上损害(主要是指精神损害赔偿)是否需要进行救济存在分歧。有观点认为,由于精神损害是合同当事人在订立合同时难以预计的,同时这种损害又难以通过金钱加以确定,因此,受害人不能基于合同之诉获得赔偿;在责任竞合的情况下,可以提起

---

① 本书将侵权行为列为独立的债的发生原因,故而这里的债的救济,是指因不履行合同之债、不当得利之债、无因管理之债、侵权行为之债、缔约过错之债而产生的救济问题。

侵权之诉从而没必要通过违约之诉来获得非财产上损害的赔偿。① 有学者通过法律解释和类推适用的法律漏洞填补方法,认为《合同法》第112条的"其他损失"可以包括非财产损害;最高院《关于审理人身损害赔偿案件适用法律若干问题的解释》第1条第3款的"其他致害原因"应理解为可以包括"违约行为";在此基础上通过类推适用最高院《关于确定民事侵权精神损害赔偿责任若干问题的解释》来实现通过违约之诉来获得非财产上损害的赔偿。② 有观点认为,该争议实际触及了传统民法上违约救济与侵权救济二元制体系分离的一个边际问题,应当通过扩张合同法之领域来解决一些看似应当由侵权法解决的问题,即在因违约造成的精神损害不足以构成独立的侵权之诉时给予因违约造成的包括精神损害在内的非财产性损害以救济。③

本书认为,根据前述字面和体系解释,损失包括财产上损害和非财产上损害,据此便无排除通过《合同法》来对非财产损害进行救济的道理。此其一。其二,民事主体都是独立的,但可能通过如下两种途径而发生联系:合同订立行为和侵权行为。前者是基于双方的自愿结合而发生之法律关系,后者引发的损害赔偿关系则是双方非自愿结合之法律关系。当事人在前述两种法律关系中都可能同时受到财产上损害和非财产上损害,故而没有理由不肯认当事人可以基于合同关系而要求相对方赔偿其受到的非财产上损害。当然,合同的救济体系和侵权的救济体系可能发生竞合,但这已经是另外一个问题了。但鉴于非财产上损害的受害人若通过合同主张其损害赔偿时可以免于论证加害人行为符合侵权行为构成要件的繁琐和困难,前述主张便具有重大意义。

(二) 履行利益损害和信赖利益损害

履行利益和信赖利益之区分,同法律行为效力状况密切相关,故而该分类仅在合同法领域有其意义。若法律行为有效成立,债权人在债务人履行法律行为所设之义务后所获得之利益,便是履行利益。履行利益是法律行为有效成立且债务人全面履行义务之后所得之利益,然而在需要债的救济的场合,恰是债务不履行发生之时。而信赖利益损害则是当事人由于信赖法律行为的成立和生效而遭受的损害。对履行利益损害的赔偿,是使被害人处于如同债务已经全面履行的状态;而对信赖利益损害的赔偿,是使被害人处于没有接触该法律行为的利益状态。

因划分标准不同,履行利益损害和信赖利益损害同积极损害和消极损害并非一一对应。换言之,履行利益损害和信赖利益损害都可能表现为积极损害或

---

① 参见王利明:《违约责任论》,中国政法大学出版社1996年版,第400页。
② 参见韩世远:《合同法总论》(第2版),法律出版社2008年版,第554—555页。
③ 参见李永军:《合同法》(第2版),法律出版社2005年版,第786—792页。

消极损害。比如,甲和乙签订买卖二手车的合同,原定于"五一"前交货以便乙可以在 5 月 1 日自己使用该汽车并且在 5 月 2 日把车租给丙。乙没有驾照,故和丁签订合同,约定丁在 5 月 1 日为其开车,劳务费为 200 块并已提前支付且约定若非丁之过错导致合同不履行则不再返还。同时乙和丙签了租赁合同,约定 5 月 2 日的租金为 300 块。但甲因其出差未及时赶回,在 5 月 3 日才交付。此时,甲要赔偿乙履行利益损害,其中包括但不限于积极损害(乙支付给丁的费用 200 块)和消极损害(乙因出租合同的履行而可获得的收益 300 块)。

《民法通则》第 61 条第 1 款规定,民事行为被确认无效或者撤销后,有过错的一方应当赔偿对方因此所受的损失,双方都有过错的,应当各自承担相应的责任。《合同法》第 58 条也有类似的规定。该两个条文是对信赖利益损害的救济。《合同法》第 113 条是对履行利益损害的救济。

二、可归责性

(一)学界争论

关于可归责性,学界争论较多。有学者认为我国立法是采过错责任,同时指出在本质上,过错责任和无过错责任实际上是法律对违约人是否能够以无过错为由对责任进行抗辩的允许或限制性规定。① 有学者认为是采严格责任,该观点主要是根据《合同法》第 107 条的规定中没有出现"但当事人能够证明自己没有过错的除外"的字样。② 也有学者在立法论上主张采取过错责任原则与严格责任原则的双轨体系,并将严格责任限定在特定领域。③ 我国台湾地区有学者则区分过失和可归责,认为同侵权行为锁定过失之要件不同,违约行为改以可归责代之。④

(二)解释论上的观察

学者争论的存在,同我国立法上对该问题的沉默有很大的关系。《民法通则》第 106 条第 1 款规定:公民、法人违反合同或者不履行其他义务的,应当承担民事责任;《民法通则》第 111 条规定:当事人一方不履行合同义务或者履行合同义务不符合约定条件的,另一方有权要求履行或者采取补救措施,并有权要求赔偿损失;《合同法》第 107 条规定:当事人一方不履行合同义务或者履行合同义务不符合约定的,应当承担继续履行、采取补救措施或者赔偿损失等违约责

---

① 参见李永军:《合同法》(第 2 版),法律出版社 2005 年版,第 649—655 页。
② 参见梁慧星:"从过错责任到严格责任",载梁慧星主编《民商法论丛》(第 8 卷),法律出版社 1998 年版,第 1—7 页。
③ 参见崔建远:"严格责任?过错责任——中国合同法归责原则的立法论",载梁慧星主编:《民商法论丛》(第 11 卷),法律出版社 1999 年版,第 190—197 页。
④ 参见曾世雄:《损害赔偿法原理》,中国政法大学出版社 2001 年版,第 58—59 页。比如,我国台湾地区"民法典"第 227 条第 1 款规定,因可归责于债务人之事由,致为不完全给付者,债权人得依关于给付迟延或给付不能之规定行使其权利。

任。显而易见的是,我国立法对该问题并没有正面的直接规定,也没有出现如同台湾地区"民法典"采用的"可归责"的字样。

从历史解释来看,原《经济合同法》第29条规定,由于当事人一方的过错,造成经济合同不能履行或者不能完全履行的,由有过错的一方承担违约责任。同该立法相比,现有生效的立法则对此保持沉默。但沉默之事实,只能说明立法者在此问题上的犹豫或对此问题的遗漏,而不足以构成我国立法采严格责任的充分理由。且在我国《合同法》中,不缺乏有明确规定主观状况的条文;比如第189条和第406条第1款后段规定的"故意或重大过失",第303条第1款、第320条和第406条第1款前段规定的"过错"。此外,也有条文的规定通过其他方式的文字表达来彰显对"过错"的规范:比如第265条和第374条规定的"保管不善",第180条规定的"未事先通知用电人中断用电"、第181条规定的"未及时抢修"、第370条规定的"寄存人未告知"等。与此同时,《合同法》中也有条文体现了"无过错责任"原则的规定:第117条第1款后段规定当事人迟延履行后发生不可抗力的,不能免除责任;第121条前段规定,当事人一方因第三人的原因造成违约的,应当向对方承担违约责任;第224条规定承租人经出租人同意转租,第三人对租赁物造成损失的,承租人应当赔偿损失。据此可见,立法者并不是没有意识到该问题的存在,其在该问题的沉默,是有意为之。而之所以沉默,可能是因为立法时对该问题的认识没有统一,也可能是因为该问题在当时看来并没有那么重要,或者该问题应采何观点乃显而易见,凡此种种,皆有可能。

此外,从一定程度来说,债务不履行和债的救济是从债务人和债权人的角度看待同一个问题的结果。考察债务不履行的形态,在给付不能中,债务人的可归责性对债务不履行的法律效果影响甚大[①];在给付迟延和不完全给付中,债务人的可归责性是债务不履行成立的构成要件[②];而在拒绝给付中,"拒绝"本身就表明债务人具有主观过错。可见,既然多数的债务不履行形态都考虑到债务人的可归责性,在债的救济中却主张采无过错责任,两者似有相抵牾之处。

本书认为,仅仅依据《合同法》第107条,尚不能得出我国《合同法》对违约责任是采无过失责任的结论。事实上,让违约的当事人承担违约责任,是债务不履行的逻辑必然,是缔约双方的意思合意之组成部分,因此在该问题上也就不存在需要任意性法律弥补当事人意思遗漏的必要。故而违约方的主观状态,除非法律有特别规定(比如前列《合同法》分则的条款;对该些规定,当事人仍可合意变更或排除),则原则上不该成为是否对债务不履行进行救济的构成要件。当然,即使在债的救济之成立上一般无须考查违约方的主观情况,但这仅意味着当

---

① 参见本书第七章第二节。
② 参见本书第三节和第四节。

事人的主观状况在债的救济之成立上意义不大,并不意味着当事人的主观过错在债的救济中毫无意义,当事人的主观过错情况可能会影响债的救济之范围(与有过失便是其中一例)。

值得注意的是,私法自治在债法中体现得最为全面、贯彻得最为彻底,而过错责任则是私法自治所要求的。① 但是,缘何我国合同法对债务不履行进行救济时却不明确将过错作为债的救济之成立要件? 原因或许有二:第一,债法中的规范大多是任意性的,允许当事人合意加以变更和排除。第二,合同属意定之债,当事人已经参与了合同之债的形成,意定之债的履行以及不履行合同之债的义务已经其意志许可,故而不问其过错否而要求其对意定之债的不履行承担责任,并不违反私法自治之理念;相反,若此时再以过错为债的救济之成立要件,则无疑加大救济的难度,反而有违当事人之意志。需要指出的是,立法上对过错责任原则的沉默,并不当然意味着立法采取的是无过错责任原则,就像我们不能因为《合同法》第107条没有明确是采无过错责任原则而认为其是采过错责任原则一样。

三、因果关系

关于因果关系,学说也是百家争鸣。根据学者的归纳,主要包括条件说(只要一行为是一损害的条件,该行为与该损害间即有因果关系)②、相当因果关系说(即条件说和相当性判断的结合,即若无一行为,则无损害,而有该行为,则通常即足以生此种损害,则该行为与该损害之间有因果关系)③、预见说(该说主要解决损害赔偿范围之问题,主张以赔偿义务人可预见之范围为限)④、法规目的说(主张因果关系之有无,依法规之意旨和目的判断之)⑤。前述学说的探讨,条件说和相当因果关系说表现在侵权法领域,预见说则主要是在契约法领域,而法规目的说则同时在前述两领域被学者探讨过。我国因果关系之发展,经历了必然因果关系说通说地位的确立及其动摇的渐进过程。⑥ 当前,我国学者大多认同相当因果关系说。⑦

---

① 参见张俊浩主编,刘心稳、姚新华副主编:《民法学原理》(修订第三版)(上册),中国政法大学出版社2000年版,第33页。
② 参见曾世雄:《损害赔偿法原理》,中国政法大学出版社2001年版,第96—98页。
③ 参见王泽鉴:《侵权行为法》(第1册),中国政法大学出版社2001年版,第191—221页。
④ 参见曾世雄:《损害赔偿法原理》,中国政法大学出版社2001年版,第96—98页。
⑤ 同上书,第112—117页。
⑥ 参见韩世远:《违约损害赔偿研究》,法律出版社1999年版,第148—151页。另可参见张广兴:《债法总论》,法律出版社1997年版,第295页。
⑦ 参见杨立新:《债法总论》,高等教育出版社2009年版,第244页。另可参见张广兴:《债法总论》,法律出版社1997年版,第295页。

因果关系的类别,主要有二:责任成立的因果关系和责任范围的因果关系。① 在侵权责任中,因果关系是侵权行为成立的构成要件,若无因果关系的存在,则便没有侵权损害赔偿之债的成立。而在债务不履行的救济中,因果关系的功用侧重的不是支撑债的救济之成立,而是决定债的救济即损害赔偿之范围。之所以存在这样的差别,大概因侵权损害赔偿之发生并非双方自愿意志合意之结果,故而要论证受害人之损害和加害人之侵权行为之间的因果关系;而合同系双方当事人意思合意之结果,合同的存在和债务人的债务不履行之事实本身,便足以说明双方当事人之间的法律关系之存在,也一定程度上表彰了债务人的债务不履行行为同债权人的损害之间的因果关系,故而再费心论证因果关系之存在着实有点画蛇添足。

本书认为,侵权法上的因果关系和契约法上的因果关系具有一定程度上的差异性,学者的努力,便是进一步认识两者作为因果关系的异同。倘若直接将侵权法上的因果关系理论适用于契约法上的因果关系判断,则可能削足适履而目的不达。

第三节 债的救济之方法

一、概述

根据《民法通则》第 111 条的规定,当事人一方不履行合同义务或者履行合同义务不符合约定条件的,另一方有权要求履行或者采取补救措施,并有权要求赔偿损失。《合同法》第 107 条规定,当事人一方不履行合同义务或者履行合同义务不符合约定的,应当承担继续履行、采取补救措施或者赔偿损失等违约责任。表面观之,《合同法》第 107 条在措词上有别于《民法通则》第 111 条的规定,其差异主要在于《民法通则》第 111 条在阐明三种救济方法的同时也指出了三者的关系即赔偿损失可以同要求履行和采取补救措施并用。但鉴于《合同法》第 112 条规定当事人在履行义务或者采取补救措施后,对方还有其他损失的,应当赔偿损失,据此则前述两条文的差异便也随之消除。《合同法》不厌其烦地将《民法通则》第 111 条的规定细化为两个条文,其客观结果是凸显了赔偿损失救济方式的重要性。同时,从《合同法》第 110 条对继续履行的限制适用来看,也间接凸显了赔偿损失在债的救济之各方法中的重要性。

关于强制履行(我国《合同法》表述为继续履行)和损害赔偿(我国《合同

---

① 参见王泽鉴:《侵权行为法》(第 1 册),中国政法大学出版社 2001 年版,第 187—191 页。另可参见曾世雄:《损害赔偿法原理》,中国政法大学出版社 2001 年版,第 96 页。韩世远:《合同法总论》(第 2 版),法律出版社 2008 年版,第 559—561 页。

法》的赔偿损失仅仅是损害赔偿之一部分)的适用顺序,英美法系和大陆法系之间的差异甚巨。具言之,在英美法系,强制履行是衡平法律认为普通法上的损害赔偿救济不充分或不公平时,创设的一种特别救济制度,故对债进行救济时,优先选择损害赔偿,而以强制履行为补充;而大陆法系则首先选择强制履行而非损害赔偿。① 但根据学者的观察,两大法系在救济手段的具体适用上,有许多异曲同工之处而逐渐趋于一致。②

前述我国立法在救济方法上逐步凸显赔偿损失的重要性,无疑符合两大法系的发展趋势。并且从本质来看,这是我国市场经济体系逐步健全、私法自治理念逐渐普及的客观结果。在计划经济年代,合同的缔结和履行的目的在于完成国家计划,包含公共利益的成分,故而强制履行显得尤为重要。而在市场经济时期,合同完全是市民社会私法主体获益的工具,具有理性人特质的民事主体必要时会以违约的方式来获取利益(比如一物二卖,出卖人不履行其与第一买受人订立的合同,因为其与第二买受人订立的合同价格较高,其在支付因不履行第一个合同违约金之后仍可获得可观的利润),此时若强制其继续履行,则无疑是强人所难而有违合同违约方的自由意志。而若非违约方其实也不希望继续履行合同时,则继续履行合同的救济方式对私法自治理念的偏离更是显而易见。当然无可否认,赔偿损失将一切给付都金钱化,而这对于通过继续履行可以获得非金钱利益的一方当事人来说,赔偿损失的救济肯定不能满足其需求;此时需要考虑继续履行的可能性或者是赔偿损失数额上给予该当事人以照顾。但并不能因此而将继续履行之救济手段提升为应优先适用的救济手段。

根据《民法通则》第134条有关民事责任承担方式的规定和《侵权责任法》第15条关于侵权责任承担方式的规定,同时结合前述《合同法》中规定的违约责任承担方式,本书接下来将逐一对我国立法所规定的继续履行、补救救济和损害赔偿(包括恢复原状和赔偿损失)等债的救济措施进行简单介绍。

二、继续履行

除了《合同法》第109条对金钱债务的继续履行进行规定外,《合同法》第110条对非金钱债务的继续履行的适用条件进行了规定:当事人一方不履行非金钱债务或者履行非金钱债务不符合约定(积极条件);但下列三种情形除外:法律上或者事实上不能履行、债务的标的不适于强制履行或者履行费用过高、债权人在合理期限内未要求履行(消极条件)。下面对三个消极条件进行评析。

首先,法律上或事实上不能履行,实属债务不履行之形态中的不能给付之情

---

① 参见李永军:《合同法》(第2版),法律出版社2005年版,第690—701页。
② 同上书,第701页。

形,而根据该条款对积极条件的规定,继续履行适用于非履行不能之形态,且继续履行之可行,逻辑上应以履行可能为前提,故没有重复陈述之必要。有学者将此处的"法律上的不能"解释成是"基于法律规定的履行不能,或者说是指因法律的理由而导致的履行不能,属于民事行为内容违法的问题"。[1] 该项解释混淆了法律行为(这里指合同)的效力判定阶段和以合同有效为前提而产生对不履行有效合同之债务进行救济的阶段。继续履行的存在是以合同有效存在为前提,而民事行为的内容违法问题则是判断合同是否有效所需要考虑的。

其次,债务的标的不适于强制履行,主要是指具有人身属性的债务。排除该情形,主要是为了兼顾债务人的利益,防止人身强制的发生。同时也考虑了履行效果的保障,兼顾了债权人的利益。履行费用过高,则是出于效率的原则而考虑了债务人的利益。

最后,债权人在合理期限内未要求履行,该规则的法律政策在督促债权人及时主张权利[2](此时考虑的是债务人的利益)的同时,也在于考虑债权人的利益。因为可能在一些场合,继续履行对债权人已经没有利益或者所得利益比所获得的损害赔偿还小,此时其可以决定不在合理期限内选择要求债务人继续履行。可见,该情形也同时考虑了债权人与债务人的利益。

由此可见,是否继续履行,立法兼顾考虑了债权人和债务人的利益。考虑违约的债务人的利益,无疑从侧面反映了对违约方并非"完全痛恨"的立法政策。而事实上,在市场经济条件下,债务人的违约可能恰恰是其理性人的体现(比如前述一物二卖的情形),其可责性没有侵权人的可责性那么强。

三、补救措施

根据《合同法》第111条的规定,补救措施包括修理、更换、重作、退货和减少价款或者报酬。有学者将前述补救措施中的修理、更换、重作和减价视为是继续履行的方式。[3] 这样一来,补救措施作为债的救济方法的独立性便受到质疑。也有学者同样质疑补救措施作为债的救济方法的独立性,而认为修理、更换和重作是继续履行的方式,而退货则意味着合同的解除,减价则属损害赔偿。[4]

根据该条文规定,补救措施的适用仅仅局限于质量不符合约定的情形,其并不适用于所有的债务不履行形态。而继续履行的救济方法适用的债务不履行形态不限于不完全给付中的质量不符合约定情形。事实上,继续履行主要适用于拒绝给付、部分给付等债务不履行形态。两者适用的违约责任形态的差异表明

---

[1] 参见韩世远:《合同法总论》(第2版),法律出版社2008年版,第359页。
[2] 同上书,第546页。
[3] 参见李永军:《合同法》(第2版),法律出版社2005年版,第702页。
[4] 参见崔建远:"关于恢复原状、返还财产的辨析",载《当代法学》2005年第1期。

不能简单地将补救措施视为是继续履行的方式。

值得一提的是,补救措施作为债的救济方法之一,主要适用于意定之债(主要是合同)的领域,而在其他法定之债则鲜有适用之余地。

四、损害赔偿

作为债的救济方法之一,损害赔偿包括恢复原状(其他立法例表述为回复原状)和赔偿损失(其他立法例表述为金钱赔偿)两种具体方式。关于损害赔偿的两种方式,大陆法系国家有不同的立法例。《德国民法典》第249条规定以恢复原状为原则,以金钱赔偿为例外[1];我国台湾地区"民法典"仿德民之例[2](台湾地区"民法典"第213条、第214条和215条)。而根据《日本民法典》第417条的规定,损害赔偿在没有特别意思表示时,以金钱确定赔偿额;同时《日本民法典》第722条第1款规定第417条的规定准用因侵权行为发生的损害赔偿。据此可见日本是以金钱赔偿为原则。

(一)损害赔偿的方法一:恢复原状

我国立法对恢复原状的规定,主要表现在《民法通则》第117条第2款(侵权的民事责任之一)、《民法通则》第134条第5项(承担民事责任的方式之一)、《合同法》第97条(合同解除后发生的法律效果)、《物权法》第36条(造成不动产或者动产毁损的,权利人可以请求修理、重作、更换或恢复原状)和《侵权责任法》第15条第5项(承担侵权责任的方式之一)。可见,从立法论上来看,我国立法把恢复原状作为独立的债的救济方法,并且主要体现在侵权法的领域之中。有学者认为,恢复原状在事实上是不可能实现的,且其调整范围完全可由损害赔偿(指赔偿损失)、不当得利返还、绝对权请求权(物权请求权、人格权请求权)三项独立的民法制度进行周延性覆盖,故而其无法成为独立的民事责任制度。[3] 我国民法上关于恢复原状的使用并没有一以贯之的内涵,而至少包含四种含义。[4]

本书认为,学者之所以认为恢复原状的调整范围可以被其他独立的民法制度所周延性覆盖,部分原因可能是我国立法在使用"恢复原状"时含义多样。并且功能交叉并不足以成为否定其作为独立的损害赔偿方式的理由,因为这意味着给受害人一个选择权。恢复原状内涵和外延的立法混乱确实有待澄清,但是

---

[1] 参见〔德〕迪特尔·梅迪库斯:《德国债法总论》,杜景林、卢谌译,法律出版社2004年版,第430—436页。

[2] 参见郑玉波著,陈荣隆修订:《民法债编总论》(修订二版),中国政法大学出版社2004年版,第224—227页。

[3] 参见杨彪:"论恢复原状独立性之否定——兼及我国民事责任体系之重构",载《法学论坛》2009年第5期。

[4] 参见崔建远:"关于恢复原状、返还财产的辨析",载《当代法学》2005年第1期。

相对于赔偿损失将一切损害都金钱化而进行填补来说,恢复原状毕竟有其独特的功能。

此外,有学者指出,恢复原状之结果,有时受害人反而受益,而有时受害人所受之损害并未完全获得赔偿;前者如毁损一旧衣物而以一同样质量款式之新衣物赔偿受害人,后者如出过事故之汽车虽被恢复原状但仍存在商业价值之损失(汽车市场上对于有过事故之汽车,估价必较原无事故者为低)。① 前述"问题"的存在,是由于对"原状"之含义进行狭义理解,将之看成是"物的物理状态"。如果我们将"原状"看成不仅包括"物的物理状态",也包括受害者如未受损害而享有的"利益状态",则前述问题或可避免。

(二) 损害赔偿的方法二:赔偿损失

有学者认为,赔偿损失是指民事主体因不法侵害他人民事权益或债务不履行给另一民事主体造成损失时,为弥补受害人的损失而向受害人支付一定数额金钱的责任方式。② 这里所讲的赔偿损失,是采较狭义的内涵而仅指对债务不履行所造成损失的救济方式,当然这里的债务不履行也包括因侵权行为而产生的损害赔偿之债的不履行,还包括无因管理之债、不当得利之债和缔约过错之债的不履行。

赔偿损失原则上仅具有补偿性而不具有惩罚性。我国当前立法对惩罚性赔偿的规定主要表现在如下方面:《合同法》第 113 条第 2 款规定,经营者对消费者提供商品或者服务有欺诈行为的,依照《中华人民共和国消费者权益保护法》的规定承担损害赔偿责任。《消费者权益保护法》第 49 条规定,经营者提供商品或者服务有欺诈行为的,应当按照消费者的要求增加赔偿其受到的损失,增加赔偿的金额为消费者购买商品的价款或者接受服务的费用的一倍。《中华人民共和国食品安全法》第 96 条规定,生产不符合食品安全标准的食品或者销售明知是不符合食品安全标准的食品,消费者除要求赔偿损失外,还可以向生产者或者销售者要求支付价款 10 倍的赔偿金。同时,《侵权责任法》第 47 条规定,明知产品存在缺陷仍然生产、销售,造成他人死亡或者健康严重损害的,被侵权人有权请求相应的惩罚性赔偿。值得注意的是,《最高人民法院关于审理商品房买卖合同纠纷案件适用法律若干问题的解释》第 8 条和第 9 条也规定了惩罚性赔偿制度。③ 据此可见,目前我国的惩罚性赔偿制度的适用,还只是限于在消费者保护的领域,商品房买卖合同中的惩罚性赔偿之适用,也是借助将商品房买受

---

① 参见曾世雄:《损害赔偿法原理》,中国政法大学出版社 2001 年版,第 150 页。
② 参见张广兴:《债法总论》,法律出版社 1997 年版,第 293 页。
③ 参见陈耀东:"再论购房者的消费者地位及惩罚性赔偿的适用——对《解释》第 9 条和第 10 条的质疑与评析",载《中国房地产》2003 年第 8 期。李胜利:"购房者利益保护与惩罚性赔偿责任——最高人民法院一则司法解释相关条款之评析",载《法商研究》2006 年第 5 期(总第 115 期)。

人解释成消费者而达致的。

关于我国民法是否该纳入惩罚性赔偿体系，学者存在分歧。有的学者肯定之①，也有学者否定之。② 当前，我国《侵权责任法》已经在产品责任中引入了惩罚性赔偿制度。司法解释对惩罚性赔偿制度也是持接纳态度。

（三）损害赔偿的效力

1. 与原债的关系

赔偿权利人受领损害赔偿后，其和债务人之间的损害赔偿之债便消灭。但损害赔偿之债的消灭，原则上不影响其他债的救济方法的适用。比如在迟延给付时，债务人就其迟延而承担损害赔偿责任后，仍需为原给付。当然，若债权人因债务人债务不履行而使得继续履行对于债权人没有利益，则债权人可以拒绝债务人继续履行而请求赔偿全部损害，此时在债权人受领全额的损害赔偿金额时，原来的债权债务关系随之消灭。

2. 让与请求权

所谓的让与请求权是指关于物或权利之丧失或损害，负有赔偿义务的人，得向损害赔偿权利人请求让与基于其物之所有权或基于其权利而对第三人之请求权。③ 让与请求权的设立，是为了防止赔偿权利人获得不当得利。关于让与请求权的立法例，有当然移转主义也有请求让与主义，前者如日本，规定赔偿权利人之权利，无须赔偿义务人请求而当然转让给赔偿义务人；后者如德国和我国台湾地区立法例，认为需要有赔偿权利人的让与行为始发生请求权的移转。④ 让与请求权同给付不能时所产生的代位求偿权之最大的不同在于⑤：让与请求权是赔偿义务人向赔偿权利人请求让与赔偿权利人对于第三人的请求权，而代位求偿权刚好相反，即债权人向义务人请求让与义务人对于第三人的请求权。需要注意的是，在赔偿权利人对于第三人的请求权具有特定的人身属性等情形而不适宜让与请求权时，则排除让与请求权的适用。比如，债权人对于第三人享有的基于保险契约的请求权具有人身属性，于是不适用让与请求权。

---

① 参见王利明："美国惩罚性赔偿制度"，载《比较法研究》2003 年第 5 期。谢晓尧："惩罚性赔偿：一个激励的观点"，载《学术研究》2004 年第 6 期。王立峰："论惩罚性赔偿"，载梁慧星主编：《民商法论丛》第 15 卷。

② 参见金福海："惩罚性赔偿不宜纳入我国民法典"，载《烟台大学学报》(哲学社会科学版)2003 年 4 月第 16 卷第 2 期；尹志强："我国民事法律中是否需要导入惩罚性赔偿制度"，载《法学杂志》2006 年第 3 期。

③ 参见史尚宽：《债法总论》，中国政法大学出版社 2000 年版，第 349 页。

④ 参见林诚二：《民法债编总论：体系化解说》，中国人民大学出版社 2003 年版，第 285 页。

⑤ 关于代位求偿权，请参见本书第七章第二节。

五、救济方法的选择

根据我国立法(比如《合同法》第107条),继续履行、补救措施和损害赔偿是属于并列的救济方法,三者的适用并没有先后之分,选择何种救济方法是受害人的权利;同时,在继续履行和采取补救措施后仍有其他损失的,受害人可选用赔偿损失的救济方法向债务不履行之人主张赔偿(《合同法》第112条),可见赔偿损失并不被其他救济方法所排斥。此外,根据《民法通则》第134条第2款和《侵权责任法》第15条第2款的规定,恢复原状和赔偿损失也是可以合并适用的。当然,债的救济之目的在于填补损害,故而权利人在采取其中一种或几种救济方法已实现损害的填补后,原则上不得再次采其他救济方法而从债的救济中获益。

值得注意的是,第二性义务的违约损害赔偿和第一性义务的侵权损害赔偿可能发生责任的竞合(《合同法》第122条、《合同法司法解释》(一)第30条),此时受害人可以择一行使。

第四节 债的救济之范围

一、概述

采取前述债的救济方法对债务不履行进行救济时,直接面临的问题是向何人在多大范围之内主张救济权利。关于主体的问题,根据债的相对性原理,债的救济原则上只能向不履行债务之主体主张。关于范围的问题,各国有不同的立法例。法国采限制赔偿主义,具体限制手段是可预见性和直接性,即在非因债务人故意所致不履行只对可预见之损害、在因债务人故意所致不履行只对直接损失进行赔偿。[①] 德国采完全赔偿原则,在判断是否进行赔偿时,只考虑因果关系之存在否而不考虑预见可能性和直接或间接损害的要件。[②] 需要说明的是,对德国采完全赔偿原则的概括并不那么精确;法国和德国立法例之间的差别,只在于控制赔偿范围的手段不同而已,法国通过可预见性和直接性来控制,而德国则是通过因果关系来控制。其实两种的共同之处在于都对损害赔偿的范围进行限制,不同的只是限制的手段。

就我国来说,《民法通则》第112条第1款规定,当事人一方违反合同的赔偿责任,应当相当于另一方因此所受到的损失。《民法通则》第117条第3款也

---

① 参见韩世远:《违约损害赔偿研究》,法律出版社1999年版,第190—216页。
② 同上书,第217—237页。

规定受害人因侵权遭受重大损失的,侵害人并应赔偿损失。可见我国《民法通则》并没有对赔偿范围进行限制,其采"完全赔偿原则"的立场。但是,根据《合同法》第113条但书条款的规定,基于合同之债的债务不履行之救济范围,《合同法》是采"限制赔偿主义"的立场。根据《合同法》第113条的文义,我国对赔偿范围限制手段包括可预见性("但不得超过违反合同一方订立合同时预见到或者应当预见到的因违反合同可能造成的损失")和因果关系("损失赔偿额应当相当于因违约所造成的损失")。

此外,根据本章第二节的论述,债务不履行当事人的主观状况和债务不履行行为与损害间的因果关系,也会影响债的救济之范围。这里将一并进行论述。当然,本节论述的重点是不履行意定债务(主要是合同之债)而发生的损害赔偿。

二、约定赔偿范围

《民法通则》第112条第2款和《合同法》第114条第1款允许当事人对债务不履行所导致的赔偿损失额和其计算方法进行约定。允许私法主体对损害赔偿的范围进行自由约定,是贯彻私法自治之理念的结果。

当然,私法自治在约定赔偿范围这一领域也受到限制。表现在:《合同法》第53条规定,造成对方人身损害和因故意或者重大过失造成对方财产损害的免责条款无效。同时,《合同法》第114条第2款也允许当事人通过法院或仲裁机构对约定的违约金数额进行事后的调整。为使该调整变得更具操作性,《合同法司法解释》(二)第28条规定增加后的违约金数额不得超过实际损失额,且增加违约金后当事人无权请求对方赔偿损失。该《解释》第29条为违约金"过分高于造成的损失"提供了裁量标准,即应当以实际损失为基础,兼顾合同的履行情况、当事人的过错程度以及预期利益等综合因素,根据公平原则和诚实信用原则予以衡量,倘若当事人约定的违约金超过造成损失的30%的,一般可以认定为"过分高于造成的损失"。

需要说明的是,违约金在客观上也能起到担保债的履行的作用,关于其性质的探讨,请参见本书第三章债的效力第三节债的履行之担保部分,在此不赘。

三、法定赔偿范围

(一)赔偿范围的原则

根据《合同法》第113条前半段的规定,我国立法对赔偿范围之原则采取的是完全赔偿原则。完全赔偿就是通过赔偿受害人的实际损失和可得利益损失,从而弥补受害人遭受的全部损失,使受害人所享有之利益恢复至没有债之发生或没有债务不履行之发生时的状态。根据该条文规定,我国债务不履行的法定赔偿范围包括实际损失和可得利益损失。所谓的可得利益,是指债务履行后可以取得和实现的利益。可得利益是一种未来的必须通过债务的实际履行才能实现的利益,它尽管没有为当事人实际享有,但只要债务全面实际履行则当事人必然获得。

台湾地区"民法典"第 216 条第 1 项对法定损害赔偿的一般范围规定为所受损害及所失利益。① 我国立法的实际损失和可得利益损失,实则相当于这里的所受损害和所失利益。台湾学说认为,完全损坏赔偿仍非毫无限制,须以相当因果关系为限,即唯相当因果关系内之所受损害和所失利益,始在赔偿范围之内。② 故此,我国债务不履行的法定赔偿范围之实际损失和可得利益损失,亦先满足因果关系之检验始能获得赔偿。因果关系只是对赔偿范围进行限制的一个考量因素,本书接下来将对其他限制赔偿范围之因素逐一进行介绍。

(二)赔偿范围的限制

1. 可预见性

根据《合同法》第 113 条后半段的规定,赔偿损失不得超过违反合同一方订立合同时预见到或者应当预见到的因违反合同可能造成的损失。据此,只有当违约所造成的损害是违约方在订约时可以预见的情况下,违约方才应当对这些损害负赔偿责任。如果损害不可预见,则违约方不应赔偿。

需要指出的是,这里的可预见性,预见主体是违反合同一方即债务不履行方,预见的时间点是以订立合同时为准,且预见的内容是损害的类型而不包括损害的程度或具体数额。③ 立法表述的"预见或者应当预见到"说明在判断是否可以预见的标准时采的是客观标准。

采用可预见性对损害赔偿范围进行限制,是出于维护民事主体私法自治空间的考虑。具体言之,只有在交易发生时,订约当事人对其未来的风险和责任可以预测,才能计算其费用和利润,并能够正常地从事交易活动。如果未来的风险过大,则当事人就难以从事交易活动。而如果当事人要对其没有预见到的风险和责任进行承担,则这样的责任承担是有违私法自治的。所以,可预见性将违约当事人的责任限制在可预见的范围之内,这对于促进交易活动的发展,保障交易活动的正常进行,同时实现私法自治具有重要的意义。

2. 因果关系

如前所述,因果关系在债的救济领域之价值,主要体现在对损害赔偿范围的影响之上。《合同法》第 113 条规定的"损失赔偿额应当相当于因违约所造成的

---

① 参见曾世雄:《损害赔偿法原理》,中国政法大学出版社 2001 年版,第 155—160 页;
② 参见邱聪智:《新订民法债编通则》(上),中国人民大学出版社 2003 年版,第 227 页。
③ 参见韩世远:《合同法总论》(第 2 版),法律出版社 2008 年版,第 566 页。

损失"便体现了因果关系对损失赔偿额的影响。关于因果关系的各种学说前文已经介绍过,在此不赘。本书认为在确定损失赔偿额时,应采相当因果关系说。也就是说,我国立法规定对实际损失和可得利益损失都要进行赔偿,但只有同债务不履行存在相当因果关系的实际损失和可得利益损失才能获得赔偿。

此外,其他国家和地区的学理还探讨假设性因果关系对损害赔偿范围的影响。① 所谓的假设性因果关系是指加害人对受害人造成的损害,原本会因另一原因的存在(预备原因)而必然引起该损害,此时原加害人得否据此主张责任的减轻。② 例如,包装材料生产商甲和花卉种植商乙签订花卉包装材料买卖合同,但甲交付的包装材料有质量问题,花卉在包装完成后即会受到毁坏。而在乙将包装好的花卉运往花卉市场前,下了一场大暴雨,导致乙的花卉直接受到毁损。假设性因果关系关注的便是违约方甲得否以大暴雨必然会引起乙的花卉受损而主张其责任的减轻。对此,德国学理③和台湾地区学理④都认为要区分不同的情形。台湾地区通说认为,对于直接损害(比如前例中的花卉受毁损的损失),加害人仍须赔偿;对于间接损害(比如前例中乙雇佣工人包装花卉所支出的费用),加害人不需赔偿。⑤

3. 过失相抵

(1) 概述

过失相抵是指受害人对于损害之发生或扩大有故意或过失的,加害人得据此主张赔偿责任的减轻或免除。其是公平原则和诚实信用原则的具体体现,更是基于私法自治所要求的"自己过错自己责任"的具体体现。过失相抵在英美法系称为共同过失,我国也有学者使用的是与有过失的概念,鉴于本书是在债的救济之范围中论述该问题,为体现其对损害赔偿范围之影响的法律效果,本书采过失相抵的概念。

过失相抵适用于不履行合同之债的损害赔偿请求权(《民法通则》第114条、《合同法》第119条第1款)⑥,也适用于侵权损害赔偿请求权(《民法通则》第131条、《最高人民法院关于审理人身损害赔偿案件适用法律若干问题的解释》第2条、《侵权责任法》第26条和第27条)。有学者认为,过失相抵还适用于基于法定的债权债务关系以及基于缔约过错的损害赔偿请求权(《民法通则》

---

① 参见〔德〕迪特尔·梅迪库斯:《德国债法总论》,杜景林、卢谌译,法律出版社2004年版,第451—452页。
② 参见黄立:《民法债编总论》,中国政法大学出版社2002年版,第386页。
③ 参见〔德〕迪特尔·梅迪库斯:《德国债法总论》,杜景林、卢谌译,法律出版社2004年版,第451—452页。
④ 参见黄立:《民法债编总论》,中国政法大学出版社2002年版,第387页。
⑤ 同上。
⑥ 关于该两个条文是规定过失相抵还是减损规则,学界存在争论。下文将具体讨论。

第 61 条第 1 款后半段、《合同法》第 58 条后半段)①。但本书认为,该条款更加接近于《民法通则》第 113 条和《合同法》第 120 条的规定,直接视之为过失相抵则不无疑问。

如前所述,当事人的主观状态在债的救济之成立上的要件价值被淡化,而主要在损害赔偿的范围上体现其意义。过失相抵便是其表现之一。由于过失相抵是法定的对损害赔偿范围的限制,其并非当事人的抗辩,而是请求权全部或部分之消灭,故而司法实践中法官可依职权主动适用过失相抵,通过结合加害人和受害人双方的过错程度和原因力大小②,来确定(减轻或免除)加害人的赔偿责任。

(2)关于被害人是无民事行为能力人或限制行为能力人时的过失相抵问题

对此,学者存在分歧。有观点认为,此类受害人可通过其法定代理人缔结合同,参与民事活动,如损害的发生既有违约的债务人的原因,也有债权人的法定代理人的原因或过失,则构成过失相抵;若强调对未成年人的保护而否定过失相抵的构成,必将破坏交易秩序。③ 也有观点认为,将未成年人受害人的监护过失强加到幼年受害人的身上,由其承担这种对自己的不利后果,不利社会进步,直接受到损害的就是未成年受害人自己;该观点认为,应当适用《最高人民法院关于审理人身损害赔偿案件适用法律若干问题的解释》第 2 条的但书规定,对未成年人受害人予以特别的保护,对于无民事行为能力的受害人,仅在监护人具有故意或者特别严重的重大过失时成立过失相抵,对于限制行为能力的受害人,在监护人具有明显的重大过失时成立过失相抵。④

本书认为,前述观点都有其合理之处,但考虑到过失相抵具有很广的适用范围,故而在该问题上应区分是因不履行意定之债而产生的损害赔偿还是因侵权行为产生的损害赔偿。对于前者,因为合同之债是意定之债,合同是法律行为,在合同的成立、履行或不履行中,都有受害人的法定代理人意志的参与,故而在此场合应考虑过失相抵。对于后者,由于侵权行为是事实行为,未成年受害人的法定代理人的意志没法体现其中,并且有时候尽管监护人尽到监护责任也难以避免侵权行为的发生,在此场合适用过失相抵应区分致害原因是人故意侵权还是人看管下的物侵权。若是人故意侵权,则不能适用过失相抵,否则会出现致害人会千方百计等未成年人的法定代理人疏于监管时对未成年人造成伤害的荒唐局面(因为此时侵权致害人可以减轻责任)。若是人看管下的物造成的侵权损害,比如邻居家养的狗咬伤了一个在父母看管范围之外玩耍的 5 岁小孩,此时,可以考虑适用过失相抵,因为父母亲的监管缺失同损害的发生具有一定的因果

---

① 参见韩世远:《合同法总论》(第 2 版),法律出版社 2008 年版,第 567 页。
② 参见杨立新:《债法总则研究》,中国人民大学出版社 2006 年版,第 307—309 页。
③ 参见韩世远:《合同法总论》(第 2 版),法律出版社 2008 年版,第 570—571 页。
④ 参见杨立新:《债法总则研究》,中国人民大学出版社 2006 年版,第 310—311 页。

关系。当然，如果某人以其监管下的动物为工具，教唆动物进行侵权，则不能适用过失相抵。

(3) 过失相抵与双方违约

有学说将《民法通则》第 113 条和《合同法》第 120 条规定的情形称为"双方违约"。① 同时，《民法通则》第 61 条第 1 款后半段和《合同法》第 58 条后半段也有类似的规定。当然有学者反对该概念的使用，认为由于存在双务合同的履行抗辩权，因此只可能存在一方违约而无法成立双方违约。② 但有观点对此提出了反驳，认为双方违约是在经济交往中客观存在的法律现象，其主要存在于双务合同不能行使履行抗辩权或者错误行使履行抗辩权的领域。③ 学者对前述两条款的解释也存在着是规定过失相抵还是规定双方违约的分歧。④ 本书认为，前述两条款的规定都仅仅规定违约的双方当事人"应当分别承担各自应负的民事责任"和"应当各自承担相应的责任"，而并没有直接涉及违约一方当事人可以因对方的违约而减轻或免除责任，甚至是排除这种责任减轻或免除而要求"双方应当分别承担各自应负的责任"或"应当各自承担相应的责任"，因此该两条款的规定是对双方违约的规定而非对过失相抵的规定。当然，双方若在自己的违约上有过错，则若满足过失相抵的构成，则存在双方违约中的过失相抵。

(4) 过失相抵与减损规则

有学者认为，《民法通则》第 114 条和《合同法》第 119 条第 1 款规定的是减损规则，在我国的民事立法上，减损规则与过失相抵是并存的；在运作逻辑上，减损规则是或有或无，而过失相抵是按过错程度及原因力确定责任的大小范围并在当事人之间进行分摊的或多或少，故不能简单将两者等同起来；两者的界限须以时间来划分，过失相抵分管的是损失发生的阶段，而减损规则分管的是损失扩大的阶段。⑤ 王泽鉴先生认为，《民法通则》第 114 条是违约责任方面的过失相抵，而《民法通则》第 131 条是侵权责任方面的过失相抵；但其同时提出，在违约的情形，可能出现受害人对于损害的发生有过失的情形，而在侵权行为的情形，可能出现被害人未及时采取措施防止损失扩大的情形，该两种情形如何处理，不无疑问。⑥ 此外，也有学者通过对"过错"进行界定来理清过失相抵和减损规则的关系：若违约方是过错违约，则可将减损规则视为混合过错；若将受害人怠于防止损失的扩大视为一种过错则可以统一适用过失相抵；若从狭义上来将过失

---

① 参见韩世远：《合同法总论》（第 2 版），法律出版社 2008 年版，第 574 页。
② 参见梁慧星：《民法学说判例与立法研究》，中国政法大学出版社 1993 年版，第 82—83 页。
③ 参见杨明刚："论双方违约"，载《人民检察》2000 年第 7 期。
④ 参见韩世远：《合同法总论》（第 2 版），法律出版社 2008 年版，第 575 页。
⑤ 同上书，第 575—578 页。
⑥ 参见王泽鉴："《中华人民共和国民法通则》之侵权责任：比较法的分析"，载王泽鉴：《民法学说与判例研究》（第 6 册）（修订版），中国政法大学出版社 2005 年版，第 291 页和脚注 2。

相抵的过错看成只是对损害发生的过错而不包括对损害扩大的过错,则减损规则不同于过失相抵。①

本书认为,过失相抵和减损规则之关系之所以在我国成为一个问题,同立法语言的表达有关。《民法通则》第114条规定的是应采取而未采取措施防止损失的扩大,其法律效果是无权就扩大的损失要求赔偿;《民法通则》第131条规定的是受害人对于损害的发生也有过错的情形,其法律效果是减轻侵害人的民事责任,《侵权责任法》第26条沿袭了该条的规定。如果我们将第114条规定的"损失的扩大"理解成新的"损害的发生",将第114条的"无权就扩大的损失要求赔偿"理解成"无权就新发生的损失要求赔偿",其客观结果便是"减轻侵害人的民事责任",因此通过损害的发生和损害的扩大来区分过失相抵和减损规则的主张,似乎并不那么可靠和科学。

当然,我们理解我国民事立法关于过失相抵和减损规则并存现状的形成的原因,其大体是由于严守下述立场:即"在英美法系,减损规则系由普通法合同法发展出来的一项古老规则,而与有过失则系通过侵权法发展出来"②。殊不知"如今,减损规则同样适用于侵权案件,而与有过失在英国法上对侵权责任与违约责任竞合的案件同样适用"③。可见,前述固守已经没有多大意义,《侵权责任法》沿袭该立场也是因循守旧的表现。④ 此外,我国大陆学者⑤、台湾地区立法者和学者⑥对于与有过失的定义都包括"损害的发生或扩大"两方面,尤其重要的是,《最高人民法院关于审理人身损害赔偿案件适用法律若干问题的解释》第2条第1款对《民法通则》第131条进行了扩张解释,将过失相抵解释成包括"损害的发生或扩大"。据此,本书认为对于过失相抵应采广义的含义,即受害人对损害的发生或扩大有故意、过失的。这样一来,减损规则也就失去了其独立出来的意义。由此,则王泽鉴先生的前述疑问的后半部分已经因《最高人民法院关于审理人身损害赔偿案件适用法律若干问题的解释》第2条第1款的规定而得到解决,而其疑问的前半部分则可以视为一个法律漏洞,通过类推适用《民法通则》第131条和《最高人民法院关于审理人身损害赔偿案件适用法律若干问题

---

① 参见韩世远:《合同法总论》(第2版),法律出版社2008年版,第577页。韩世远先生在该部分对三种观点进行了介绍,本书是在其介绍的基础上稍微进行了概括。

② 参见韩世远:《合同法总论》(第2版),法律出版社2008年版,第576页。

③ 同上。

④ 值得一提的是,《侵权责任法》第26条规定被侵权人对损害的发生也有过错的,可以减轻侵权人的责任;从文义解释来看,这里的"过错"包括故意和过失。但紧接着的第27条规定损害是因受害人故意造成的,行为人不承担责任;该条规定受害人故意造成损害的,行为人的责任可以被免除。由此,为避免重复和矛盾,应该对第26条的"过错"进行限缩解释,使其仅指"过失"。

⑤ 参见杨立新:《债法总则研究》,中国人民大学出版社2006年版,第300页。

⑥ 参见黄立:《民法债编总论》,中国政法大学出版社2002年版,第392页以下;郑玉波著,陈荣隆修订:《民法债编总论》(修订二版),中国政法大学出版社2004年版,第229页以下。

的解释》第 2 条第 1 款来填补之。

4. 损益相抵

（1）概述

损益相抵是指在确定损害赔偿范围时，应扣除受害人因造成损害的同一原因事实而受有利益部分。这是民法公平原则的体现，符合损害赔偿一般只填补损害而非让受害人获得利益之目的。如果不适用损益相抵，则受害人可能会构成不当得利。就此意义上来说，不当得利制度之排除是损益相抵之确定的依据。

如前所述，财产上的损害包括积极损害和消极损害（本章第二节），与之相对财产上的利益则包括积极利益和消极利益。故此不管是积极利益的增加还是消极利益的不减少，都属损益相抵中"益"的范畴。

（2）构成要件

损益相抵之构成要件，包括损害赔偿之债的成立、受害人受有利益和受害人所受利益与所受损害是基于同一原因事实。损害赔偿之债的成立已如前述，因损益相抵规则旨在确定损害赔偿之债的赔偿范围，故损害赔偿之债的成立是损益相抵之构成要件乃逻辑之基本要求。受害人受有利益，旨在观察受害人的财产状况。损益相抵同不当得利都是基于公平原则，故而损益相抵中的"益"同不当得利中的"利"的形态有交叉之处。二者的差异主要在于，不当得利重在考察利益发生是否具备"合法原因"，而损益相抵考察的则是利益发生是否同所受损害"基于同一原因事实"。

构成要件从一个角度来看，是损益相抵之证成，从另一个角度来看则是损益相抵之限制。在损益相抵的前述三要件中，前两个要件其实乃倾向于作为损益相抵的前提之范畴，而对损益相抵产生限制作用的主要是所受利益和所受损害之基于同一原因事实（本书称之为同一性关系）。要注意的是，这里讨论的是所受利益的原因事实和所受损害的原因事实之同一性关系，而非探讨所受利益和所受损害之关系。该同一性之关系，包括外在之因果关系（即受损事实与原因事实之因果关系），也包括内在之关联（即所受利益和所受损害的原因事实的关联性），有学者将这种内在之关联定义为"损害之结果与利益如此紧密相关，依生活经验可视为一体之过程，足以支持加害人应受利益的理由，才可以相抵"。[①]

关于该同一性关系的解释，有三种学说：损益同源说、相当因果关系说和法规目的说。[②] 对损益相抵适用之调整（限制或扩张），通过该三种学说表现得淋漓尽致。损益同源说要求利益之发生依自然之理可全部归因于损害事故而定，该学说使得同一性关系之解释被限缩至较狭小的范围。相当因果关系说乃是解

---

① 参见黄立：《民法债编总论》，中国政法大学出版社 2002 年版，第 389 页。
② 参见曾世雄：《损害赔偿法原理》，中国政法大学出版社 2001 年版，第 241—244 页。

决损益同源说之过狭观念,而将损益虽非同源但适宜相抵之情形纳入损益相抵之适用范围。但相当因果关系说范围过宽,比如可能将受害人接受第三人之赠与也纳入相抵之范围而有违第三人之意愿,故而有了法规目的说对之进行限制。

该三种学说与其说是相互排斥,毋宁说是相互配合:因损益同源说之适用带来的相抵范围之过分狭窄,因而需要适用相当因果关系说加以扩张;但因相当因果关系之适用会导致相抵范围之过分扩张,故而需要法规目的说进行限制(虽有相当因果关系但不符法规之目的则不予相抵)。当然,法规目的说之功用不仅仅局限于限制,而也有扩张之作用①;此时,其不再是对相对因果关系说进行限制而是独立发挥作用。

(3) 关于保险金问题

参加保险的受害人,在损害事实发生后可以从保险公司处获得保险金或其他给付请求权,这些利益是否要进行损益相抵? 有学者认为这是重复填补的调整问题,否认损益相抵在受害人对加害人主张赔偿请求权时的适用。② 也有学者区分保险的种类,认为由于财产保险金不是给付保险费的对价,故而是可以相抵的,而人身保险金是给付保险费的对价,故而不可相抵。③ 前述观点都从不同角度来阐述该问题,具有启发意义。本书认为,关于保险金得否适用损益相抵问题的解决,可以从损益相抵和不当得利之关系来入手。参加保险的受害人在损害事实发生后可获得保险金,是基于其同保险公司之间的保险法律关系,故而其获得保险金是有法律依据的。且保险法律关系是受害人与保险公司之间的关系,而与加害人无关。为此,该部分利益不是损益相抵中"益"之范畴。若允许对该部分保险金进行损益相抵,则受害人通过投保所获得之利益便被加害人所享有;此外,不同受害人因受同等程度之损害也会因其是否投保而获得不同的赔偿数额,投保的受害人从加害人处获得的赔偿数额较低;该荒唐结果是否意味着加害人该选择有投保的人实施其加害行为? 凡此种种,皆有违公平原则。

值得注意的是,根据《中华人民共和国保险法》第60条第2款的规定,在财产保险中,保险事故发生后,被保险人已经从第三者取得损害赔偿的,保险人赔偿保险金时,可以相应扣减被保险人从第三者已取得的赔偿金额。可见,尽管加害人不得向被害人主张对被害人所获得之保险金进行损益相抵,但根据该条款,保险人可以向被害人主张对被害人所获得之损害赔偿金进行适当的"损益相抵"。

前面介绍的是加害人和(参保的)被害人之间的关系以及保险人和被害人

---

① 参见王泽鉴:《侵权行为》(第1版),北京大学出版社2009年版,第211页;另可参见曾世雄:《损害赔偿法原理》,中国政法大学出版社2001年版,第243—244页。
② 参见韩世远:《合同法总论》(第2版),法律出版社2008年版,第582页。
③ 参见杨立新:《债法总则研究》,中国人民大学出版社2006年版,第319页。

的关系。这里还存在着保险人和加害人的关系。根据《中华人民共和国保险法》第 60 条第 1 款的规定,因第三者对保险标的的损害而造成保险事故的,保险人自向被保险人赔偿保险金之日起,在赔偿金额范围内代位行使被保险人对第三者请求赔偿的权利。可见,在财产保险中,保险人对被害人享有法定的代位求偿权,这也是一种法定之债。

5. 不可抗力

我国立法对不可抗力的规定,主要表现在:《民法通则》第 107 条(因不可抗力而不承担民事责任)和第 153 条(不可抗力的定义)、《合同法》第 94 条第 1 项(因不可抗力致使不能实现合同目的当事人可以解除合同)、《合同法》第 117 条(因不可抗力而部分或全部免除责任、不可抗力的定义)、《合同法》第 118 条和第 119 条(不可抗力的证明与附随义务)、《侵权责任法》第 29 条(因不可抗力造成他人损害的,不承担责任)。可见,我国立法将不可抗力置于民事责任的体系位置,鉴于其对民事责任的影响,本书将不可抗力置于赔偿范围之限制中进行探讨。

根据前述立法,在我国,不可抗力是指不能预见、不能避免并不能克服的客观情况。可见,在我国,立法明确规定不可抗力之构成包括主客观两方面——主观要件是不能预见,客观要件是不能避免和不能克服;这里的不能预见是指善意一般人都无法预计,而不是有的人能预计而有的人却不能预见。同时值得一提的是,这里的不能预见、不能避免和不能克服之客体,仅限于客观情况,而不包括客观情况所引致的损失。①

在法律上,确立不可抗力制度的意义在于:一方面,有利于保护无过错当事人的利益,维护过错责任原则作为民事责任制度中基本归责原则的实现,体现民法的意思自治理念;另一方面,可以促使人们在从事交易时,充分预测未来可能发生的风险,并在风险发生后合理地解决风险损失的分担问题,从而达到合理规避风险、鼓励交易的目的。由此可见,因不可抗力而减轻或免除责任,实则是过错责任原则的体现,也体现了私法自治原则。在此也可看出,《合同法》在违约责任之归责的问题上并非是采无过错责任之原则,因为其在很多地方都考虑了过错对责任的影响。

尽管立法对不可抗力进行了定义,但我国立法并没有列举不可抗力事件的类型,也未规定当事人可以在合同中约定不可抗力的范围。本书认为,不可抗力包括自然灾害和社会异常事件;而政府行为由于出现的次数太过频繁、部分是可以预见和可以克服的,故而一般不宜将之列入不可抗力的范围。此外,是关于约

---

① 参见刘凯湘、张海峡:"论不可抗力",载《法学研究》2000 年第 6 期。本部分之多数论述参见该文。

定不可抗力的范围问题。如果当事人在合同中约定的事项超过了不可抗力已经约定俗称的范围,只要其合乎法律规定,则应视为约定的免责条款,而不能一概笼统地称为不可抗力;如果当事人在合同中排除了法定不可抗力的某一种情况,由于这一规定违反了法律的强制性规定,约定的不可抗力无效。因此,所谓约定的不可抗力既不能扩大不可抗力的范围,也不能缩小不可抗力的范围,如此一来,所谓"约定不可抗力"的概念的意义就值得怀疑了。

6. 各赔偿范围限制规则的关系

前述赔偿范围之限制的五种情形,各有其适用的领域,一般情况下各司其职、互不影响。其中,可预见性、因果关系和不可抗力,在划定赔偿范围之初步领域,而过失相抵和损益相抵则在该初步领域之基础上进行限缩。

同为限缩赔偿范围之初步领域的方式,过失相抵是基于当事人主观事由之考虑,亦即基于自己过失、自己负责之法理;损益相抵是基于客观事由之考虑,亦即基于无损害则无赔偿之法理。① 由于同为限缩赔偿范围之初步领域的方式,二者均未离乎公平原则,故而有学者认为两者可能发生适用上的竞合,于是也就产生了孰先适用之问题。比如例1:甲对乙造成损害100元,甲和乙各有一半的过失,同时乙因甲之侵害获得利益50元。此时若先为损益相抵(甲要赔乙50元),再为过失相抵(甲乙各分担25元),则最后甲要赔乙25元。若先为过失相抵(甲要赔乙50元),再为损益相抵(扣除乙之获益50元),则最后甲无须再赔乙。② 对此,郑玉波先生认为:"损益相抵属于有无之问题,过失相抵属于损害分配之问题,必先有损害,而后始能分配,故损益相抵应先于过失相抵为之也"。③ 该案例深具启发价值。再比如例2:前述案子中,若乙因甲之侵害获得利益80元,此时若先为过失相抵(甲要赔乙50元),再为损益相抵(扣除乙之获益80元),则此时赔偿数额为负数,可见该种适用顺序确有不妥。

仔细观察前两个例子之计算过程可以发现:在例1中,先为损益相抵的计算过程为$(100-50)\div 2$即$100\div 2-50\div 2$,先为过失相抵的计算过程为$100\div 2-50$。在例2中,先为损益相抵的计算过程为$(100-80)\div 2$即$100\div 2-80\div 2$,先为过失相抵的计算过程为$100\div 2-80$。比较前述计算公式可见,先为损益相抵和先为过失相抵,两者的实质差别在于是否要对所获利益部分进行过失相抵,即在扣除例1中的50元、例2中的80元之前是否要先除以2。为此,前述过失相抵和损益相抵在竞合时的适用顺序问题便转化成了如下问题:过失相抵的客体,是仅限于基于原因事实的损害还是也包括基于原因事实的利益。对此本书认

---

① 参见郑玉波著,陈荣隆修订:《民法债编总论》(修订二版),中国政法大学出版社2004年版,第243页。

② 同上。

③ 同上。

为,过失相抵的过失,是指对原因事实产生的过失,故而对于基于原因事实的损害和基于原因事实的利益,都应适用过失相抵。认识到这点,则先为损益相抵,抑或先为过失相抵,结果无异。

除了前述五种赔偿范围限制外,其他立法例有规定其他限制规则。比如我国台湾地区"民法典"第 218 条之规定:损害非因故意或重大过失所致者,如其赔偿致赔偿义务人之生计有重大影响时,法院得减轻其赔偿金额。瑞士债法第 44 条第 2 项有类似之规定。① 该种立法例,系出于兼顾加害人利益之考虑;法院之酌减,依据的是公平原则。为此可见,对损害赔偿范围之前述限制手段,都是民法之过错原则、公平原则以及私法自治原则之要求和体现。

(三) 赔偿范围之扩张

根据债的效力相对性原理,债务人无须赔偿债权人以外之第三人所受之损害。而这里的赔偿范围之扩张,是指债务人对于债权人以外的第三人之损害也要赔偿的情形。我国台湾地区学说上把赔偿义务人对于债权人以外的第三人所受之损害亦应赔偿的制度称为第三人损害之赔偿。② 在德国,存在类似的制度——第三人损害清算制度。③ 第三人损害清算是债权人利益原则的例外。所谓的债权人利益原则是指一项损害赔偿请求权的债权人只能请求赔偿其自己的损害。④ 我国台湾地区的第三人损害之赔偿是从债务人的角度来论说,而德国法上的第三人损害清算是从债权人的角度来论说,两者实则是同一个问题的两面。

赔偿范围之扩张的例子比如:甲和乙签订买卖自行车的合同,甲知道自行车刹车不灵而没有告知乙,后乙将该自行车卖给丙,丙因刹车不灵而造成损害。此时,乙固然可以要求甲承担瑕疵担保责任(《合同法》第 155 条),这里要探讨的是,乙是否可以丙的损害而对甲请求赔偿。换言之,甲是否要赔偿合同的相对人(乙)之外的第三人(丙)的损失。对此,应该肯定之。此即赔偿范围之扩张。

需要区别的是,利他合同中的情形与此有所不同。比如甲向乙购买畅销书 50 本,约定乙直接向丙给付。甲之所以和乙约定向丙而非自己给付,主要是因为其和丙之间也订立买卖 50 本畅销书的合同,且已经收了丙支付的货款。此时,若乙未在约定的期限向丙支付 50 本书,此时甲对乙向丙的履行有自己的利益(比如消灭其和丙之间的债权债务),故而尽管乙的债务不履行是给丙造成损

---

① 参见郑玉波著,陈荣隆修订:《民法债编总论》(修订二版),中国政法大学出版社 2004 年版,第 232 页脚注 25。
② 参见史尚宽:《债法总论》,中国政法大学出版社 2000 年版,第 318 页。
③ 参见〔德〕迪特尔·梅迪库斯:《德国债法总论》,杜景林、卢谌译,法律出版社 2004 年版,第 456—460 页。
④ 同上书,第 457 页。

害,但由于乙的债务不履行同时使得甲对丙也构成了债务不履行,甲产生了损害。此时,甲可向乙请求损害赔偿。且此时乙和甲之间存在合同关系,甲自己因乙的债务不履行而发生损害,故而同前面的例子有所差异。

四、赔偿数额之计算

(一) 计算方法概述

赔偿数额之计算,兼具事实问题和法律问题之性质,"谓事实问题者,盖以损害事故所造成之损害如何,本质上为一种事实。谓法律问题者,盖以探讨该一事实,须借助法律方法"。[①]

要了解损害赔偿的计算方法,首先须明确损害的构成因素。根据损害事实是否与被害人自身情况紧密相关为标准,损害可分为客观损害与主观损害。前者指就某特定事故而言,其存在以及肇致的损害大小不因被害人而异。例如,信任某咨询意见而做出购买某一瑕疵房屋的决定。不论任何人以同一条件购买房屋,客观上的差额均存在。至于主观因素,则指损害因被害人不同而各有差异。例如,违约损害赔偿中的赔偿权利人可能同第三人订立了次买卖合同,该买卖合同可能使损害的范围扩大。不同的次买卖合同,违约的损害也是不同的。

赔偿数额的计算,有客观计算与主观计算两方法。前者指其计算仅参考客观因素。如果兼考虑主观因素,则该计算方式成为损害的主观计算。显然,同一个损害事实,因计算方法的不同,损害的大小可能不同。

当然,并非对于任何的损害均可以作此区分。以恢复原状为例,在此情况下,赔偿义务人负担修理、重作等修复被毁损标的物的义务,恢复到损害事故发生前的状态,自然不因被害人的不同而有别,即其均为客观计算。与之相反,人身损害以与特定主体主观特别因素相牵连,损害的计算自然以主观方法为原则,当然,出于方便举证、限制赔偿范围等目的,人身损害赔偿也存在大量的客观计算。例如误工费、残疾赔偿金的计算等。

我国损害赔偿制度以赔偿全部损害为原则,不但客观损害应当赔偿,主观损害也应一并纳入。因此,我国所采之计算方法,应为主观方法。但无论何种方法,均非唯一。在作为原则的主观方法之外,并有客观计算方法应用的场合。

(二) 现行法律规定

我国《合同法》第 63 条规定了执行政府定价的合同在逾期交付或者受领迟延或者付款迟延时,应由违约的一方承担价格下降的不利益。但在买卖合同下,买卖合同不履行时的损害赔偿应该如何计算,《合同法》没有明文规定。但我国参与的《联合国国际货物销售合同公约》(CISG) 第 76 条规定,如果合同被宣告

---

① 参见曾世雄:《损害赔偿法原理》,中国政法大学出版社 2001 年版,第 161 页。

无效,要求损害赔偿的一方,如果没有根据第 75 条规定进行购买或转卖,则可以取得合同规定的价格和宣告合同无效时的时价之间的差额以及按照第 74 条规定可以取得的任何其他损害赔偿。但是,如果要求损害赔偿的一方在接受货物之后宣告合同无效,则应适用接受货物时的时价,而不适用宣告合同无效时的时价。该条规定可咨参考。

《合同法》第 312 条规定,货物的毁损、灭失的赔偿额,当事人有约定的,按照其约定;没有约定或者约定不明确,依照《合同法》第 61 条的规定仍不能确定的,则按照交付或者应当交付时货物到达地的市场价格计算。此亦为客观计算方法。

《侵权责任法》第 19 条规定,侵害他人财产的,财产损失按照损失发生时的市场价格或者其他方式计算。此外,在《著作权法》第 49 条、《专利法》第 65 条等,均明文规定了损害赔偿数额的计算。

21世纪法学系列教材书目

"21世纪法学系列教材"是北京大学出版社继"面向21世纪课程教材"(即"大红皮"系列)之后,出版的又一精品法学系列教科书。本系列丛书以白色为封面底色,并冠以"未名·法律"的图标,因此也被称为"大白皮"系列教材。"大白皮"系列是法学全系列教材,目前有15个子系列。本系列教材延续"大红皮"图书的精良品质,皆由国内各大法学院优秀学者撰写,既有理论深度又贴合教学实践,是国内法学专业开展全系列课程教学的最佳选择。

- **法学基础理论系列**

英美法概论:法律文化与法律传统	彭 勃
法律方法论	陈金钊
法社会学	何珊君

- **法律史系列**

中国法制史		赵昆坡
中国法制史		朱苏人
中国法律思想史(第二版)	李贵连	李启成
外国法制史(第三版)		由 嵘
西方法律思想史(第三版)	徐爱国	李桂林
外国法制史		李秀清

- **民商法系列**

民法学	申卫星
民法总论(第三版)	刘凯湘
债法总论	刘凯湘
物权法论	郑云瑞
侵权责任法	李显冬
英美侵权行为法学	徐爱国
商法学——原理·图解·实例(第三版)	朱羿锟
商法学	郭 瑜
保险法(第三版)	陈 欣
保险法	樊启荣
海商法教程(第二版)	郭 瑜
票据法教程(第二版)	王小能
票据法学	吕来明

物权法原理与案例研究　　　　　　　　王连合
　　破产法（待出）　　　　　　　　　　　许德风

- **知识产权法系列**

　　知识产权法学（第六版）　　　　　　　吴汉东
　　商标法　　　　　　　　　　　　　　　杜　颖
　　著作权法（待出）　　　　　　　　　　刘春田
　　专利法（待出）　　　　　　　　　　　郭　禾
　　电子商务法　　　　　　　　李双元　　王海浪

- **宪法行政法系列**

　　宪法学（第三版）　　　　甘超英　傅思明　魏定仁
　　行政法学（第三版）　　　　　　　罗豪才　湛中乐
　　外国宪法（待出）　　　　　　　　　　　甘超英
　　国家赔偿法学（第二版）　　　　　房绍坤　毕可志

- **刑事法系列**

　　刑法总论　　　　　　　　　　　　　　黄明儒
　　刑法分论　　　　　　　　　　　　　　黄明儒
　　中国刑法论（第五版）　　杨春洗　杨敦先　郭自力
　　现代刑法学（总论）　　　　　　　　　王世洲
　　外国刑法学概论　　　　　　　　　李春雷　张鸿巍
　　犯罪学（第三版）　　　　　　　　康树华　张小虎
　　犯罪预防理论与实务　　　　　　　李春雷　靳高风
　　犯罪被害人学教程　　　　　　　　　　李　伟
　　监狱法学（第二版）　　　　　　　　　杨殿升
　　刑事执行法学　　　　　　　　　　　　赵国玲
　　刑法学（上、下）　　　　　　　　　　刘艳红
　　刑事侦查学　　　　　　　　　　　　　张玉镶
　　刑事政策学　　　　　　　　　　　　　李卫红
　　国际刑事实体法原论　　　　　　　　　王　新
　　美国刑法（第四版）　　　　　　　储槐植　江　溯

- **经济法系列**

　　经济法学（第六版）　　　　　　　杨紫烜　徐　杰
　　经济法学原理（第四版）　　　　　　　刘瑞复

经济法概论（第七版）	刘隆亨
企业法学通论	刘瑞复
商事组织法	董学立
金融法概论（第五版）	吴志攀
银行金融法学（第六版）	刘隆亨
证券法学（第三版）	朱锦清
金融监管学原理	丁邦开　周仲飞
会计法（第二版）	刘　燕
劳动法学（第二版）	贾俊玲
反垄断法	孟雁北
中国证券法精要：原理与案例	刘新民
经济法理论与实务（第四版）	於向平等

- **财税法系列**

财政法学	刘剑文
税法学（第四版）	刘剑文
国际税法学（第三版）	刘剑文
财税法专题研究（第二版）	刘剑文
财税法成案研究	刘剑文　等

- **国际法系列**

国际法（第二版）	白桂梅
国际私法学（第三版）	李双元　欧福永
国际贸易法	冯大同
国际贸易法	王贵国
国际贸易法	郭　瑜
国际贸易法原理	王　慧
国际投资法	王贵国
国际货币金融法（第二版）	王贵国
国际经济组织法教程（第二版）	饶戈平

- **诉讼法系列**

民事诉讼法（第二版）	汤维建
刑事诉讼法学（第五版）	王国枢
外国刑事诉讼法教程（新编本）	王以真　宋英辉
民事执行法学（第二版）	谭秋桂

仲裁法学(第二版)	蔡　虹
外国刑事诉讼法　　　宋英辉　孙长永	朴宗根
律师法学	马宏俊
公证法学	马宏俊

- **特色课系列**

世界遗产法	刘红婴
医事法学　　　　　　　　　古津贤	强美英
法律语言学(第二版)	刘红婴
民族法学	熊文钊

- **双语系列**

普通法系合同法与侵权法导论	张新娟
Learning Anglo-American Law: A Thematic Introduction(英美法导论)(第二版)	李国利

- **专业通选课系列**

法律英语(第二版)	郭义贵
法律文献检索(第二版)	于丽英
英美法入门——法学资料与研究方法	杨　桢
模拟审判:原理、剧本与技巧(第二版)	
廖永安　唐东楚　陈文曲	

- **通选课系列**

法学通识九讲(第二版)	吕忠梅
法学概论(第三版)	张云秀
法律基础教程(第三版)(待出)	夏利民
人权法学	白桂梅

- **原理与案例系列**

国家赔偿法:原理与案例	沈　岿
专利法:案例、学说和原理	崔国斌

2014 年 8 月更新

教师反馈及教材、课件申请表

尊敬的老师：

您好！感谢您一直以来对北大出版社图书的关爱。北京大学出版社以"教材优先、学术为本"为宗旨，主要为广大高等院校师生服务。为了更有针对性地为广大教师服务，满足教师的教学需要、提升教学质量，在您确认将本书作为教学用书后，请您填好以下表格并经系主任签字盖章后寄回，我们将免费向您提供相关的教材、思考练习题答案及教学课件。在您教学过程中，若有任何建议也都可以和我们联系。

书号/书名	
所需要的教材及教学课件	
您的姓名	
系	
院校	
您所主授课程的名称	
每学期学生人数	学时
您目前采用的教材	书名＿＿＿＿＿＿＿ 作者＿＿＿＿＿＿ 出版社＿＿＿＿＿＿＿
您的联系地址	
联系电话	
E-mail	
您对北大出版社及本书的建议：	系主任签字 盖章

我们的联系方式：

北京大学出版社法律事业部

地　　址：北京市海淀区成府路205号　　联系人：李铎
电　　话：010-62752027　　　　　　　传　真：010-62556201
电子邮件：bjdxcbs1979@163.com
网　　址：http://www.pup.cn
北大出版社市场营销中心网站：www.pupbook.com